これで合格

宅建士

基本テキスト　上巻

2024 年版

ネススクール　田中　嵩二

JN115368

はじめに

ご購入頂きありがとうございます。

本書は、短期間で宅建試験に合格するため、出題範囲を網羅しつつも、よく出題される分野を重点的にまとめている、受験勉強に特化したテキスト2分冊のうちの上巻となります。

この上巻では、「宅地建物取引業法」「権利関係前半」の科目について収載・記述しています。本書を読み進めつつ、本書に準拠した宅建合格アプリ等で、併行して問題を解き込んで頂ければ、短期間で確実に合格する力を身に付けることができるよう工夫が凝らされております。

独学でも十分に合格できるように作られておりますが、効率を上げるためには、本書を使用したKenビジネススクールの講座を受講することもお勧め致します。

一人でも多くの方が、本書を活用して、宅建試験に合格し、不動産取引に関わる多くのお客様の笑顔を作り出せるようになることを願っております。

宅建試験の難易度

2014年度に「主任者」から「士」に格上げされてから、受験者は増え続けており、2023年度の試験では23万人を突破しました。合格率は一般受験者で15〜17%、5問免除者(宅建業者に勤務して、登録講習という公的な講習を受講し、修了した者)で20%前後を推移しています。

宅建試験は競争試験です。50問のマークシート式の試験で、例年75%程度の37点前後が合格ラインとなっています。2020年度10月実施に関しては38点と過去最高を記録し、苦手分野があると合格できない試験になっています。

年　度	受験者数	合格者数	一般合格率	免除合格率	合格点
2017 年	209,354	32,644	15.6%	19.9%	35
2018 年	213,993	33,360	15.6%	20.6%	37
2019 年	220,797	37,481	17.0%	22.9%	35
2020 年	204,250	34,338	16.8%	19.4%	38※1
2021 年	209,749	37,579	17.9%	21.3%	34※2
2022 年	226,048	38,525	17.0%	17.3%	36
2023 年	233,276	40,025	17.2%	24.1%	36

※1 12月実施の試験では36点以上が合格点でした。

※2 12月実施の試験では34点以上が合格点でした。

試験の出題範囲（概要）

科　目	法　　令	出題問番	目標得点
権利関係	民法、借地借家法、建物区分所有法、不動産登記法	問1〜14 （14問）	8問
法令上の制限	都市計画法、建築基準法、国土利用計画法、農地法、土地区画整理法、宅地造成及び特定盛土等規制法等	問15〜22 （8問）	6問
税　法	所得税、贈与税、印紙税、登録免許税、固定資産税、不動産取得税	問23〜24 （2問）	1問
鑑定評価	地価公示法、不動産鑑定評価基準	問25 （1問）	1問
宅建業法等	宅地建物取引業法、住宅瑕疵担保履行法	問26〜45 （20問）	18問
免　除	住宅金融支援機構法、景品表示法及び関連法令、不動産の需給統計、土地・建物の知識	問46〜50 （5問）	4問

近年の主な法改正などについて

宅建試験は試験年の4月1日現在で施行中の法令に基づいて出題されます。本書では、必要な法改正点につきまして最新の法令に基づいて収載しております。
法改正情報の追加や、法改正に伴うテキストの変更点などにつきましては、Kenビジネススクールのホームページでも随時ご紹介してまいります。

本書を活用した学習方法

学習のはじめの段階では、少し難しく感じると思いますが、解らないところはどんどん読み飛ばし、過去問集などで問題を解きながら、虫食い状態でよいので学習を進めて下さい。
学習がある程度進んでくると本書が合格に必要な情報を網羅していることに気付きます。合格に近付くと、学習の中心は問題演習となります。その際に、不明な制度や言葉を調べるときに役立つのが本書です。資格試験においてテキストは問題演習の際の辞書のようなものと捉えて下さい。
なお、初学者は、さらにかみ砕いた法律入門書（マンガなども多数出版されています）や著者が無料アップロードしている本書の全体像を解説した動画などを活用すると、理解が進みます。

学習の順番

学ぶ順番は人それぞれだと思います。法学部に所属しているような方は、権利関係科目のうちの民法から学習したほうが学部の授業の予習・復習にもなり一石二鳥です。建築関係の勉強をしたことがある方は、法令上の制限から学習したほうが、イメージがわきやすいかと思います。そして、既に不動産会社にお勤めの方は、宅地建物取引業法から学習したほうが日々の仕事に役立ち楽しくなると思います。

お勧めは、宅地建物取引業法または民法(権利関係)から勉強し、法令上の制限、税法、その他の分野に進めるという順番です。早い時期から学べるのであれば、最も理解に時間がかかる民法(権利関係)から学ぶべきでしょう。夏から勉強をはじめる場合は、手っ取り早く点数につながる宅地建物取引業法・法令上の制限を先に学んだほうが効率的です。

アプリと書籍の両方で学びましょう

スマホのアプリを活用することは、現代の資格試験勉強では常識になっています。いつでもどこでも問題演習でき、登録者間で正答率や解答数を競い合ったり、一日にどれだけ学習したか、あとどれだけ学習すべきか、自分の苦手分野は何かが瞬時に分析されるので、活用しないと他の受験者に差を付けられます。ただし、本テキスト等の書籍を持ち歩くことも重要です。書籍にはどんどんシャープペンシルなどで書き込みし、関連情報を付箋に書き、貼り付けましょう。後で自分の字を目にすることで、前に問題を解いたときの自分の思考がよみがえり、記憶の定着を図ることができます。

令和6年2月　株式会社 Ken ビジネススクール

代表取締役社長　田中嵩二

基本テキストの使い方

過去10年分の出題実績表
選択肢レベルで1つでも出題されていれば●を付けています。●が多い分野は何度も繰り返し読み込み、正確に暗記する必要があります。

重要度ランキング
A…出題頻度が高く重要度が高い
B…毎年は出題されないが重要度が高い
C…出題頻度は低いが一読は必要

学習時間の目安
一読して、10年分の過去問を一回転するために必要な学習時間の目安です。

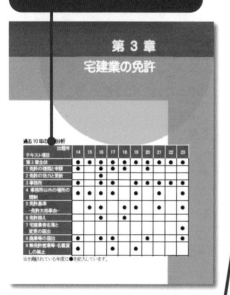

第3章
宅建業の免許

過去10年の出題分析

テキスト項目	14	15	16	17	18	19	20	21	22	23
第3章全体	●	●	●	●	●	●	●	●	●	●
1 免許の種類と申請	●	●	●			●		●		●
2 免許の効力と更新		●		●			●			
3 事務所			●		●					●
4 事務所以外の場所の規制	●				●			●		
5 免許基準 ―免許欠格事由	●		●		●		●		●	
6 免許換え				●						
7 宅建業者名簿と変更の届出	●					●				
8 廃業等の届出	●		●		●			●		
9 無免許営業等・名義貸しの禁止		●		●		●		●		●

※出題されている年度に●を記入しています。

1 免許の種類と申請
知事免許と大臣免許の2つがあります

 A

学習時間 15分

(1)免許の種類~どこに行けば宅建業の免許を受けられるの?

事務所が1つの場合と、2つ以上でそれぞれが別の都道府県にある場合とでは申請先が異なります。

1つの都道府県内に事務所を設置する場合は、その都道府県知事の免許を受けなければなりません。その際は、都道府県知事に直接申請します。

複数の都道府県内に事務所を設置する場合は、国土交通大臣の免許を受けなければなりません。その際は、主たる事務所(本社のこと)の所在地を管轄する都道府県知事を経由して申請します。

(2)申請書の記載事項~免許の申請書には何を書くの?
免許申請書には以下の事項を記載する必要があります。
①商号または名称
②法人(会社など)の場合は役員や総合で定める使用人の氏名
③個人業者の場合は、その個人や総合で定める使用人の氏名
④事務所の名称・所在地
⑤成年者である専任の取引士の氏名
⑥他の事業を行っているときはその事業の種類

※申請時に記載する必要がありますが、免許取得後に他の事業を行うようになった場合でも「変更の届出」は必要ありません。

ここではコレを覚える 11-26 14-27 16-35 17-36 18-36 20-26

□ 1つの都道府県内に事務所を設置する場合、その都道府県知事の免許を受ける。直接知事に申請
□ 複数の都道府県内に事務所を設置する場合、国土交通大臣の免許を受ける。主たる事務所の所在地を管轄する都道府県知事を経由して申請

▶ 12 ◀

一行ポイント
項目ごとにその全体像または主要となる内容について一行で解説しています。

ここではコレを覚える
項目の最後に、暗記すべきポイントを箇条書き等でまとめています。

過去問情報
過去の出題実績について、西暦下二桁と問番号を提示しています。アプリ等で学習する際に便利です。

③従業者名簿の備付け

一定の事項を記載した従業者名簿を備えなければなりません。

本社(主たる事務所)だけに一括して保管することは違法になります。この保存期間は最終の記載をした日から **10 年間**です。従業者名簿には、従業者の氏名、従業者証明書番号、生年月日、主たる職務内容、取引士であるか否かの別、その事務所の従業者になった年月日、その事務所の従業者でなくなったときはその年月日を記載しなければなりません。もちろん、今のご時世、パソコンのデータで保管するのが普通なので、エクセルなどのデータで保管することも可能です。ただし、プリントアウトできる状態でなければなりません。宅建業者は、取引の関係者から請求があったときは従業者名簿をその者に**閲覧させなければなりません。**

④帳簿の備付け

業務に関する帳簿を備えなければなりません。ちなみに、この帳簿は一般的にいう会社の経理に関する帳簿とは違います。不動産取引の詳細を入力した記録のことです。また、宅建業に関し、取引のあったつど、年月日、その取引に係る宅地または建物の所在および面積等を記載しなければなりません。もちろん、従業者名簿と同じく、パソコンのデータで保管することができます。ただし、従業者名簿と異なり、取引関係者から請求されても閲覧させる義務はありません。

この帳簿は、各事業年度の末日をもって閉鎖し、閉鎖後 **5 年間**保存しなければなりません。ただし、宅建業者が自ら売主となる新築住宅の場合は 10 年間保存しなければなりません。

⑤成年者の専任の取引士の設置義務

従業者等の数の 5 分の 1 以上となる数の成年者である専任の取引士を置かなければなりません。この人数の条件を満たさなくなった事務所は開設することができません。「専任」とは、原則として、宅建業者の通常の勤務時間を勤務することをいいますが、ITの活用等により適切な業務ができる体制を確保した上で、事務所以外において従来の勤務時間を勤務する場合(テレワーク等)でも「専任の要件を満たします。

また、条件を満たさなくなった場合は 2 週間以内に必要な措置をとらなければなりません。そして、新たに専任の取引士を設置した場合は、免許権者へ 30 日以内に届け出なければなりません。

付け足し

宅建業者が法人である場合においてはその役員(業務を執行する社員、取締役、執行役またはこれらに準ずる者)が取引士であるときは、その者が自ら主として業務に従事する事務所については、その者が、その事務所に専任の取引士とみなされます。また、①宅建業の事務所が建築士事務所、建設業の営業所等を兼ね、その事務所における

それはなぜ？
従業者名簿について
宅地建物の取引には、宅建業者だけでなく多くの関係業者が関与するのが普通ですが、誰がどのような関与しているのかを明らかにする目的です。

それはなぜ？
帳簿について
大臣や知事による立入検査の際に提示できるようにしておくために必要があるからです。

用語
従業者等
原則として、代表者、役員(非常勤の役員を除く)およびすべての業員等が含まれ、受付、秘書、運転手等の業務に従事するもの対象となりますが、宅建物の取引に直接的な関係のない業務に臨時的に従事する者は含まれません。

それはなぜ？
本文の制度が作られた理由をまとめています。制度趣旨を意識して勉強すると理解度が増します。

用 語
本文の下線部分の難しい法律用語について解説しています。

付け足し
直接出題される可能性は低いですが本文の内容に深みを持たせるための発展的な制度や判例を紹介しています。

---

②不当な報酬の要求

宅建業者は、その業務に関して、その相手方等に対して**不当に高額の報酬を要求**してはなりません。

要求とは、社会通念上その取引では請求することができない報酬の額であることを認識し、あえてこれを支払うよう求める行為をいい、その要求行為があれば、つまり実際に報酬を受け取らなくても犯罪が成立します。

違反した場合は、指示処分、業務停止処分の対象となり、情状が特に重い場合等には免許の取消処分の対象となります。また、1 年以下の懲役もしくは 100 万円以下の罰金に処せられ、またはこれらが併科されます。

③宅建業の業務に関し行為の取消制限

宅建業者(個人に限り、未成年者を除く)が、宅建業の業務に関し行った行為は、**行為能力の制限によっては取り消すことができません。**成年被後見人等の制限行為能力者が宅建業の免許を受けて、宅建業に関し行った契約について、それを理由に取り消しを認める法律関係が不安定となるための制限にています。ただし、未成年者であることを理由に契約等を取り消すことはできる点に注意が必要です。

(3)契約の申込みの撤回または解除の場面におけるルール

①預り金の返還の拒否の禁止

宅建業者は、宅建業取引に係る契約に関して、相手方等が契約の申込みの撤回を行うに際し、**すでに受領した預り金を返還することを拒む**ことをしてはなりません。

違反した場合は、指示処分、業務停止処分の対象となり、情状が特に重い場合等には免許の取消処分を受けます。ただし、刑事罰の規定はありません。

②預り金の返還の拒否の禁止

宅建業者は、宅建業取引に係る契約に関して、相手方が手付を放棄して契約の解除を行うに際し、正当な理由なく、**契約の解除を拒みまたは妨げる**ことをしてはなりません。

違反した場合は、指示処分、業務停止処分の対象となり、情状が特に重い場合等には免許の取消処分を受けます。刑事罰の規定はありません。

(4)勧誘・契約・勧誘または解除の場面におけるルール

①威迫行為の禁止

宅建業者等は、宅建業に係る契約の締結を勧誘し、または宅建業に係る契約の申込みの撤回もしくは解除を結ぶため、その相手方を**威迫**してはなりません。

脅迫のように恐怖心を生じさせる程度のものであることを要しません。違反した場合は、指示処分、業務停止処分の対象となり、情状が特に重い場合等には免許の取消処分を受けます。刑事罰の規定はありません。

参考資料
報酬告示に定めた額のわずかに超えた金額や請求しこれを受け取った場合は、別の処罰行為(100 万円以下の罰金)にあたりますが、不当な要求の禁止には違反しません。

具体例
～で宅建業者が購入希望者から契約申込金を受領した後、購入希望者が購入申込みを撤回したにもかかわらず、その返還請求を無限に応じないこと等。

具体例
買主による手付解除が法律的に可能であるにもかかわらず、手付解除を申し出た買主に対し「売主の弁護士が履行の着手をしたから、買主は手付解除ができない」等と不実なことを主張することなど。

具体例
相手方に対して、「なぜ金がないのか」、「関係ないから帰らないな」など声を荒げて、面会を拒絶したり、拘束したりする等。

参考資料
本文にある赤線部分の補足を欄外で説明しています。
具体例
本文にある下線部分について具体例を挙げて解説しています。

3-3-2 用途地域以外の地域地区＜都市計画の内容

重要度 **A**

用途地域の規制では不十分、さらにきめ細かな規制です 学習時間 120分

用途地域の他に、地域の特性をより具体化するプランがあります。これを補助的地域地区という場合もあります。

(1)用途地域内のみ定めることができるもの

①特別用途地区

用途地域内の一定の地区における当該地区の特性にふさわしい土地利用の増進、環境の保護等の特別の目的の実現を図るため当該用途地域の指定を補完して定める地区です。地域により異なりますが、文教地区、特別工業地区、低層階級業務地等地区など各自治体で採用されています。

②特例容積率適用地区

一定の用途地域内（=低層住居専用地域・田園住居地域・工業専用地域を除いた用途地域内）の適正な配置および規模の公共施設を備えた土地の区域において、建築物の容積率の限度からみて未利用となっている建築物の容積の活用を促進して土地の高度利用を図るため定める地区です。

③高層住居誘導地区

住居と住居以外の用途とを適正に配分し、利便性の高い高層住宅の建設を誘導するため、一定の用途地域（第1種住居地域、第2種住居地域、準住居地域、近隣商業地域、準工業地域）で、建築物の容積率が10分の40または10分の50と定められたものの中において、建築物の容積率の最高限度、建築物の建蔽率の最高限度および建築物の敷地面積の最低限度を定

特別用途地区の写真
東京都新宿区大久保

特例容積率適用地区の写真
東京都中央区東京駅前

高層住居誘導地区の写真
東京都江東区豊洲

付け足し
建築基準法上、用途地域以外でも、その地区の指定の目的のためにする建築物の建築の制限または禁止は、地方公共団体の条例で定める。また、地方公共団体は、目的の達成上必要と認める場合、国土交通大臣の承認を得て、条例で、用途地域の制限による制限を緩和することができます。

付け足し
建築基準法上、特例容積率適用地区内における建築物の高さは、特例容積率適用地区に関する都市計画において建築物の最高限度が定められたときは、原則として、当該最高限度以下でなければなりません。

付け足し
都心の高層住宅の建設を促進し、居住人口の都心回帰を促そうとする目的で1997年に創設されたものです。都市内の住宅の適正な配置を目指し、容積率制限の緩和、斜線制限の緩和などが都市計画で定められます。

▶ 139 ◀

ここを押さえる過去問1・2・3

問1 甲県に事務所を設置する宅建業者A（甲県知事免許）が、乙県所在の宅地の売買の媒介をする場合、Aは国土交通大臣に免許換えの申請をしなければならない。(2018)

問2 いずれも取引士ではないAとBが宅建業者Cの取締役に就任した。Aが常勤、Bが非常勤である場合、C社はAについてのみ役員の変更を免許権者に届け出る必要がある。(2018)

問3 宅建業者は、自己の名義をもって、他人に、宅建業を営む旨の表示をさせてはならないが、宅建業を営む目的をもってする広告をさせることはできる。(2019)

問4 都道府県知事は、不正の手段によって宅建免許を受けようとした者に対しては、その試験を受けることを禁止することができ、また、その禁止処分を受けた者に対し2年を上限とする期間を定めて受験を禁止することができる。(2009)

問5 甲県で宅建士資格試験に合格した後1年以上登録の申請をしていなかった者が宅建業者（甲県知事免許）に勤務することとなったときは、甲県知事あてに登録の申請をしなければならない。(2020)

問6 業務停止の処分に違反したとして宅建業の免許の取消しを受けた法人の政令で定める使用人であった者は、当該免許取消しの日から5年を経過しなければ、登録を受けることもできない。(2019)

問7 甲県知事の登録を受けている取引士は、乙県に所在する宅建業者の事務所の業務に従事しようとするときは、乙県知事に対し登録の移転の申請をし、乙県知事の登録を受けなければならない。(2018)

問8 取引士は、従事先として登録している宅建業者の事務所の所在地に変更があったときは、登録を受けている都道府県知事に変更の登録を申請しなければならない。(2020)

問9 取引士が心身の故障により、当該事務を適正に行うことができなくなったときは、その本人又は法定代理人等は、30日以内に、その旨を登録している都道府県知事に届け出なければならない。(2016)

▶ 47 ◀

写真でイメージ
言葉での解説だけではイメージがわかない箇所は、写真を貼付して解説しています。

過去問演習
重要過去問1問1答式の問題と解答が掲載されています。

vii

目　次

第1編　宅地建物取引業法等

出題	問26〜問45(20問)
合格ライン	17問以上正解
最低学習時間	1か月
出題頻度の高いもの	宅建業法に関してはすべての分野が頻出です。合格者はこの分野で9割以上得点します。テキスト学習と併せて必ず過去問を解くようにしましょう。

宅地建物取引業法等(以下、宅建業法等といいます。)の出題は、「取引一任代理等」(J-REIT～多くの投資家から集めた資金で、オフィスビルや商業施設、マンションなど複数の不動産などを購入し、その賃貸収入や売買益を投資家に分配するもの～との資産運用委託契約に基づき、建物業者、資産運用委託契約、J-REITから不動産の売買等の取引の判断を一任され、その取引の代理媒介を行うこと)や、宅建試験の実施機関、登録講習・登録実務講習の実施機関に関するルール等、一部を除き、まんべんなく出題されています。特に、以下の表は本書の項目です。毎年それぞれ何問出題されているかをまとめています。

	見出し	平均出題数
1	宅地建物取引業法の目的と全体像	0 問
2	宅地建物取引業とは	1 問
3	宅建業の免許	2 問
4	宅地建物取引士	1 問
5	営業保証金	1 問
6	宅地建物取引業保証協会	1 問
7	業務上の規制	12 問
8	監督処分・罰則	1 問
9	住宅瑕疵担保履行法	1 問

合格者は例年 9 割以上の得点をする分野です。したがって、もれなくすべての内容について学習する必要があります。

まずは、テキストを読むか、本書を使った講義を聴講しながら、本書に対応した宅建アプリや過去問集で問題を解きましょう。

過去問を解く際は、「どこが誤りなのか」「どこをどう直せば正しい内容になるのか」を意識して、解説を読んで下さい。さらに、本書に戻り、関連知識を確認して下さい。

第1章
宅地建物取引業法
の目的と全体像

(1)なぜ宅地建物取引業法が作られたの？

宅地建物取引業法(以下、宅建業法と略します)が制定されたのは、第二次大戦後です。戦後の未曾有の住宅不足がその最大の要因でした。また、戦後の経済復興に伴い、一般の宅地建物の需要が拡大し、その取引が盛んになったことも拍車をかけました。宅地建物の取引が増加すると、それに比例し、紛争や事故も激増しました。

また、宅地建物の取引には、相当の知識、経験、資力、信用等が必要となります。しかし、宅建業法が制定されるまでは、誰でも自由にこの業界に参入できたこともあり、知識や経験もない者が自由に取引に従事したり、逼迫した住宅事情につけこんで悪事を働く業者も少なからず存在したりしました。

そこで、**宅地建物という重要な財産の取引を安全に取り扱い、宅地建物の円滑な流通と利用の促進を図るため**、宅地建物の取引に関する規制の必要性が高まり、法制定の運動が起こりました。このような状況を背景に、昭和27年に宅建業法が制定されました。

(2)どうやって目的を実現するの？

宅建業法は、法律の中では行政法と呼ばれる分野に位置づけられます。民法などは私法と呼ばれ、民間人同士の間を規律するルールです。そこでは自由が優先されます。それに対して、行政法は、国や地方公共団体との間での規律となります。ビジネスとしての不動産取引を原則として禁止し、許可を受けた者だけが行えるようにしています。この許可制は行政法の分野ではよく使われる手法です。

宅建業の許可を受けた者に宅建業法を守らせ、違反した者に対して免許取消等の制裁(監督処分)を科すことで、目的を実現しようとするものです。

(3)宅地建物取引業法にはどんなルールがあるの？

第1章に、法の目的と用語の定義を定めた「総則」の規定を置いています。第2章では、免許の取得、免許基準、免許の効力等の「免許」、第3章では、皆さんが取得する「宅地建物取引士」の登録、登録基準、取引士証とその効力について規定を置いています。第4章では事業開始前の金銭的担保制度の「営業保証金」について規定を置いています。

第5章で、主に宅建業者が事業する上で守るべきルール「業務」の規定を置いています。その中には、①従業者教育・宅地建物取引士の設置義務、②広告規制・媒介代理契約の規制、③重要事項説明・契約書面の交付、④秘密保持・その他業務上の規制、⑤自ら売主制限、⑥報酬額の制限等の規定を置いています。第5章の2では、営業保証金に代わる「宅地建物取引業保証協会」の規定が、第6章では「監督処分」、第7章では「雑則」、第8章では「罰則」の規定を置いています。

第 2 章
宅地建物取引業とは

過去10年の出題分析

出題年 テキスト項目	14	15	16	17	18	19	20	21	22	23
第2章全体	●	●	●		●	●	●	●		●
1 免許が必要な取引業	●	●	●		●	●	●	●		●
2 免許がなくても宅建業 　ができる者		●					●	●		

※出題されている年度に●を記入しています。

1 免許が必要な取引業

不動産取引をするには免許が必要です

頻出度 **A**

学習時間 **60分**

宅地または建物(以下、宅地建物といいます。)の取引を業として行う場合、原則として、宅地建物取引業(以下、宅建業といいます。)の**免許**を受ける必要があります。免許を受けるということは、宅建業を行う資格を取得する一方、監督処分の対象になるということです。

| 宅地 | または | 建物 | を | 取引・業 |

まず、宅地、建物、取引、業の4つの意味を明らかにしておきましょう。

(1)宅地〜更地でも宅地になる場合がある？

宅地とは、原則として、現に建物の敷地に供せられる土地をいいます。また、建物の敷地に供する目的で取引の対象とされた土地も宅地にあたります。ただし、**用途地域内の土地であれば、これらの要件を満たしていなくても宅地にあたります**。用途地域内の土地は後に建物が建てられる可能性が高いからです。

その反面、**用途地域内の土地であっても、道路や公園、河川、広場、水路といった公共の用に供する施設の用に供せられているものは**、近い将来建物が建つ可能性が低いので**宅地にあたりません**。

なお、これらの判断は、**登記情報の地目や現況に左右されません**。

| 現に建物の敷地に供せられる土地（全国基準） | 建物を建てる目的で取引する土地（全国基準） | **用途地域内**
建築予定もない更地（用途地域内の基準） |

なお、近年、投資として取引されている**用途地域外**のソーラーパネル設置目的の土地は、建物の敷地に供せられる土地とはいえないので、宅建業法上では宅地にはあたりません。

(2)建物〜倉庫やマンションの一室も建物になる？

宅建業法上の建物はかなり広い意味で使われています。未完成物件の広告や取引も規制していることから、**未完成の建物も宅建業法上の建物**にあたります。また、事務所や倉庫、**建物の一部(マンションの専有部分)**

用語

用途地域…用途地域内の土地とは、都市計画区域内の主に市街化区域において指定されるものです(詳しくは法令制限で勉強します)。簡単に言えば、街中のことです。用途地域内の土地は、建物が建っていなくても、建てる目的でなくても、どうせ近い将来建物が建てられるだろうから、免許が必要な取引の対象となるわけです。

► 6 ◄

も含まれます。

(3)取引～自ら貸借や転貸業は取引ではない？

取引とは、宅地または建物（以下、「宅地建物」と略します）の①**売買**そのもの、②**交換**そのもの、③**売買、交換または貸借の代理**、④**売買、交換または貸借の媒介**を行うものをいいます。

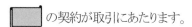の契約が取引にあたります。

宅建業者
媒介・代理

売買・交換・貸借

宅建業者

売買・交換

代理して	売買	交換	貸借
媒介して	売買	交換	貸借

自ら	売買	交換

一般に不動産取引という用語は、開発分譲や不動産賃貸管理、建物建築工事請負等も含む意味で使用することが普通ですが、宅建業法が適用される取引は、上記の4つに限定されています。

したがって、宅地建物の賃貸借そのもの、つまり、**自分で所有する宅地建物を貸し借りすること**は、たとえ業として行ったとしても**取引にあたりません**。また、他人の所有する複数の建物を、その所有者から借り上げ、その建物を自ら貸主として**転貸業**をすること（サブリースともいいます）や賃貸管理の委託を受けて**管理業**を行うことも**取引にあたりません**。

付け足し 代理・媒介業者に依頼する行為も免許が必要？

初学者がよく間違えてしまうのが、自分の持っている宅地建物を、宅建業者に委託して売買や貸借する契約を結んできてもらう場合の違いです。たとえば、複数のマンションを購入して不特定多数人に反復継続して転売する場合には、宅建業者に媒介・代理してもらうときでも、宅建業の免許を受けていなければなりません。それに対して、複数のマンションを購入して不特定多数人に反復継続して貸借する場合には、免許を受けている必要がありません。

付け足し

売り渡す行為がその規制対象となる点は当然です。それに対して、買い受ける行為は、他へ売却する目的で買い受ける行為を業として行う場合等には宅建業法が適用されると解釈されています。

参考資料

建設業者が建物を建設して土地付き建物として不特定多数の相手に販売する建売業は、宅地建物の売買を業として営むものとして取引業にあたります。

ワンポイントアドバイス

覚え方は、「結局のところ、誰が何をやったの？」という発想で考えることです。他の業者に売買の代理・媒介を依頼したということは、「結局のところ、お願いした側が自分の宅地建物を売った＝自ら売買…免許必要」ということですし、貸借の代理・媒介を依頼した場合は、「結局のところ、お願いした側が自分の宅地建物を貸した＝自ら貸借…免許不要」ということです。

参考資料
ガイドラインにおいて「業として行う」とは、宅地建物の取引を社会通念上事業の遂行とみることができる程度に行う状態を指すものと解釈されています。

(4)業～区画割りして宅地を販売するのは業？

業とは、**営利の目的**をもって、**不特定かつ多数人**に対して**反復継続**して行う意思のもとに、前記の**取引**を行うことをいいます。

なお、宅地建物の売買等の契約を成立させることだけでなく、販売広告、取引の勧誘、物件情報の提供、契約交渉はもちろん、契約成立後の履行手続をも含む一連の取引過程における諸活動を営利の目的をもって反復継続して行うことを指します。

《免許が必要な取引業の判断基準》

取引業と判断されやすいもの	取引業と判断されにくいもの
・広く一般の者を対象に取引を行おうとする場合 ・利益を目的とする場合 ・**転売するために取得した物件**を取引する場合 ・自ら購入者を募り一般消費者に直接販売しようとする場合 ・反復継続的※に取引を行おうとする場合（現在の状況だけでなく、過去とこれからの予定等も含めて判断します）	・契約当事者間が特定の関係にある場合（親族間など） ・特定の資金需要の充足を目的とする場合（納税、買い替えなど） ・相続や自己使用目的で取得する場合（自己居住用住宅、事業者の事務所、工場、社宅など） ・宅建業者に代理または媒介を依頼して販売しようとする場合 ・1回限りの取引として行おうとする場合（ただし、区画割りして行う宅地の販売等は1回の販売行為でも取引業にあたります）

※反復継続性は、現在の状況のみならず、過去の行為や将来の行為の予定（それが確実に行われるかどうか）も含めて判断します。

《破産管財人の売却行為は業ではない》

破産管財人が、破産財団の換価のために自ら売主となって、宅地または建物の売却を反復継続して行うことは、破産法に基づく行為として裁判所の監督の下に行われるため、業として行われるものではなく、宅建業にあたりません。ただし、その破産管財人から依頼されて、**売買の媒介を行うことは宅建業にあたる**ので注意が必要です。

用語
破産管財人…裁判所によって選任され、裁判所の指導・監督の下に、破産手続において破産財団（破産した人の財産のこと）に属する財産の管理と処分をする権利を有する者をいいます。弁護士が選任されるのが通例です。

《組合方式でも業になる》

組合方式による住宅の建築(コーポラティブハウス)という名目で、組合員以外の者が、業として、住宅取得者となる組合員を募集し、その組合員による宅地の購入や住宅の建築に関して指導、助言等を行う場合があります。その際、組合による宅地建物の取得が、**組合員以外の者が関与**すると、宅地建物の売買またはその媒介になるので、**宅建業にあたるので注意が必要です。**

なお、組合員の募集が、宅地建物が不特定のまま行われる場合にあっても、それが特定された段階から宅建業法が適用されることとなります。

組合員募集から宅地購入・住宅建築までしっかりサポートします！

宅建業者

建設業者

建築請負契約書

組合

購入希望者(建設組合員)

売買契約書

土地所有者

ここではコレを覚える

過去問　11-26　12-27　14-26　15-26,38　16-26
　　　　　18-41　19-42　19-26,36　20-26　21-32

取引するのに免許が必要な宅地とは、

□原則：現に建物の敷地に供せられる土地
　　　　建物の敷地に供する目的で取引の対象とされた土地

□例外：**用途地域内の土地**(道路、公園、河川、広場、水路以外)

※地目や現況に左右されない。

□取引業とは、宅地建物の売買・交換、または、宅地建物の売買・交換・貸借の代理や媒介をする行為を業として行うものをいう。

□業とは、宅地建物の取引を不特定多数人に反復継続して行うことをいう。

□1回の販売行為として行われるものであっても、区画割りして行う宅地の販売等複数の者に対して行われるものは反復継続的な取引にあたる。

□**自ら貸借**、転貸、管理は、宅建業ではないので免許は不要。

2 免許がなくても宅建業ができる者

頻出度 A

宅建業でも例外として免許が要らない場合があります

学習時間 **20分**

宅建業を行う場合であっても、宅建業法自体が適用されなかったり、免許の規定だけが適用されなかったりするものがあります。

(1)国や地方公共団体～宅建業を行う場合は?

用語

国や地方公共団体…
日本国と都道府県・市町村等をいいます。なお、国とみなされるものとしては「独立行政法人都市再生機構」、地方公共団体とみなされるものとしては「地方住宅供給公社」などがあります。

国や地方公共団体には、**宅建業法の規定が適用されない**ので、免許も不要です。国や地方公共団体は、住宅政策や土地収用といった公共目的によるので、取引の公正が害される可能性がないからです。

ただし、国や地方公共団体から依頼されて、売買等の媒介または代理を業として行うことは宅建業にあたります。

(2)信託会社や信託兼営銀行～宅建業を行う場合は?

一定の条件を満たす**信託会社・信託業務を兼営する金融機関**も、**免許を受けていなくても宅建業を営むことができます**。ただし、**国土交通大臣に事前に届け出る**必要があります。この場合、国土交通大臣の免許を受けた宅建業者とみなされます。

信託会社や信託兼営銀行は信託業法・銀行業法により、金融庁による厳重な監督を受けているので、法律が二重に適用されることを避けるために、このような例外があります。

《信託会社等に適用されない宅建業法上の規定》
- 免許の取得・条件・申請・交付、免許換え
- 無免許営業等の禁止
- 営業保証金供託後の届出違反による免許取消
- 免許権者による免許取消
- 事務所・責任者不明の場合の免許取消

(3)農協や建設会社～免許が必要?

農業協同組合や**建設業者**、さらには**社会福祉法人**(老人ホームや保育所等)が宅建業を行う場合は、**原則どおり、免許を受ける**必要があります。

ここではコレを覚える 過去問 13-27 15-26 20-26,43 21-32

☐一定の条件を満たす信託会社・信託業務を兼営する金融機関は、宅建業の免許を取得しなくても、国土交通大臣に届け出れば、宅建業を営むことができる。

☐国や地方公共団体などには、宅建業法の規定は適用されない(宅建業の免許も不要)。

☐農業協同組合、建設業者、社会福祉法人などが宅建業を行う場合は免許を受ける必要がある。

第 3 章
宅建業の免許

過去10年の出題分析

※出題されている年度に●を記入しています。

1 免許の種類と申請

知事免許と大臣免許の2つがあります

学習時間 15分

(1)免許の種類〜どこに行けば宅建業の免許を受けられるの?

事務所が1つの場合と、2つ以上でそれぞれが別の都道府県にある場合とでは申請先が異なります。

1つの都道府県内に事務所を設置する場合は、その都道府県**知事の免許**を受けなければなりません。その際は、都道府県**知事に直接申請**します。

複数の都道府県内に事務所を設置する場合は、**国土交通大臣の免許**を受けなければなりません。その際は、**主たる事務所(本社のこと)の所在地を管轄する都道府県知事を経由して**申請します。

本店 支店
甲県
甲県知事に直接申請

本店 支店
甲県 乙県
甲県知事を経由して
国土交通大臣に申請

付け足し

免許申請書(添付書類含む。)、免許証書換え交付申請書及び免許証再交付申請書等の法人の代表者及び役員、免許を受けようとする個人、政令で定める使用人並びに専任の取引士の氏名における旧姓併記または旧姓使用については、それを希望する者については、申請書等に旧姓を併記または旧姓を使用することができます。更新の場合も同様です。

(2)申請書の記載事項〜免許の申請書には何を書くの?

免許申請書には以下の事項を記載する必要があります。

①商号または名称
②法人(会社など)の場合は役員や政令で定める使用人の氏名
③個人業者の場合は、その<u>個人や政令で定める使用人の氏名</u>
④事務所の名称と所在地
⑤成年者である専任の取引士の氏名
⑥他に事業を行っているときはその事業の種類※

※申請時に記載する必要がありますが、免許取得後に他の事業を行うようになった場合でも「変更の届出」は必要ありません。

ここではコレを覚える

過去問 11-26 14-27 16-35 17-36 18-36 20-26

□1つの都道府県内に事務所を設置する場合、その都道府県知事の免許を受ける。
　⇒直接知事に申請
□複数の都道府県内に事務所を設置する場合、国土交通大臣の免許を受ける。
　⇒主たる事務所の所在地を管轄する都道府県知事を経由して申請

2 免許の効力と更新

頻出度 **A**

免許は5年ごとに更新する必要があります

学習時間 10分

(1)免許の効力～知事免許でも他県で宅建業はできるの？

都道府県**知事の免許**を受けた場合でも**日本全国で営業活動ができます**。もちろん、他の都道府県内に事務所を構えて宅建業を営む場合には、国土交通大臣免許を受ける必要があります(免許換え)。

(2)免許証の交付～免許証は掲示しなくてよい？

免許権者は免許をしたときは、免許証を交付しなければなりません。しかし、**宅建業者には免許証を事務所等に掲示する義務はありません**。

(3)免許の有効期間

免許の**有効期間は5年**です。有効期間の満了後も引き続き宅建業を営もうとする場合、免許の更新を受けなければなりません。つまり、**5年ごとに更新**が必要となります。

更新申請は、有効期間**満了の日の90日前から30日前まで**に行わなければなりません。

それはなぜ？

普通自動車運転免許を思い出してください。運転免許は、各都道府県の公安委員会で交付されますが、その免許で日本全国どこでも運転することができます。宅建業の免許も同じです。

宅地建物取引業者免許証

更新申請を行えば、従前の免許の有効期間満了日がきても、新たな免許について処分があるまで従前の免許の効力が存続します。この場合でも新たな免許の有効期間は**従前の免許の有効期間満了の日の翌日から起算**されます。

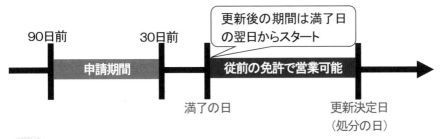

更新後の期間は満了日の翌日からスタート

90日前　　　　　30日前　　　　　　　従前の免許で営業可能

申請期間

満了の日　　　　　　更新決定日
　　　　　　　　　　(処分の日)

付け足し　免許手数料

宅地建物取引業の免許を受けようとする者は、登録免許税(国土交通大臣免許)や都道府県証紙(都道府県知事免許)を納付しなければなりません。更新の際も、手数料が必要となります。

具体例

免許の更新にあたって、従前の免許の有効期間中に役員等が暴力団の構成員であったり、暴力団の実質的支配下に入った事実がある者に対して、「暴力団の構成員を役員等としないこと」または「暴力団の実質的な支配下に入らないこと」とする条件や、免許の更新に当たって、過去5年間の宅地建物取引の実績がない者に対し、「免許直後1年の事業年度における宅建業の取引の状況に関する報告書をその事業年度の終了後3月以内に提出すること」とする条件などがあります。

(4)免許の条件

国土交通大臣または都道府県知事は、免許(更新も含む。)に条件を付したり、それを変更したりすることができます。

この条件は、宅建業の適正な運営や宅地建物の取引の公正を確保するため必要な最小限度のものに限り、かつ、その免許を受ける者に不当な義務を課することとならないものでなければなりません。

(5)免許証の返納

宅建業者が免許換えをしなかったり、免許取消しになったり、亡失した免許証を発見したり、廃業したりする場合は、免許権者に返納しなければなりません。

ただし、**更新せずに免許の有効期間が満了した場合は、免許証を返納する必要がありません。**

付け足し 免許証の再交付の申請

宅建業者は、免許証を亡失し、滅失し、汚損し、または破損したときは、遅滞なく、その免許を受けた国土交通大臣または都道府県知事に免許証の再交付を申請しなければなりません。汚損・破損の場合は、その免許証を添えて申請しなければなりません。

ここではコレを覚える 過去問 16-35

□免許の有効期間は5年。

□免許の更新申請は、有効期間満了の日の90日前から30日前までに行わなければならない。

□更新申請を行えば、従前の免許の有効期間満了日がきても、新たな免許について処分があるまで従前の免許の効力が存続する。この場合でも新たな免許の有効期間は従前の免許の有効期間満了の日の翌日から起算される。

3 事務所

本店と支店の扱いが違います

頻出度 **A**

学習時間 60分

インターネットが普及している現代では、実店舗を持たないネットショップも多くあります。しかし、宅建業はネット上だけで営むことはできず、ちゃんと事務所を構えなければなりません。

(1)事務所の定義～本店は宅建業をしなくても事務所?

事務所とは、**宅建業者がその業務活動に供する施設もしくはその所在する場所**をいい、①本店、②支店(宅建業を営む場合に限る)、③継続的に業務を行なうことができる一定の場所(営業所と略します)の3つに分けられます。

事務所になるかならないかは、免許権者(知事または国土交通大臣)が誰になるのか、専任の宅地建物取引士(以下、取引士と略します。)を設置するのか、クーリング・オフの適用があるのかなど多くの点に影響を与えます。

	要件等
①本店 ②支店	商業登記簿等に登載されたもので、継続的に宅建業者の営業の拠点となる施設としての実体を有するものをいいます。ただし、宅建業を営まない支店は事務所と扱われません。 ▶ 登記していない個人にあっては、その事業者の営業の本拠が本店となります。
③営業所	継続的に業務を行うことができる施設を有する場所で、宅建業に係る契約を締結する権限を有する使用人を置くものをいいます。

本店　宅建業を営まなくても事務所になる

支店　宅建業を営む支店だけが事務所になる

それはなぜ?

公益性が高いからです。顔が見えればこそ、お客さんも安心して取引ができるわけです。

用語

契約を締結する権限を有する使用人…原則として、継続的に業務を行なうことができる施設の代表者等が該当します。また、取引の相手方に対して契約締結権限を行使(自らの名において契約を締結するか否かを問わない)する者も該当します。

3
宅建業の免許

付け足し　主たる事務所・従たる事務所と本店・支店

宅建業者が商人の場合、本店または支店として登記されたものを事務所といいます。それに対して、宅建業者が商人以外の場合、本店・支店という呼び方はせず、主たる事務所・従たる事務所として扱います。なお、「商人」とは、商法上、自己の名をもって商行為をすることを業とする者をいいます。商人以外の者の例としては協同組合、公益法人等があります。

ここではコレを覚える　過去問　22-26

□事務所とは、①本店、②支店（ただし、**宅建業を営まない場合は事務所にあたらない**）、③継続的に業務を行うことができる施設で、契約を締結する権限を有する使用人がいるものをいう。

(2)事務所に備えるべきもの〜事務所には5つのものを備える

宅建業者は、その**事務所**ごとに、①標識と②報酬額を掲示し、③従業者名簿と④業務に関する帳簿を備え付け、⑤成年者である専任の取引士を置かなければなりません。

①標識の掲示

公衆の見やすい場所に一定の事項（免許証番号・有効期間・商号又は名称・代表者氏名・専任の取引士の氏名・主たる事務所の所在地）が記載された**標識**（宅地建物取引業者票）を掲げなければなりません。

宅地建物取引業者票		
免許証番号	国土交通大臣（　）第　　号　知事	
免許有効期限	年　月　日から　年　月　日まで	
商号又は名称		
代表者氏名		
この事務所に置かれている専任の宅地建物取引士の氏名		
主たる事務所の所在地	電話番号（　）	

なお、旧姓が併記された免許証の交付を受けた日以降は、旧姓併記または旧姓使用を希望する者については、代表者氏名については旧姓を併記し、専任の取引士の氏名については、変更届出書が受理された日以降は、旧姓を併記または旧姓を使用することができます。ただし、標識に記載される代表者と専任の取引士が同一人物の場合、いずれも旧姓併記または現姓使用として表記を統一するか、代表者の氏名を旧姓併記とし、専任の取引士を旧姓使用または現姓使用としなければなりません。

②報酬額の掲示

公衆の見やすい場所に国土交通大臣が定めた**報酬の額を掲示**しなければなりません。

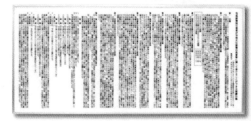

それはなぜ？

標識について
無免許業者と取引しないように予防することと、無免許営業を封じることが目的です。

報酬額について
宅建業者に媒介や代理を依頼する人は、報酬額のルールを知らないのが普通です。それを掲示することで、容易に知ることができるようにして、ルール違反を予防するのが目的です。

③従業者名簿の備付け

一定の事項を記載した**従業者名簿**を備えなければなりません。本社(主たる事務所)だけに一括して保管することは違法になります。その保存期間は**最終の記載をした日から10年間**です。従業者名簿には、従業者の氏名、従業者証明書番号、生年月日、主たる職務内容、**取引士であるか否かの別**、その事務所の従業者になった年月日、その事務所の従業者でなくなったときはその年月日を記載しなければなりません。

もちろん、今のご時世、パソコンのデータで保存するのが普通なので、エクセルなどのデータで保存することも可能です。ただし、プリントアウトできる状態でなければなりません。宅建業者は、**取引の関係者から請求があったときは従業者名簿をその者に閲覧させなければなりません。**

④帳簿の備付け

業務に関する**帳簿**を備えなければなりません。ちなみに、この帳簿は一般的にいう会社の経理に関する帳簿とは違います。不動産取引の詳細を入力した記録のことです。また、宅建業に関し**取引のあったつど**、帳簿に、その年月日、その取引に係る宅地または建物の所在および面積等を**記載しなければなりません**。もちろん、従業者名簿と同じく、パソコンのデータで保存することができます。ただし、**従業者名簿と異なり、取引関係者から請求されても閲覧させる義務**はありません。

この帳簿は、各事業年度の末日をもって閉鎖し、閉鎖後**5年間保存**しなければなりません。ただし、宅建業者が自ら売主となる新築住宅の場合は**10年間保存**しなければなりません。

⑤成年者の専任の取引士の設置義務

従業者等の数の**5分の1以上**となる数の成年者である**専任の取引士**を置かなければなりません。この人数の条件を満たさない事務所は開設することができません。「専任」とは、原則として、宅建業者の通常の勤務時間を勤務することをいいますが、ITの活用等により適切な業務ができる体制を確保した上で、事務所以外において通常の勤務時間を勤務する場合(テレワーク等)でも「専任」の要件を満たします。

また、条件を満たさなくなった場合は**2週間以内**に必要な措置をとらなければなりません。そして、新たに専任の取引士を設置した場合は、**免許権者へ30日以内に届け出なければなりません。**

付け足し

宅建業者または法人である場合においてはその役員(業務を執行する社員、取締役、執行役またはこれらに準ずる者)が取引士であるときは、その者が自ら主として業務に従事する事務所については、その者は、その事務所に置かれる専任の取引士とみなされます。また、①宅建業の事務所が建築士事務所、建設業の営業所等を兼ね、その事務所における

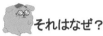
それはなぜ?

従業者名簿について
宅地建物の取引には、宅建業者だけでなく多くの関係業者が関与するのが普通なので、誰がどのような立場で関与しているのかを明らかにする目的です。

それはなぜ?

帳簿について
大臣や知事による立入検査の際に提示できるようにしておく必要があるからです。

用語

従業者等
原則として、代表者、役員(非常勤の役員を除く)およびすべての従業員等が含まれ、受付、秘書、運転手等の業務に従事する者も対象となりますが、宅地建物の取引に直接的な関係が乏しい業務に臨時的に従事する者は含まれません。

取引士が建築士法・建設業法等により専任を要する業務に従事しようとする場合や、②取引士でもある個人の宅建業者がその事務所において土地家屋調査士・行政書士等の業務をあわせて行おうとする場合等については、他の業種の業務量等を斟酌のうえ、専任か否かを判断します。

なお、宅建業を営む事務所における専任の取引士が、賃貸住宅の管理業務等の適正化に関する法律12条1項の規定により選任される業務管理者を兼務している場合については、その業務管理者としての賃貸住宅管理業に係る業務に従事することは差し支えありません。

ワンポイントアドバイス

宅建業法に出てくる「役員」と「従業者」は、事務所の設置、免許基準・登録欠格事由、変更の届出、従業者名簿・証明書のそれぞれの場面で定義が異なります。学習する際は、非常勤を含むのか、監査役を含むのか、といった点を気にしながらノートにまとめましょう。

ここではコレを覚える

過去問　13-41　14-28,41　16-29　17-28,35
　　　　19-35,40　20-39　22-26　23-36,37

□免許証を掲示する義務はなく、免許証を掲示したとしても標識の掲示に代えることはできない。

□宅建業者は、事務所ごとに氏名、従業者証明書番号、生年月日、主たる職務内容、取引士であるか否かの別、その事務所の従業者になった年月日、その事務所の従業者でなくなったときはその年月日を記載した従業者名簿を備えなければならない。

□宅建業者は、帳簿とは異なり、取引の関係者から請求があったときは従業者名簿をその者に閲覧させなければならない。

□宅建業者は、従業者名簿(電子計算機のファイル・電磁的記録媒体を含む。)を最終の記載をした日から10年間保存しなければならない。

□宅建業者は、事務所ごとに、その業務に関する帳簿を備え、宅建業に関し取引のあったつど、その年月日、その取引に係る宅地または建物の所在および面積等を記載しなければならない。

□帳簿は、従業者名簿と異なり、取引関係者から請求されても閲覧させる義務はない。

□宅建業者は、帳簿(電子計算機のファイル・電磁的記録媒体を含む。)を各事業年度の末日をもって閉鎖し、閉鎖後5年間保存しなければならない。ただし、宅建業者が自ら売主となる新築住宅に係るものにあっては10年間保存しなければならない。

□宅建業者は、その事務所ごとに、従業者等の数の5人に1人以上となる数の専任の取引士を置かなければならない。

□宅建業者は、人数の条件を満たさない事務所を開設できない。また、条件を満たさなくなった場合は2週間以内に必要な措置をとらなければならない。新たに専任の取引士を設置した場合は免許権者へ30日以内に届け出なければならない(変更の届出)。

4 事務所以外の場所の規制

案内所等にも標識や専任の取引士が必要です

学習時間 120分

宅建業者は、事務所以外の場所を営業の拠点として活動してよいことになっています。ただし、その場所で営業するには、標識を設置し、契約等も予定する場合には、専任の取引士を常駐させ、事前に届出をしておく必要があります。

それはなぜ？

自由に行えるということになると、事務所に関する規制を免れるために悪用される危険があるからです。

(1)標識～どこに標識を掲示するの？

下記の表の場所には、公衆の見やすい場所に**標識**を掲げなければなりません。

①**継続的に業務を行うことができる施設を有する場所**で事務所以外の場所

②一団の宅地建物の**分譲**を案内所を設置して行う場合にあっては、その案内所

③他の宅建業者が行う一団の宅地建物の**分譲の代理または媒介を案内所**を設置して行う場合にあっては、その案内所

④業務に関し**展示会**その他これに類する催しを実施する場所

⑤分譲する一団の宅地建物

▶ 分譲する一団の宅地建物（売却物件）に設置する標識は、売主業者のものを設置します。

用語

一団の宅地建物
10 区画以上の一団の宅地または 10 戸以上の一団の建物をいいます。

(2)標識に記載する事項～標識には何を記載するの？

基本的な事項(設置業者の免許証番号・有効期間、商号・名称と代表者氏名、主たる事務所の所在地)を記載すべき点は、事務所と同じですが、事務所以外の場所の場合は、その場所によって記載すべき事項が少し異なってきます。次ページにある表で確認しましょう。

4 事務所以外の場所の規制

	この場所に置かれる専任の取引士	この場所における業務の内容	クーリング・オフ制度の適用がある旨	その他
①継続的に業務を行うことができる施設を有する事務所以外の場所	契約行為等※を行う予定がある場合には記載する	記載する	契約行為等※を行う予定がない場合に記載する	
②一団の宅地建物の分譲を行うため設置する案内所				
③他の宅建業者が行う一団の宅地建物の分譲の代理または媒介を行うため設置する案内所				売主(商号又は名称・免許証番号)も記載する
④業務に関し展示会その他これに類する催しを実施する場所				
⑤分譲する一団の宅地建物	記載しない			現況地目及び地目別面積、道路位置指定年月日・番号、建築確認年月日・番号も記載する

※ 宅地建物の売買・交換の契約(予約を含む)、宅地建物の売買・交換・貸借の代理・媒介の契約を締結し、または、これらの契約の申込みを受ける場合をいいます。

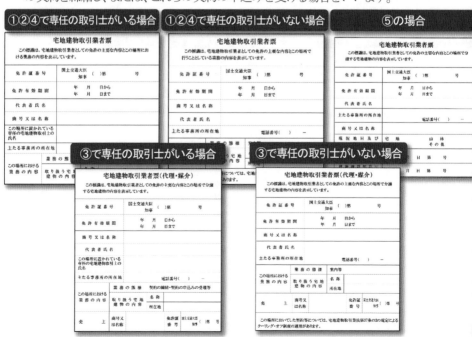

▶ 20 ◀

(3)専任の取引士の設置～事務所以外の場所にも専任の取引士？

宅建業者は、宅地建物の売買・交換の契約（予約を含む）、もしくは宅地建物の売買・交換・貸借の代理・媒介の契約を締結し、またはこれらの契約の申込みを受ける前表①～④の場所には、専任の取引士を1名以上置かなければなりません。

標識と異なり、宅建業者が分譲する一団の宅地建物には、専任の取引士の設置義務がありません。また、契約等を行う場所だけが設置の対象となっている点も標識との大きな違いです。

用語

契約の申込み…契約を締結する意思を表示することをいい、物件の購入のための抽選の申込み等金銭の授受を伴わないものも含まれます。

3 宅建業の免許

付け足し

複数の宅建業者が設置する案内所について

同一の物件について、売主である宅建業者（A）および媒介・代理を行う宅建業者（B）が同一の場所において業務を行う場合には、いずれかの宅建業者が専任の取引士を1人以上置けばよいことになっています（下の図を参照）。

また、不動産フェア等複数の宅建業者が異なる物件を取り扱う場合には、宅建業者ごとに1人以上の専任の取引士を置かなければなりません。

臨時に開設する案内所について

週末に取引士や契約締結権者が出張して申込みの受付や契約の締結を行う別荘の現地案内所等、週末にのみ営業を行うような場所についても、専任の取引士を置かなければなりません。

売却物件

売主業者A

案内所等

同じ場所で業務を行うし、うちから専任取引士を派遣してもいいよ。

うちが設置する案内所なので標識も取引士も届出も、うちで全部やらないと（原則）。でも取引士の数ギリギリだし・・・困ったなあ。

媒介・代理業者B

(4)届出～専任の取引士を置く事務所以外の場所は、届出もいるの？

それはなぜ？

契約の締結等を予定し専任の取引士の設置義務のある場所の営業活動についての指揮監督の充実を図ることが目的です。

参考資料

①継続的に業務を行うことができる施設を有する事務所以外の場所
②一団の宅地建物の分譲を行うため設置する案内所
③他の宅建業者が行う一団の宅地建物の分譲の代理または媒介を行うため設置する案内所
④業務に関し展示会その他これに類する催しを実施する場所

宅建業者は、<u>前表①～④</u>で専任の取引士を設置する義務のある場所について、その**業務を開始する日の 10 日前までに**、その所在地、業務内容、業務を行う期間および専任の取引士の氏名を、**免許権者**およびその**案内所等を管轄する都道府県知事**に届け出なければなりません。

また、業務を行う期間は原則として最長1年となります。引き続き業務を行う場合は改めて届出を行う必要があります。なお、国土交通大臣が免許権者の場合の届出は、**案内所等の所在地を管轄する都道府県知事と同知事を経由して国土交通大臣に対して届出を行います。

乙県に案内所を設置

甲県に本店（大臣免許）

乙県知事と乙県知事を経由して国土交通大臣に届け出る。

ここではコレを覚える

過去問 11-28,42 12-36,42 14-28,41 15-44 16-29 17-30 19-40 21-29 23-32

□標識と異なり、宅建業者が分譲する一団の宅地建物の所在場所には専任の取引士の設置義務はない。

□宅建業者は、専任の取引士を設置する義務のある案内所等について、その業務を開始する日の 10 日前までに、免許権者およびその案内所等の所在地を管轄する都道府県知事に届け出なければならない。

□国土交通大臣免許の宅建業者の場合は、案内所等の所在地を管轄する都道府県知事と同知事を経由して国土交通大臣に対して届出を行う。

5 免許基準—免許欠格事由—

不動産業界に相応しくない者は免許を受けられません

学習時間 120分

宅建業は衣食住にかかわる重要な財産を扱うので公益性を有しています。したがって、信頼のおける人や会社でなければ免許を取得することができません。免許を受けられない事由を、免許欠格事由または免許基準といいます。

(1)心身の故障・破産～破産した場合はいつから免許を？

心身の故障により宅地建物取引業を適正に営むことができない者や、破産手続開始の決定を受け復権を得ない者は、免許を受けることができません。

付け足し 心身の故障により宅建業を適正に営むことができない者とは？

精神の機能の障害により宅地建物取引業を適正に営むに当たって必要な認知、判断及び意思疎通を適切に行うことができない者をいいます。

(2)犯罪歴～犯罪者は免許を取得できないの？

禁錮以上の刑に処せられ、その刑の執行を終わり、または刑の執行を受けることがなくなった日から5年を経過しない者は、免許を受けることができません。

また、宅建業法、暴力団員による不当な行為の防止等に関する法律に違反し、または傷害罪（過失傷害罪は含まない）、傷害現場助勢罪、暴行罪、凶器準備集合罪、脅迫罪、背任罪、もしくは暴力行為等処罰に関する法律の罪を犯して罰金の刑に処せられ、その刑の執行を終わり、または執行を受けることがなくなった日から5年を経過しない者も、免許を受けることができません。

それはなぜ？

宅建業は、財産的価値が高く法律関係も複雑な不動産取引を取り扱うため、心身の故障により宅建業を適正に営むことができない者が、宅建業を営むことは取引の安全が著しく害されることになるので、免許欠格事由となっています。破産者の場合はその財産の管理処分の権限が破産管財人に専属することになるので、同じく宅建業を営むことはふさわしくありません。

用語

刑罰は、重い順に、「死刑」、「懲役」、「禁錮」、「罰金」、「拘留」、「科料」となります。ちなみに、付加刑として「没収」があります。したがって、禁錮以上の刑というのは、死刑、懲役、禁錮の3つをいいます。

禁錮刑・懲役刑	その刑の執行を終わりまたは刑の執行を受けることがなくなった日から5年を経過しない⇒免許を受けられない
宅建業法違反 暴力関係の罪を犯す 背任罪を犯す ⇒罰金の刑	

ただし、有罪となった場合でも、情状によっては、判決の中で刑罰の執行が猶予される場合があります。これは、有罪だけど、ある一定期間真面目に暮らしていれば、刑の言い渡し自体をなかったことにするというものです。したがって、**執行猶予期間中は免許を受けられないのですが、何事もなくその猶予期間が満了すれば直ちに免許を受けられます。**

また、有罪判決が出ても、その判決内容に不服があれば、上級裁判所(地裁→高裁、高裁→最高裁)に不服申し立て(上訴)ができます。上訴ができなくなった段階で刑が確定します。したがって、**刑が確定するまでは免許を受けることができます。**これを無罪推定の原則といいます。

(3)暴力団員等～元暴力団員も免許を取得できないの？

暴力団員による不当な行為の防止等に関する法律2条6号に規定する**暴力団員**または同号に規定する**暴力団員でなくなった日から5年を経過しない者**(暴力団員等)は、免許を受けることができません。

 暴力団員

 元暴力団員
⇒脱退後5年経っていない

また、免許の申請前5年以内に宅建業に関し不正または著しく不当な行為をした者や、宅建業に関し不正または不誠実な行為をするおそれが明らかな者も免許を受けることができません。

 付け足し

「宅建業に関し不正または著しく不当な行為」というのは、免許を必要とする宅地建物の取引業に限定されません。たとえば、誇大広告等を行う等も含まれます。また、取引士がその事務に関して不正な行為を行い事務禁止処分や登録消除処分を受けた場合も含まれるので、その取引士が免許申請すると、この欠格事由に該当するとして許可されない可能性はあります。

(4)免許取消処分～免許取消処分を受けると直ぐには取得できない？

①個人・法人業者に共通するもの

次の3つのいずれかの理由で免許を取り消された場合は、**特に悪質なので、免許の取消しだけでなく、5年間免許を受けることができません。**
1) **免許の不正取得**
2) **業務停止処分事由に該当し情状が特に重い場合**
3) **業務停止処分に違反した場合**

上記に該当するとして、免許の取消処分の聴聞の期日および場所が公示された日から処分をするかどうかを決定するまでの間に、**解散や廃業**

 それはなぜ？

役所が免許の取消処分をするために聴聞を行おうとすると、その前に宅建業者がいち早く廃業届を提出して処分を免れ、その後改めて免許申請するという脱法行為を阻止するためのものです。

の届出をした者(相当の理由がある者を除く)で、その**届出の日から 5 年を経過しない者**も、免許を受けることができません。

②法人業者特有のもの

前記の 1)2)3)の事由により、免許の取消しを受けた者が**法人の場合**は、免許取消処分の聴聞の期日および場所の公示日前 60 日以内に役員であった者で、**取消しの日から 5 年を経過しない者**も、免許を受けることができません。免許取消しの直前に役員を辞任して責任逃れさせないためです。

法人が
・不正取得
・業務停止処分違反
・情状が特に重い業務停止処分
事由にあたる行為
⇒免許取消処分

使用人
影響なし

役員

60 日以内に役員
であった者

取消しの日から 5 年
を経過しないと
免許を受けられない

また、前記 1)2)3)に該当するとして、免許の取消処分の聴聞の期日および場所が公示された日から処分をするかどうかを決定するまでの間に、**合併により消滅した法人または解散や廃業の届出のあった法人**(相当の理由がある法人を除く)の聴聞の期日および場所の公示日前 60 日以内に役員であった者で、その**消滅または解散や廃業の届出の日から 5 年を経過しない者**も、免許を受けることができません。

(5)未成年者～未成年者でも免許を取得できるの？

営業に関し成年者と同一の**行為能力**を有しない**未成年者**で**法定代理人**が、前記(1)～(4)の欠格事由に該当する場合、免許を受けることができません。
法定代理人が法人である場合(児童福祉施設を運営する法人など)においては、その役員が前記の(1)～(4)の欠格事由に該当する場合も免許を受けることができません。
ただし、**未成年者が宅建業の営業を行うことを法定代理人に許可された場合には、法定代理人の欠格事由に影響を受けることなく、免許を受けることができます。**

聴聞
行政機関が、行為、決定をする場合に、相手方その他の関係人に意見を述べる機会を与える手続をいいます。

役員
免許基準でいう役員とは、常勤・非常勤を問わず、業務執行社員、取締役、執行役、これらに準ずる者またはこれらと同等以上の支配力を有するものと認められる者をいいます。たとえば、会長、相談役、顧問、大株主等、その法人の経営に影響力を有するいわゆる黒幕なども役員として免許欠格事由となります。単に、政令使用人、専任の取引士というだけでは役員には該当しません。また、監査役も含まれません。

相当の理由
合併・解散・廃業の場合も 5 年間の欠格事由にしたのは、「処分逃れ」を封じるためなので、処分逃れでない相当な理由に基づく合併や解散、廃業が倒産・債務整理のためにやむを得ない理由に基づくような場合は除外されます。

政令で定める使用人
宅建業者の使用人(雇われている人)で、宅建業に関し、事務所の代表者である人をいいます。

それはなぜ?
役員は法人の業務に関して、政令で定める使用人は事務所の代表者として、その事務所で取り扱う業務に関して、宅建業者に代わって包括的な権限をもちます。そのような人が免許欠格事由に該当しているのは望ましいことではありません。

(6)役員や支店長が犯罪者の場合～免許を取得できないの?

法人の役員または政令で定める使用人のうちに、前記(1)～(4)の欠格事由に該当する者がいる場合は、法人も、免許を受けることができません。この役員も(4)で解説した役員と同じ意味です。

個人業者の場合も、政令で定める使用人のうちに、前記(1)～(4)の欠格事由に該当する者がいる場合は、その個人業者も、免許を受けることができません。

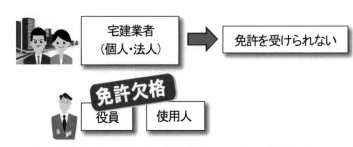

なお、**免許欠格事由に該当する役員や政令で定める使用人を、その立場から外すことで免許を受けることができる**ようになります。

(7)背後に暴力団の影がある者～免許を取得できないの?

暴力団員等がその事業活動を支配する者は免許を受けることができません。

(8)専任の取引士がいない場合～免許を取得できないの?

事務所について法定数の成年者である専任の取引士(5人に1人以上)を置いていない者は、免許を受けることができません。

また、免許申請書やその添付書類中に重要な事項について虚偽の記載があったり、重要な事実の記載が欠けていたりする場合も、もちろん免許を受けることができません。

ここではコレを覚える 過去問 11-27　12-26　13-43　15-27　16-37
18-36　19-43　20-43　21-27

□破産手続開始の決定を受けても復権を受ければ直ちに免許を受けられる。
□執行猶予期間中は免許を受けられないが、猶予期間が満了すれば直ちに受けられる。
□判決が出ても、刑が確定するまで(控訴中や上告中)は免許を受けることができる。
□成年者と同一の行為能力を有する未成年者は単独で免許を受けることができる。
□免許基準でいう役員とは、業務執行社員、取締役、執行役、これらに準ずる者またはこれらと同等以上の支配力を有するものと認められる者をいう。
□成年者である専任の取引士 = 政令で定める使用人ではない点にも注意。
□欠格事由に該当する役員・政令使用人をその立場から外すことで免許を受けられる。

ここを押さえる過去問1・2・3

※( )内の数字は出題年度です。

問1 宅建業者Aが自ら貸主として宅地の定期賃貸借契約を締結した場合において、借賃の支払方法についての定めがあるときは、Aは、その内容を宅地建物取引業法第37条の規定により交付すべき書面に記載しなければならず、借主が宅建業者であっても、当該書面を交付しなければならない。(2019)

問2 信託業法第3条の免許を受けた信託会社が宅建業を営もうとする場合には、国土交通大臣の免許を受けなければならない。(2020)

問3 宅建業を営もうとする者は、同一県内に2以上の事務所を設置してその事業を営もうとする場合にあっては、国土交通大臣の免許を受けなければならない。(2011)

問4 宅建業者Aが宅建業の免許の更新の申請を行った場合において、免許の有効期間の満了の日までにその申請について処分がなされないときは、Aの従前の免許は、有効期間の満了によりその効力を失う。(2018)

問5 事務所とは、契約締結権限を有する者を置き、継続的に業務を行うことができる施設を有する場所を指すものであるが、商業登記簿に登載されていない営業所又は支店は事務所には該当しない。(2022)

問6 20戸以上の一団の分譲建物の売買契約の申込みのみを受ける案内所を設置し、売買契約の締結は事務所で行う場合、当該案内所には専任の取引士を置く必要はない。(2011)

問7 A社は甲県知事から業務停止処分についての聴聞の期日及び場所を公示されたが、その公示後聴聞が行われる前に、相当の理由なくして宅建業を廃止した旨の届出をした。その届出の日から5年を経過していない場合、A社は免許を受けることができない。(2006)

問1:(×)自ら貸借は宅建業にはあたりません。 問2:(×)届出でよく、免許を受ける必要はありません。 問3:(×)都道府県知事の免許を受けなければなりません。 問4:(×)従前の免許は、有効期間満了後もその処分がなされるまでの間は、なお効力を有します。 問5:(×)事務所に該当します。 問6:(×)取引士を設置すべき案内所にあたります。 問7:(×)業務停止処分を免れるためでは欠格事由になりません。

6 免許換え

県をまたいで事務所が増えると大臣免許に格上げされます　学習時間 20分

事業を継続していけば、ずっと創業当時のままというわけにはいかなくなります。発展して会社が大きくなれば事務所を他の県にも設置したり、反対に事業縮小で事務所を減らしたり、事務所を移転したりすることもあるでしょう。そうすると、宅建業の免許も以前に受けたままでは不適当になってきます。そのようなとき、宅建業者は新たな事務所形態に即した新しい免許に変更する必要があります。これを免許換えといいます。

(1)免許換え～どんな場合に必要？

次の3つの場面で免許換えが必要となります。

①国土交通大臣の免許を受けた者が1つの都道府県の区域内にのみ事務所を有することとなったとき

②都道府県知事の免許を受けた者がその都道府県の区域内における事務所を廃止して、他の1つの都道府県の区域内に事務所を設置することとなったとき

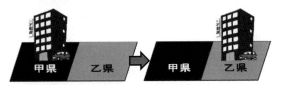

③都道府県知事の免許を受けた者が2つ以上の都道府県の区域内に事務所を有することとなったとき。

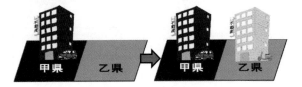

(2)免許換えの申請〜申請は誰に対して行うの？

都道府県知事が新たな免許権者となる場合は、その知事に対して、直接申請します。それに対して、**国土交通大臣が新たな免許権者となる場合**は、**主たる事務所(本店)の所在地を管轄する都道府県知事を経由して**申請します。

(3)有効期間〜新たな免許の効力は？

免許換えをすると、新しい免許を取得したことになるので、**有効期間は免許換えをした日から5年間です。**免許証番号も新しいものになります。そして、免許換えによって従前の免許は失効します。したがって、**免許換えのほかに、変更や廃業の届出は不要です。**

(4)免許換えは義務〜免許換えを怠ると？

免許換えは義務なので、**怠ると免許が取り消されます。**ただし、免許換え手続をとらずに宅建業を続けたとしても、ただちに無免許営業の罪にあたるわけではありません。

なお、名前が「免許換え」となっていますが、内容は、新規の免許申請と同じです。免許申請し、供託等を行い届出をした上で、事業を開始できます。

 付け足し 免許証の返納

免許換えの申請後、従前の免許の有効期間の満了までに免許換えの申請について処分がなされない場合は、**その処分がなされるまでの間は、従前の免許が効力を持ちます。**

免許換えにより新たな免許を受け、従前の免許がその効力を失ったときは、宅建業者は、遅滞なく、従前の免許証を従前の免許権者に**返納しなければなりません。**

ここではコレを覚える 過去問 13-43 16-37 18-36

免許換えの申請は、
□都道府県知事が新たな免許権者となる場合
　⇒直接申請する。
□国土交通大臣が新たな免許権者となる場合
　⇒主たる事務所(本店)の所在地を管轄する都道府県知事を経由して申請する。

7 宅建業者名簿と変更の届出

新たな取締役や専任の取引士が就任したら届出が必要です　学習時間 20分

(1)宅建業者名簿～免許を取得すると役所で情報公開されるの？

それはなぜ？

免許権者が監督するために必要だからです。

免許申請すると、免許権者(都道府県知事や国土交通大臣)は免許証を交付するとともに、宅建業者名簿に次の事項を書き記しておかなければなりません

①免許証番号と免許の年月日
②商号または名称
③法人である場合は、その役員の氏名や政令で定める使用人の氏名
④個人である場合は、その者の氏名や政令で定める使用人の氏名
⑤事務所の名称と所在地
⑥専任の取引士の氏名
⑦取引一任代理等の認可を受けている場合はその旨と認可の年月日
⑧指示処分、業務停止処分があった場合はその年月日と内容
⑨宅建業以外の事業を行っている場合はその事業の種類

この**宅建業者名簿や申請書類は一般の閲覧に供されます。**一般の閲覧というのは、原則として、利害関係の有無に関わりなく誰でも閲覧を請求できるという意味です。

用語

取引一任代理等

宅地建物の取引の代理・媒介において、取引の判断を一任され、それにもとづき取引の代理・媒介を行なうことをいいます。不動産の証券化などに伴う、投資法人や信託財産受託会社からの資産運用の受託、特定目的会社や受託信託会社からの取引代理・媒介業務の受託については、その業務の円滑実施のため、国土交通大臣から取引一任代理等の認可を受ければ、個別の媒介契約は締結しなくてもよいとされています(取引一任代理等に係る特例)。

(2)変更の届出～宅建業者名簿の記載事項に変更があったら？

宅建業者名簿に記載されている事項の一部(前記(1)の②～⑥)に**変更があったときは、30日以内に、**宅建業者は**免許権者に変更した旨の届出(変更の届出)をしなければなりません。**

記載事項	具体例
①商号・名称	社名を変更する。
②事務所の名称・所在地	事務所を移転させる。
③役員・政令で定める使用人の氏名	支店を新設して新たに支店長を置く。ただし、免許換えが必要な場合は変更の届出不要。
④専任の取引士の氏名	取引士である従業者の一人を専任の取引士とする。

なお、変更届出書の記載事項のうち、法人の代表者及び役員、個人業者における個人、政令で定める使用人並びに専任の取引士の氏名における旧姓併記または旧姓使用については、それを希望する者については、届出書に旧姓を併記または旧姓を使用することができます。

付け足し　役員の定義

宅建業者名簿に記載される**役員**について法律は特に定義していません。ということは、会社法その他法令に規定する役員と同様と解釈できます。なお、施行規則に定める変更届出書の「役員コード欄」には、株式会社の場合は①代表取締役、②取締役、③**監査役**、④代表執行役、⑤執行役、⑥会計参与、持分会社の場合は①代表社員、社員、その他①理事、③監事があります（その他という欄もありますが、何を指しているのかは注意書きがありません）。

非常勤も含みます。それに対して、免許基準等にあった「準ずる者」や「これらと同等以上の支配力を有するもの」は含みません。

(3)指示処分等〜届出しないとどうなるの？

変更の届出をしなかったり、虚偽の届出をしたりした場合は、指示処分の対象となるだけでなく、**50万円以下の罰金**に処せられます。

付け足し　免許換えと併せて行う場合

宅建業者は、免許証の記載事項に変更を生じたときは、その免許証を添え、変更の届出と併せて、その免許を受けた国土交通大臣または都道府県知事に免許証の書換え交付を申請しなければなりません。

ここではコレを覚える　過去問　13-43　17-36　18-36

□免許申請時に兼業していた他の事業を廃止しても変更の届出は不要である。
□専任の取引士が引越の場合（住所変更）には、専任の取引士を雇っている宅建業者は届出不要であるが、専任の取引士個人は変更の登録が必要となる。

8 廃業等の届出

破産等すると宅建業は続けられません

頻出度 **A**

学習時間 **20分**

廃業等で宅建業が続けられなくなった場合には、免許権者に届出が必要です。これを**廃業等の届出**といいます。

(1)廃業等の原因〜どんな場合に廃業等の届出が必要なの？

宅建業者が、以下の表の左欄のいずれかに該当することとなった場合に、右欄に記載する人が、**その日から 30 日以内に**、その旨を免許権者に届け出なければなりません。ただし、死亡の**場合**はその**事実を知った**日から30日**以内**に届出が必要です。

廃業等の原因	届出義務者
①破産手続開始の決定	破産管財人
②法人が合併および破産手続開始の決定以外の理由により解散	清算人
③宅建業の廃止	宅建業者個人・代表役員
④死亡	相続人
⑤法人が合併により消滅	消滅会社の代表役員

上記の①②③の場合は届出時に免許が失効します。それに対して、④⑤の場合は死亡時・合併の効力が生じた時に失効します。

(2)廃業等の届出を怠った場合

廃業等の届出がなくても、**廃業となる原因となる事実が判明**したとき、免許権者は、その宅建業者の**免許を取り消さなければなりません**。

(3)免許証の返納

廃業等の届出をする者は、廃業等をした宅建業者が国土交通大臣の免許を受けた者であるときは国土交通大臣に、都道府県知事の免許を受けた者であるときは都道府県知事に免許証を返納しなければなりません。
なお、国土交通大臣または都道府県知事は、廃業等の届出があったとき、または届出がなくて死亡もしくは合併による消滅が判明したときには、宅建業者名簿からその業者を削除しなければなりません。

用語

例えば株式会社は、合併、破産手続開始の決定以外に、定款で定めた存続期間の満了、定款で定めた解散事由の発生、株主総会の決議等により解散します。法人が解散すると事業主体が消滅し、その宅建業者の業者名簿は消除する必要があるため、これを届出させる必要があります。

(4)免許の取消し等に伴う取引の結了～仕事を引き継げる？

宅建業者の**免許の効力が失われた場合**でも、その者(破産・解散・廃業・更新せずに免許失効・免許取消しの場合)、または、一般承継人(死亡・合併の場合)は、**その業者が締結した取引を結了する目的の範囲内では宅建業者とみなされます**。たとえば、廃業前に結んだ売買契約に基づく物件の引渡し等です。依頼人を保護することが目的の制度です。
なお、広告していた物件を廃業後に販売する行為は、結了する目的の範囲内とはいえません。もし、結了する目的の範囲**外**の行為をした場合は無免許営業の罪となり、刑事罰の対象となります。

説明の都合上ここに記載しましたが、廃業等の届出があった場合に限らず、違法行為で免許が取り消された場合や更新しなかった場合も、同じく適用されます。

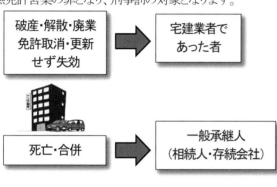

ここではコレを覚える 過去問 12-36 13-43 17-36 18-36 23-32

□宅建業者が合併した場合の届出義務者は、存続会社ではなく消滅した会社の代表役員である。
□死亡の場合は、それを知った日から30日以内に届出が必要である。
□宅建業者の免許の効力が失われた場合でも、その者(破産・解散・廃業の場合)、または、一般承継人(死亡・合併の場合)は、その業者が締結した取引を結了する目的の範囲内では宅建業者とみなされる。

3
宅建業の免許

9 無免許営業等・名義貸しの禁止

名義を貸して営業させると犯罪になります

頻出度 C

学習時間 5分

付け足し

免許を受けていない者が業として行う宅建業取引に宅建業者が代理または媒介として関与したとしても、その取引は無免許事業に該当します。

また、宅建業者が無免許事業に代理または媒介として関与した場合は、その宅建業者の行為は、宅建業に関し不正または著しく不当な行為等に該当し、免許停止や取消処分の対象となります。

(1)無免許営業〜免許申請中でも宅建業をしていいの？

無免許営業となります。当然ですが、**宅建業の免許を受けない者は宅建業を営んではなりません**。免許を受けない者には、免許申請中の者、免許を拒否された者、免許を取り消された者、免許の更新を受けずに免許の効力を失った者が含まれます。

違反した場合は、3年以下の懲役または300万円以下の罰金に処せられます。

(2)無免許でホームページ上に「貸家を世話します」と記載したら？

免許を受けない者が、**宅建業を営む旨の表示**をし、または**宅建業を営む目的をもって広告を行う**場合も、無免許営業と同じく禁止されています。実際にだまされた被害者がいなくても処罰の対象となります。

違反した場合は、100万円以下の罰金に処せられます。

(3)名義貸し①〜他人に名義を貸して宅建業を営ませると？

宅建業者は、**自己の名義をもって、他人に宅建業を営ませてはなりません**。これを名義貸しといいます。他人が自己の免許名義を無断で使用していることを知りながら放置した場合も名義貸しとして処罰されます。また、他人は、無免許業者に限られません。つまり、**宅建業の免許をもっている者に、宅建業者がその名義を貸す場合も、名義貸しとなります**。

違反した場合は、指示処分や業務停止処分、情状が重い場合には免許の取消処分を受けるだけでなく、3年以下の懲役または300万円以下の罰金に処せられます。

(4)名義貸し②〜他人に名義を貸して広告させたら？

宅建業者は、自己の名義をもって、他人に、宅建業を営む旨の表示をさせたり、または宅建業を営む目的をもって広告をさせたりしてはなりません。

違反した場合は、指示処分や業務停止処分、情状が重い場合には免許の取消処分を受けるだけでなく、100万円以下の罰金に処せられます。

過去問 14-27,36 19-26

▶ 34 ◀

第 4 章
宅地建物取引士

過去 10 年の出題分析

出題年 テキスト項目	14	15	16	17	18	19	20	21	22	23
第4章全体		●	●	●	●	●	●	●	●	
1 宅地建物取引士 　資格試験					●				●	
2 宅地建物取引士の 　登録				●		●	●	●	●	●
3 登録の移転				●	●			●	●	
4 取引士登録簿			●			●	●			
5 死亡等の届出と 　登録の消除			●		●				●	
6 取引士証			●	●	●	●	●		●	●
7 取引士の役割		●							●	●

※出題されている年度に●を記入しています。

1 宅地建物取引士資格試験

試験でカンニングすると最高3年間も受験禁止になります　学習時間　5分

　取引士になるためには、①宅地建物取引士資格試験（＝宅建試験）に合格し、②都道府県知事の登録を受け、③都道府県知事から取引士証の交付を受ける必要があります。順番に見て行きましょう。

| 宅建試験に合格 | 都道府県知事に登録 | 取引士証の交付 |

(1)試験の実施

　宅建試験は、都道府県知事が、国土交通省令の定めるところにより、年に1回実施されます。
　なお、国土交通大臣の登録を受けた登録講習機関が国土交通省令で定めるところにより行う登録講習の課程を修了した者については、国土交通省令で定めるところにより、試験の一部が免除されます。

(2)合格の取消し等

　都道府県知事は、不正の手段によって試験を受け、または受けようとした者に対しては、合格の決定を取り消し、またはその試験を受けることを禁止することができます。
　都道府県知事は、このような者に対して、情状により、3年以内の**期間を定めて受験を禁止**することができます。

ここではコレを覚える　過去問　11-36　12-27　14-27　16-35,37　17-30,36,44　20-26,43　22-33

□都道府県知事は、不正の手段によって試験を受け、または受けようとした者に対して、情状により、3年以内の期間を定めて受験を禁止することができる。

2 宅地建物取引士の登録

試験に合格した後に受験地の知事に資格登録します

頻出度 **A**

学習時間 **60分**

(1)取引士の登録

宅建試験に合格した者で、宅地建物取引に関し 2 年以上の実務の経験を有するもの、または<u>国土交通大臣がその実務の経験を有するものと同等以上の能力を有すると認めたもの</u>は、国土交通省令の定めるところにより、受験地の都道府県知事の登録を受けることができます。
ただし、(4)の登録欠格事由に該当する場合は登録を受けることができません。

(2)取引士の登録手続

取引士の登録を受けることができる者が、その登録を受けようとするときは、登録申請書を、登録を受けようとする都道府県知事に提出しなければなりません。
その都道府県知事は、登録申請書の提出があったときは、遅滞なく、登録をしなければなりません。

(3)登録の効果

どこの都道府県知事に資格登録を行っても、**全国で取引士として仕事ができます**。また、**登録に有効期限はない**ので、取引士証のように更新の必要がありません。

(4)取引士の登録基準～登録欠格事由～

取引士の資格登録は、宅建業の免許の申請と同様に、一定の登録欠格事由(登録基準)に該当しないことが必要です。
なお、下記の①～④は免許欠格事由(免許基準)と共通です。

①破産者等は登録もできない？ ―免許基準と共通

心身の故障により宅地建物取引業を適正に営むことができない者、破産手続開始の決定を受けて復権を得ない者は、登録を受けることができません。

②免許が取り消されると5年間は登録もできない？―免許基準と共通

《個人・法人業者共通》
次の 3 つのいずれかの理由で免許を取り消された場合は、**特に悪質な**ので、免許の取消しだけでなく、5 年間取引士の登録を受けることができません。

付け足し

①宅地建物取引に関する実務についての講習(登録実務講習)を修了した者
②国・地方公共団体または、国・地方公共団体の出資により設立された法人において宅地建物取得または処分の業務に従事した期間が通算して 2 年以上である者
③国土交通大臣が前①②に掲げる者と同等以上の能力を有すると認めた者
のいずれかをいいます。

| 1.免許の不正取得 |
| 2.業務停止処分事由に該当し情状が特に重い場合 |
| 3.業務停止処分に違反した場合 |

前記に該当するとして、免許の取消処分の聴聞の期日および場所が公示された日から処分をするかどうかを決定するまでの間に、**解散や廃業の届出をした者**(相当の理由がある者を除く)で、**その届出の日から 5 年を経過しない者**も、登録を受けることができません。

《法人業者特有の事由》

前記の 1.2.3.の事由により、免許の取消しを受けた者が**法人の場合**は、免許取消処分の**聴聞の期日および場所の公示日前 60 日以内に役員**であった者で、**取消しの日から 5 年を経過しない者**も、登録を受けることができません。

また、前記の 1.2.3.に該当するとして、免許の取消処分の聴聞の期日および場所が公示された日から処分をするかどうかを決定するまでの間に、**合併により消滅した法人または解散や廃業の届出のあった法人**(相当の理由がある法人を除く)の聴聞の期日および場所の公示日前 60 日以内に役員であった者で、その消滅または解散や廃業の届出の日から 5 年を経過しない者も、登録を受けることができません。

③犯罪者は登録もできないの？—免許基準と共通

禁錮以上の刑に処せられ、その刑の執行を終わり、または刑の執行を受けることがなくなった日から 5 年を経過しない者は、登録を受けることができません。

また、**宅建業法、暴力団員による不当な行為の防止等に関する法律に違反**し、または**傷害罪**(過失傷害罪は含まない)、**傷害現場助勢罪、暴行罪、凶器準備集合罪、脅迫罪、背任罪**、もしくは**暴力行為等処罰に関する法律の罪**を犯して**罰金の刑**に処せられ、その刑の執行を終わり、または執行を受けることがなくなった日から 5 年を経過しない者も、登録を受けることができません。

ワンポイントアドバイス

前科に関する登録欠格事由については非常に細かい出題がされています。取引士が禁錮以上の刑等に処せられ、登録消除処分がされた場合、「その登録消除処分の日から5年」ではなく、「その刑の執行を終わり、または刑の執行を受けることがなくなった日から5年」を経過するまでの間は、登録をできない点に注意しましょう。

④暴力団員等は登録もできないの？—免許基準と共通

暴力団員による不当な行為の防止等に関する法律2条6号に規定する**暴力団員**または同号に規定する**暴力団員でなくなった日から5年を経過しない者**(暴力団員等)は、登録を受けることができません。

⑤未成年者は登録できない？―取引士に特有の基準

宅建業に係る営業に関し成年者と同一の行為能力を有しない未成年者は登録を受けることができません。具体的には、法定代理人から宅建業についての営業の許可を得ていない未成年者のことをいいます。

なお、**免許と異なり、法定代理人の欠格事由は関係ありません**。

⑥不正手段で登録すると5年間登録できない？―取引士に特有の基準

次の4つの事由のいずれかに該当することにより**登録の消除の処分**を受け、その**処分の日から5年**を経過しない者は、登録を受けることができません。

1.不正手段で登録した場合
2.不正手段により取引士証の交付を受けた場合
3.名義貸しや取引士証の交付を受けずに重要事項説明を行う等で情状が特に重い場合
4.事務の禁止処分に違反した場合

また、上記1.～4.のいずれかに該当するとして、登録の消除の処分の聴聞の期日および場所が公示された日からその処分をする日またはその処分をしないことを決定する日までの間に、登録の消除の申請をした者（登録の消除の申請について相当の理由がある者を除く）でその**登録が消除された日から5年**を経過しない者も登録を受けることができません。

⑦事務禁止期間中は登録できないの？―取引士に特有の基準

事務の禁止処分を受け、その**禁止の期間中**に、**本人の申請**により、その登録が消除され、まだその期間が満了しない者は、登録を受けることができません。

事務の禁止処分…監督処分の1つで、最高1年間、宅地建物取引士としての職務が禁止されるものです。この処分を受けた場合は、取引士証は都道府県知事に提出する必要があります。

ここではコレを覚える　過去問　11-28,29　17-37　19-44　20-28,34　21-28　22-29,32,33

- □受験地の都道府県知事に対してのみ登録の申請ができる。
- □2年以上の実務経験がある者、または**国土交通大臣**指定の登録実務講習修了者でなければ登録できない。
- □どこの都道府県知事に申請を行っても、登録の効力は**全国で有効**で、登録の消除を受けない限り有効（免許や取引士証のように**有効期限がない**）。
- □宅建業に係る営業に関し成年者と同一の行為能力を有しない未成年者は登録を受けることができない。
- □**事務の禁止処分**を受け、その禁止の期間中に、**本人の申請**により、その登録が消除され、まだその期間が満了しない者は、登録を受けることができない。

4 宅地建物取引士

3 登録の移転

勤務先が登録都道府県以外になると登録先を変えられます

学習時間 30分

取引士の登録は都道府県単位で管理されています。東京都内の試験場で受験すれば東京都、大阪府内で受験すれば大阪府といった具合です。どこで登録しても取引士としては全国で仕事ができるので普段は気にもとめないことでしょう。

甲県知事の登録を受けている取引士 ➡ 乙県内の宅建業者の事務所に従事（予定）

この登録先の都道府県を変更することを登録の移転といいます。東京から大阪へ登録先を移転するというイメージです。

(1)登録の移転の要件〜登録先を別の都道府県に変更するには？

取引士の登録を受けている者は、その登録をしている都道府県知事の管轄する都道府県以外の都道府県に所在する宅建業者の事務所の業務に従事し、または従事しようとする場合、その事務所の所在地を管轄する都道府県知事に対し、登録をしている都道府県知事を経由して、登録の移転の申請をすることができます。強制ではなく任意です。

なお、都道府県知事は、登録の移転をしたときは、遅滞なく、その旨を登録の移転の申請をした者と移転前に登録をしていた都道府県知事に通知しなければなりません。

付け足し 登録の移転の申請書には何を書くの？

登録の移転の申請をしようとする者は、次に掲げる事項を記載した登録移転申請書を提出しなければなりません。

①氏名、生年月日、住所、本籍（日本の国籍を有しない者にあっては、その者の有する国籍）及び性別

②申請時現在の登録番号

③申請時現在の登録をしている都道府県知事

④移転を必要とする理由

⑤移転後において業務に従事し、又は従事しようとする宅地建物取引業者の商号又は名称及び免許証番号

(2)事務禁止期間中～期間中は申請できない？

取引士の登録を受けている者が、都道府県知事から**事務禁止処分**(1 年以内の期間を定めて、取引士としてすべき事務を行うことを禁止する監督処分)を受け、その**禁止の期間が満了していない場合**は、**登録の移転を申請できません。**

(3)有効期間～登録の移転をすると取引士証も変わるの？

登録の移転をすると、**それまで使用していた取引士証は効力を失います。**移転先の都道府県知事発行の取引士証の交付を受ける必要があります。登録の移転に伴って移転先の取引士証が交付されるときは、その取引士証の有効期間は、前の取引士証の有効期間を引き継ぎます。
なお、その際の取引士証の交付は、取引士が**現に有する取引士証と引換えに新たな取引士証を交付**して行います。

ワンポイントアドバイス

講義では「なぜ事務禁止処分の期間中は登録の移転ができないのか？」とよく質問を受けます。法律上、その理由は書かれていませんが、事務禁止処分を受けると取引士証は交付した知事に提出し、期間が満了したら返還請求のうえで手元に戻ってくる仕組みになっているので、もし、登録の移転を認めてしまうと、取引士証を交付する知事が変更となり、古いものと引き換えに交付するはずの登録の移転による交付がスムーズに行かなくなることが推測されます。おそらくそういった理由からなのかと思います。
この分野は、手続きを言葉だけで暗記するのではなく、具体的なイメージとともに暗記すると、知識として定着します。

ここではコレを覚える 過去問 11-29 17-30,37 18-42 21-28 22-33

□取引士の登録をしている都道府県以外の都道府県に所在する宅建業者の事務所の業務に従事し、または従事しようとするときは、登録の移転の申請をすることができる。
□事務禁止の処分を受け、その禁止の期間が満了していないときは登録の移転はできない。
□登録の移転の申請とともに取引士証の交付の申請があったときは、移転後の都道府県知事は、それまで使用していた取引士証の有効期間が経過するまでの期間を有効期間とする取引士証を交付しなければならない。

4 取引士登録簿

登録した内容が変わった場合は遅滞なく届出が必要です　学習時間 15分

(1)取引士登録の申請～すぐに登録されるの？

宅建試験に合格した者が資格登録する場合は、受験地の**都道府県知事に対して**、登録申請書を提出しなければなりません。都道府県知事は、この提出があったときは、遅滞なく、登録をしなければなりません。実際には、30日程度かかります。

(2)登録簿～登録した事項は公開されるの？

登録は、都道府県知事が、宅地建物取引士資格登録簿(以下、取引士登録簿といいます。)に、**氏名**、生年月日、**住所**、**本籍**、性別、合格年月日、合格証書番号、登録番号、登録年月日、**宅建業者に勤務する場合はその商号または名称と免許証番号**等を登載することによって行われます。**宅建業者名簿のように、一般の閲覧に供される旨の規定はありません。**

(3)変更の登録～別の宅建業者に転勤したら？

住所が変わったり、勤め先を変えたりしたら、取引士として登録していた内容が変わるので、登録先の知事にその旨を申請しなければなりません。これを**変更の登録**といいます。

登録を受けている者は、以下の事項に変更があったときは、遅滞なく、変更の登録を都道府県知事に対して申請しなければなりません。

本人の事項	①氏名、②住所、③本籍
勤務先の宅建業者の事項	④商号・名称、⑤免許証番号

ワンポイントアドバイス

変更の登録の出題は、宅建業者側の手続である変更の届出、免許換え、廃業の届出との複合問題も多いです。たとえば、勤め先の宅建業者が事務所を増設して免許権者が知事から大臣に変更になった場合は、勤め先の宅建業者の免許証番号が変わるので、そこに勤める取引士も変更の登録が必要となるというような複合的な問題です。

ここではコレを覚える 過去問 16-38 19-44 20-34

□宅建試験に合格した者が資格登録する場合は、受験地の都道府県知事に対して、登録申請書を提出する。

□取引士登録簿は、宅建業者名簿のように、一般の閲覧に供される旨の規定はない。

□①氏名、②住所、③本籍、④商号・名称、⑤免許証番号に変更があった場合は、遅滞なく、変更の登録をしなければならない。

5 死亡等の届出と登録の消除

破産・死亡した場合には30日以内に届出が必要です　　学習時間 15分

取引士が死亡・破産・登録基準に抵触するなどして、取引士としての仕事ができなくなった場合、その旨を登録先の都道府県知事に届け出て登録を抹消する必要があります。これを**死亡等の届出**といいます。

届け出る人を届出義務者といい、ケースによって誰が届け出るのか違ってきます。必ずしも本人ではないことに注意しましょう。

(1)死亡等の届出〜どんな場合に届出が必要なの？

登録を受けている者が、次の表の届出事由のいずれかに該当することとなった場合は、**その日（死亡の場合はその事実を知った日）から30日以内に**、表右欄の届出義務者がその旨を都道府県知事に届け出なければなりません。

届出事由	届出義務者
死亡した場合	相続人
心身の故障により宅建業を適正に営むことができない者になった場合	本人またはその法定代理人もしくは同居の親族
成年者と同一の行為能力を有しない未成年者になった場合	本人
破産開始決定の手続きを受けて復権を得ない者になった場合	
その他の登録欠格事由に該当した場合(犯罪、暴力団員等)	

(2)届出がない場合〜それでも登録消除されるの？

都道府県知事は、監督処分としての登録消除とは別に、次のいずれかに該当する場合、登録を消除しなければなりません。

①本人から登録の消除の申請があったとき
②死亡等の届出があったとき
③死亡し届出がない場合で、死亡の事実が判明したとき
④宅建試験の合格の決定が取り消されたとき

ここではコレを覚える 過去問 13-44 16-38 18-42 22-29

□取引士が破産した場合は本人が届け出なければならないが、宅建業者が破産した場合は破産管財人が届け出なければならない。

□死亡以外は**届出事由が生じた時**から30日以内、死亡の場合は相続人がそれを知った時から30日以内に登録先の都道府県知事に届け出なければならない。

6 取引士証

登録が完了したら取引士証を申請して受け取りましょう

取引士登録が完了しても、まだ取引士として業務に当たることはできません。取引士証の交付申請が必要です。

取引士証の交付を受けた瞬間から、取引士としての権限が与えられ、同時に責任を負うことになります。

例えば、現在の住まいが東京都でも、登録しているのが大阪府なら、大阪まで足を運んで大阪府知事に対して申請しなければ交付は受けられません。

実際には、自宅に登録完了のハガキが送られてきて、そのハガキを都道府県庁に持参して申請すれば30分程度で取引士証の交付を受けられます。

法定講習

法定講習は国土交通大臣が定める講習の実施要領に従って実施されます。講習内容は、土地建物についての権利及び権利の変動に関する法令、法令上の制限、税に関する法令、宅建業法及び関係法令、宅地建物の価格の評定に関する事項、宅地建物の取引に係る紛争のうち代表的なものの処理の実例、宅地建物取引士の使命と役割に関する事項です。6時間の講義で、1日で完結します。

(1)取引士証の交付

取引士証は、**登録を受けている都道府県知事に対してのみ交付を申請**することができます。

(2)法定講習の受講〜交付前に講習を受ける必要があります〜

取引士証の交付を受けようとする者は、登録をしている**都道府県知事が**国土交通省令の定めるところにより**指定する講習**(法定講習)で交付の申請前6か月以内に行われるものを受講しなければなりません。

ただし、宅建試験に**合格した日から1年以内**に取引士証の交付を受けようとする場合や、**登録の移転の申請とともに**取引士証の交付を受けようとする場合は、法定講習を受講する必要がありません。

(3)更新〜5年経ったら取引士証を更新するの?

取引士証(登録の移転により交付された取引士証を除く)の**有効期間は5年**です。したがって、5年ごとに更新する必要があります。更新の際は、**更新の申請前6か月以内**に行われる**法定講習を受講**しなければなりません。

(4)取引士証の提示義務〜関係者から求められたら提示するの?

取引士は、**取引の関係者から請求があったとき**は、取引士証を提示しなければなりません。また、**重要事項を説明する際には相手方から請求がなくても必ず**取引士証を提示しなければなりません。

取引士証の住所欄にシールを貼ったうえで提示することもできます。ただし、シールは容易にはがすことができるものでなければなりません。

重要事項説明の際の提示義務に違反した場合は10万円以下の過料に処せられます。関係者から請求があったときに提示しない場合も指示処分や事務禁止処分の対象になります。

(5)取引士証の返納①～登録消除処分だと取引士証は戻ってこない？

取引士は、**登録が消除されたとき、または取引士証が効力を失ったとき**は、**速やかに**、取引士証をその交付を受けた都道府県知事に**返納**しなければなりません。

(6)取引士証の提出～事務禁止処分を受けると取引士証は知事に？

取引士は、**事務禁止の処分を受けたときは**、**速やかに**、取引士証をその交付を受けた都道府県知事に**提出**しなければなりません。

取引士証の提出を受けた都道府県知事は、事務禁止処分の期間が満了した場合においてその**提出者から返還の請求があったときは**、**直ちに**、その取引士証を**返還しなければなりません**。つまり、請求しなければ返してもらえないわけです。

(7)取引士証の返納②～取引士証をなくしたら？ また見つかったら？

取引士証を紛失してしまったことで再交付を受けた後に、**紛失した取引士証を発見したときは**、**速やかに**、発見した**取引士証**をその交付を受けた知事に**返納**しなければなりません。

(8)取引士証の書換え交付～氏名や住所に変更があるときは？

取引士は、その氏名または住所に変更があった場合、**変更の登録の申請とあわせて**、取引士証の**書換え交付を申請**しなければなりません。なお、住所のみの変更の場合の書換え交付の申請に対しては、知事は現に有する取引士証の裏面に、変更した後の住所を記載した取引士証を交付する方法でも構いません。費用と手間を省くためです。

ここではコレを覚える　過去問　11-28,29 13-44 16-38 17-30,37 18-32,42
　　　　　　　　　　　　　　　　　　19-40 20-28,34 22-29,33,35 23-38

□取引士証の交付を受けようとする者は、登録をしている都道府県知事が国土交通省令の定めるところにより指定する講習（法定講習）で交付の申請前 6 か月以内に行われるものを受講しなければならない。ただし、試験に合格した日から 1 年以内に取引士証の交付を受けようとする者、または、登録の移転の申請とともに取引士証の交付を受けようとする者については、法定講習を受講する必要がない。

□取引士は、取引の関係者から請求があったときは、取引士証を提示しなければならない。また、重要事項を説明する際には相手方から請求がなくても必ず取引士証を提示しなければならない。

□取引士証の提出を受けた都道府県知事は、事務禁止処分の期間が満了した場合においてその提出者から返還の請求があったときは、直ちに、その取引士証を返還しなければならない。

□取引士は、その氏名または住所に変更があった場合、変更の登録の申請とあわせて、取引士証の書換え交付を申請しなければならない。

7 取引士の役割

取引士になった後も勉強が必要です

学習時間 5分

旧姓使用の取扱い
取引士証の記載事項のうち、取引士の氏名における旧姓使用については、旧姓使用を希望する者に対しては、引士証に旧姓を併記することが適当です。
この場合、旧姓が併記された取引士証の交付を受けた日以降、書面の記名等の業務において旧姓を使用することができます。
ただし、業務の混乱及び取引の相手方等の誤認を避けるため、恣意的に現姓と旧姓を使い分けることは、厳に慎むべきです。

参考資料
取引士の信用を傷つけるような行為とは、取引士の職責に反し、または職責の遂行に著しく悪影響を及ぼすような行為で、取引士としての職業倫理に反するような行為であり、職務として行われるものに限らず、職務に必ずしも直接関係しない行為やプライベートな行為も含まれます。

(1)取引士の役割①〜取引士になると何ができるの？

①重要事項の説明、②重要事項の説明書面(35 条書面)に記名、③37条書面(契約書面)に記名することができるようになります。

(2)取引士の役割②〜勤務先の業者の利益のみを考えればいいの？

取引士は、宅建業の業務に従事するときは、宅地または建物の取引の専門家として、購入者等の利益の保護および円滑な宅地または建物の流通に資するよう、**公正かつ誠実にこの法律に定める事務を行うとともに、宅建業に関連する業務に従事する者との連携に努めなければなりません。**
具体的には、専門的知識をもって適切な助言や重要事項の説明等を行い、消費者が安心して取引を行うことができる環境を整備することが必要です。また、紛争等を防止するとともに、取引士が中心となってリフォーム会社、瑕疵保険会社、金融機関等の宅建業に関連する業務に従事する者と連携することも期待されています。

(3)取引士の信用〜常に取引士として品位ある行動を？

取引士はその信用または品位を害するような行為をしてはなりません。
取引士は、宅地建物取引の専門家として専門的知識をもって重要事項の説明等を行う責務を負っており、その業務が取引の相手方だけでなく社会からも信頼されていることから、取引士の信用を傷つけるような行為をしてはなりません。

(4)知識および能力の維持向上

取引士は、宅地または建物の取引に係る事務に必要な知識および能力の維持向上に努めなければなりません。 宅地建物取引の専門家として、常に最新の法令等を的確に把握し、これに合わせて必要な実務能力を磨くとともに、知識を更新し続けることが期待されています。

過去問 15-35 22-29

問1 甲県に事務所を設置する宅建業者A(甲県知事免許)が、乙県所在の宅地の売買の媒介をする場合、Aは国土交通大臣に免許換えの申請をしなければならない。(2018)

問2 いずれも取引士ではないAとBが宅建業者C社の取締役に就任した。Aが常勤、Bが非常勤である場合、C社はAについてのみ役員の変更を免許権者に届け出る必要がある。(2018)

問3 宅建業者は、自己の名義をもって、他人に、宅建業を営む旨の表示をさせてはならないが、宅建業を営む目的をもってする広告をさせることはできる。(2019)

問4 都道府県知事は、不正の手段によって宅建試験を受けようとした者に対しては、その試験を受けることを禁止することができ、また、その禁止処分を受けた者に対し2年を上限とする期間を定めて受験を禁止することができる。(2009)

問5 甲県で宅建士資格試験に合格した後1年以上登録の申請をしていなかった者が宅建業者(乙県知事免許)に勤務することとなったときは、乙県知事あてに登録の申請をしなければならない。(2020)

問6 業務停止の処分に違反したとして宅建業の免許の取消しを受けた法人の政令で定める使用人であった者は、当該免許取消しの日から5年を経過しなければ、登録を受けることができない。(2019)

問7 甲県知事の登録を受けている取引士は、乙県に所在する宅建業者の事務所の業務に従事しようとするときは、乙県知事に対し登録の移転の申請をし、乙県知事の登録を受けなければならない。(2018)

問8 取引士は、従事先として登録している宅建業者の事務所の所在地に変更があったときは、登録を受けている都道府県知事に変更の登録を申請しなければならない。(2020)

問9 取引士が心身の故障により、当該事務を適正に行うことができなくなったときは、その本人又は法定代理人等は、30日以内に、その旨を登録をしている都道府県知事に届け出なければならない。(2016)

問10 取引士は、事務禁止の処分を受けたときは取引士証をその交付を受けた都道府県知事に提出しなくてよいが、登録消除の処分を受けたときは返納しなければならない。(2018)

問11 取引士は、宅地又は建物の取引に係る事務に必要な知識及び能力の維持向上に努めなければならない。(2023)

問12 取引士とは、取引士資格試験に合格し、都道府県知事の登録を受けた者をいう。

問1:(×)単に乙県所在の宅地の売買の媒介をする場合には免許換えは不要です。 問2:(×)取締役が非常勤か常勤かで違いはありません。 問3:(×)宅建業を営む目的をもってする広告もさせてはなりません。 問4:(×)2年ではなく3年です。 問5:(×)甲県知事に申請しなければなりません。 問6:(×)役員ではない使用人にはこのような登録の制限はありません。 問7:(×)登録の移転は義務ではなく任意です。 問8:(×)事務所の所在地は、取引士の登録の登載事項ではありません。 問9:(○) 問10:(×)事務禁止処分を受けたときは提出しなければなりません。 問11:(○) 問12:(×)登録を受けただけではまだ取引士ではありません。

第 5 章

営業保証金

過去10年の出題分析

テキスト項目 \ 出題年	14	15	16	17	18	19	20	21	22	23
第5章全体	●	●	●	●	●	●	●	●	●	●
1 営業保証金制度とは										
2 営業保証金の供託	●	●		●	●		●	●		●
3 営業保証金の保管替え	●		●	●						
4 営業保証金の還付と不足分の補充				●	●	●		●	●	●
5 営業保証金の取戻し		●		●		●			●	●

※出題されている年度に●を記入しています。

1 営業保証金制度とは

免許を受けた後に保証金を供託し届出すると事業スタートです 学習時間 **10分**

 **それはなぜ？**

宅建業は不特定多数の者を相手としてなされ、取引物件も高額であり、さらに、経営規模も中小零細企業が多いため相手方等に与えた損害を賠償できず倒産する事案も多く、また、これが業界全体に対する社会的信用を低下させてしまったのです。そこで、昭和32年の改正で営業保証金制度が定められました。

営業保証金制度とは、宅建業者が営業活動として行う取引で相手方に損害を与えた場合に備えて、宅建業者に、供託所に一定額の金銭または有価証券を供託することを義務付け、これを損害の穴埋めに充てる制度をいいます。

営業保証金制度の仕組み

宅建業者は、一定額の営業保証金を供託します。そして、宅建業者は免許権者に営業保証金を供託した旨の届出をした後でなければ事業を開始できません。

宅建業者の取引の相手方は、宅建業者との宅地建物取引により生じた債権について弁済を受ける権利を持ちます。

宅建業者が廃業等で免許が失効すると、供託していた営業保証金を取り戻すことができます。

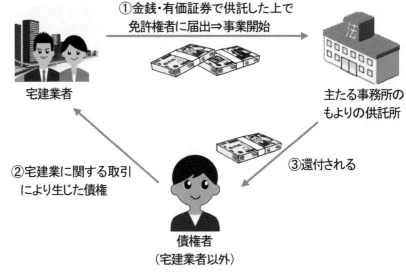

①金銭・有価証券で供託した上で
免許権者に届出⇒事業開始

宅建業者

主たる事務所の
もよりの供託所

②宅建業に関する取引
により生じた債権

③還付される

債権者
（宅建業者以外）

2 営業保証金の供託

届出を怠ると催告され、免許取消となります

(1)供託金の額～どこにいくら供託するの?

宅建業者は、**免許を取得した後**に、営業保証金を**主たる事務所**の **最寄りの供託所**へ供託しなければなりません。供託する額は、

主たる事務所	1,000 万円
その他の事務所	500 万円×その他の事務所数
	上記の**合計額を供託**

(2)有価証券～有価証券でも供託できるの?

営業保証金は、**金銭**でも**有価証券**でも供託できます。また、金銭と有価証券を合わせて供託することもできます。ただ、有価証券といっても、民間の会社が発行するように約束手形、小切手、株式等では供託できません。不渡りや倒産の可能性があるからです。
また、**有価証券の種類に応じて評価額**も異なります。

有価証券の種類	評価額
国債証券	100%
地方債証券・政府保証債券	額面金額の 90%
その他の有価証券	額面金額の 80%

(3)事業開始の時期～いつから営業できるの?

宅建業者は、営業保証金を供託したときは、その供託物受入れの記載のある供託書の写しを添附して、その旨をその**免許権者に届け出なければなりません**。宅建業者は、この**届出をした後でなければ事業を開始してはなりません。**
なお、この届出は、**免許権者が国土交通大臣であっても、知事を経由せず、大臣に直接**行います。

《営業保証金の変換》

宅建業者は、営業保証金の変換のため新たに供託したときは、遅滞なく、その旨を、免許を受けている国土交通大臣または都道府県知事に届け出なければなりません。
変換とは、営業保証金を有価証券で供託した場合において、その有価証券の償還期の到来等により、従前の供託物に代わる新たな供託物を供託した後、従前の供託物の取戻しをすることをいいます。一般的には供託物の差し替えと呼ばれています。なお、この場合、公告をしなくても取り戻すことができます。

用語

主たる事務所…法人の場合、商業登記簿等に登載された本店、登記していない個人の場合、その事業者の営業の本拠(本店に該当します)のことです。

用語

有価証券…財産権を表示する証券をいいます。なお、供託できる有価証券は国債証券、地方債証券、その他国土交通省令で定める有価証券(中小企業債権、日本政策投資銀行債券、地方公共団体金融機構債券等の公的なもの)に限定されています。

付け足し

営業保証金供託済届出書の記載事項のうち、法人の代表者および役員、免許を受けようとする個人、政令で定める使用人並びに専任の取引士の氏名における旧姓併記または旧姓使用については、それを希望する者については、届出書に旧姓を併記または旧姓を使用することができます。

(4)免許権者による催告～届出をしなかった場合はどうなる？

宅建業者が免許を受けた日から3か月以内に届出をしなかった場合、免許権者は届出をすべき旨の催告をしなければなりません（義務）。さらに、この催告が到達したにもかかわらず、**到達日から1か月以内**に、宅建業者が**届出をしなかった場合**、免許権者は**免許を取り消すことができます**（任意）。

免許から3か月だけど供託した？
早く届出して下さい。（催告）

宅建業者　　→　催告から1か月以内に届出しないと免許取消　　免許権者

ワンポイントアドバイス

供託に関しては、新事務所を開設したときに、従たる事務所の最寄りの供託所に供託するとして×とする問題が多いです。また、案内所等を設置したときも営業保証金を供託しなければならないとして×にする問題も多いです。

(5)事務所の新設～事務所を増やした場合は？

宅建業者が新しい事務所を開設した場合（免許換えによる場合も含みます）、**新たに営業保証金を供託**し、その旨をその免許権者に届け出なければ、その新しい事務所において業務を開始できません。

(6)違反した場合

宅建業者が、届出をしないで事業を開始した場合、業務停止処分、情状が特に重いときは免許取消処分の対象となります。また、6月以下の懲役または100万円以下の罰金に処せられます。

ここではコレを覚える

過去問　11-30　12-33　14-29　15-42　17-32,39
18-43　20-35　21-34　23-30

□免許取得後に、主たる事務所の最寄りの供託所へ供託し、免許権者に届出する。
□宅建業者は、営業保証金を供託したときは、その供託物受入れの記載のある供託書の写しを添附して、その旨をその免許を受けた国土交通大臣または都道府県知事に届け出なければならない。宅建業者は、この届出をした後でなければ事業を開始してはならない。
□免許を受けた日から3か月以内に届出しなかった場合、免許権者は届出をすべき旨の催告をしなければならない。
□催告が到達した日から1か月以内に宅建業者が届出をしなかった場合、免許権者は免許を取り消すことができる。
□宅建業者が新事務所を開設した場合（免許換えによる場合も含む）、新たに営業保証金を供託し、その旨をその免許を受けた国土交通大臣または都道府県知事に届け出なければ、その新事務所において業務を開始できない。

3 営業保証金の保管替え

頻出度 A

本店が移転して最寄りの供託所が変わった場合の手続です

学習時間 20分

5
営業保証金

本店(主たる事務所)が移転して最寄りの供託所が変わるなら、営業保証金を移転先の最寄りの供託所へ預け替えなければなりません。この預け替えの仕方には2つの方法があり、預けた保証金が「金銭(現金)のみか、そうでないか」によって違います。

(1)保管替え請求～金銭のみで供託していた場合は？

営業保証金を金銭のみで供託していた場合、これまで預けていた供託所から移転先の 最寄りである新たな供託所に、保証金を移し替えなければなりません。これを保管替えといいます。

このとき、宅建業者はこれまでの供託所に対して預けている保証金を移転先の最寄りの供託所へ移し替えてくださいと請求します。これを保管替え請求といいます。

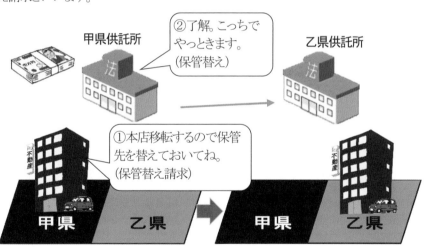

甲県供託所　　②了解。こっちでやっときます。(保管替え)　　乙県供託所

①本店移転するので保管先を替えておいてね。(保管替え請求)

甲県　乙県　→　甲県　乙県

(2)有価証券でも供託していた場合

預けている営業保証金が**有価証券のみ、または有価証券と金銭によって供託しているときは保管替えができません**。このときには、移転後の供託所へ営業保証金を新たに供託します。以前の供託所へ預けていた保証金は、その後に返還してもらうことができます（取戻し）。

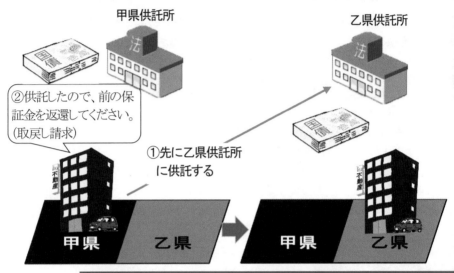

甲県供託所

乙県供託所

②供託したので、前の保証金を返還してください。（取戻し請求）

①先に乙県供託所に供託する

甲県　乙県　　甲県　乙県

(3)営業保証金の保管替え等の届出

宅建業者は、営業保証金の保管替えがされ、または営業保証金を新たに供託したときは、遅滞なく、その旨を、供託書正本の写しを添附して、その免許を受けている国土交通大臣または都道府県知事に届け出なければなりません。

ワンポイントアドバイス

保管替えができるのは金銭のみの場合だけです。例えば有価証券と金銭で供託していたときに、有価証券を新たに供託し、金銭を保管替えすることはできません。つまり、金銭部分だけの保管替え請求はできません。

ここではコレを覚える 過去問 13-27 14-29 16-40 17-32

□主たる事務所の最寄りの供託所が変わった場合において、①金銭のみで供託していたときは、移転後の最寄りの供託所へ保管替え請求しなければならない。それに対して、②有価証券のみまたは有価証券と金銭で供託していたときは、移転後のもよりの供託所に新たに供託しなければならない。

4 営業保証金の還付と不足分の補充

頻出度 **A**

宅建業者が支払不能になった場合、保証金から還付されます　学習時間 20分

営業をはじめた宅建業者の経営状況が悪くなり、取引の相手方に損害を与えてしまった場合、開業時に預けた供託金からその相手方(債権者)に直接お金が支払われます。これを**営業保証金の還付**といいます。

(1)営業保証金の還付～誰にいくら還付されるの？

還付の対象は、**宅建業に関する取引により生じた債権を有する者**になります。したがって、**銀行の貸金債権、従業員の給料債権、リフォーム会社等の報酬債権、広告会社の報酬債権**はこの債権には**含まれません**。また、たとえ宅建業に関する取引により生じた債権であっても、その**債権者が宅建業者の場合は還付の対象にはなりません**。

また、還付される上限額は宅建業者が**供託した営業保証金の額**までです。たとえば、3つの事務所を有する宅建業者の場合であれば、たとえ未回収の債権額の合計が3,000万円であっても、営業保証金の還付でまかなわれる額は2,000万円までとなります。

それはなぜ？

お互い不動産取引のプロなので自己責任を負うことになります。

(2)営業保証金の不足額の供託～還付により不足した分は？

還付がなされると、供託者から預かった営業保証金が不足することになるので、その不足分の補充が必要となります。この場合、**供託所から免許権者(国土交通大臣または知事)へ不足の通知**がされます。

その後、免許権者から供託者である宅建業者に不足額を供託する旨の通知がされます。宅建業者はその**通知書の送達を受けた日から 2 週間以内に不足額を供託**し、**供託した日から 2 週間以内**に、供託した旨を免許権者に届け出なければなりません。

ワンポイントアドバイス

「従たる事務所で取引した相手方への還付は、500 万円が上限」として×にする問題が多いです。また、不足分の供託について、「不足が生じた日から2週間以内に供託しなければならない」として×とする出題も多いです。

ここではコレを覚える　

□還付の対象は、**宅建業に関する取引により生じた債権を有する者**になる。

5 営業保証金の取戻し

供託したお金を取り戻す手続です

学習時間 10分

(1)営業保証金の取戻し～どんな場合に営業保証金を取り戻せるの？

宅建業者であった者またはその承継人(免許の取消し等に伴う取引の結了までの間、宅建業者とみなされる者を除く)等は、次の場合に、営業保証金を取り戻すことができます。供託しておく必要がなくなるからです。

①**有効期間満了**(更新の際に処分日が満了日を過ぎていた場合は、効力を有することとされる処分日までの期間を含む)、または、死亡・合併・破産・破産以外で解散・廃止により**免許が効力を失ったとき**

②**免許取消処分**を受けたとき

③宅建業者が一部の事務所を廃止した場合において、営業保証金の額が規定の額を超えることとなったとき(その**超過額**について)※

④有価証券等で営業保証金を供託している宅建業者がその主たる事務所を移転したため最寄りの供託所が変更した場合において、移転後の主たる事務所の最寄りの供託所に新たに営業保証金を供託したとき(移転前の主たる事務所の最寄りの供託所に供託した営業保証金について)※

⑤宅地建物取引**業保証協会の社員となったとき**※

※ ③④⑤は他の事由と異なり、「宅建業者であった者またはその承継人」ではなく「宅建業者」が取戻しの手続を行います。

(2)公告～取り戻す際は公告が必要？

前記の取戻しを行おうとする者は、宅建業に関し取引をした者(宅建業者を除く)に対し、<u>6か月を下らない一定期間内</u>に申し出るべき旨を公告し、その期間内にその申出がなかった場合でなければ、<u>営業保証金を取り戻すことができません</u>。ただし、前記(1)の④や⑤の場合、または「営業保証金を取り戻すことができる事由が発生した時から 10 年を経過したとき」は、取引関係者に迷惑が掛からないので公告が不要です。

付け足し

実際には、官報に一定事項を記載して公告します。公告を見た債権者は免許権者の国土交通大臣または都道府県知事に申出書を提出しなければなりません。また、公告をした宅建業者等は、遅滞なく、その旨を免許権者に届け出なければなりません。この届出をした者は、公告期間内に、前記申出書の提出がなされなかった場合、その旨の証明書の交付を免許権者に請求することができます。

ここではコレを覚える

過去問 11-30 13-27 15-42 16-40 17-32
19-33 22-41 23-30

□公告が不要な取戻し
①保管換えできない場合で移転前の主たる事務所の最寄りの供託所に供託したとき
②宅地建物取引業保証協会の社員となったとき
③営業保証金を取り戻すことができる事由が発生した時から 10 年を経過したとき

宅地建物取引業保証協会

過去10年の出題分析

テキスト項目 \ 出題年	14	15	16	17	18	19	20	21	22	23
第6章全体	●	●	●	●	●	●	●	●	●	●
1 弁済業務保証金とは										
2 保証協会			●		●			●		●
3 保証協会への加入と分担金の納付	●	●	●	●		●	●			
4 弁済業務保証金の還付と不足分の補充	●		●	●	●	●	●	●	●	●
5 弁済業務保証金の取戻し					●					●
6 弁済業務保証金準備金										

※出題されている年度に●を記入しています。

1 弁済業務保証金制度とは

保証協会が間に入って供託と届出を行う仕組みです

学習時間 10分

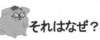
それはなぜ？

これは、保険の理屈に似ています。社員である大半の宅建業者は預けている保証金を使わずにいるはずです。保証金が還付されるに至るような宅建業者は全体のほんの一部です。その分だけ、社員である宅建業者が全員で負担すれば、個々の宅建業者が負担する保証金の額は少なくなるわけです。ただ、宅建業者と供託所の間に保証協会が介在することになるので、営業保証金制度よりも手続は複雑になります。

昭和32年に営業保証金制度が導入された後、日本は高度成長期を迎えました。不動産の取引価格も高額となり、当初の営業保証金の額のままでは不十分になりました。そこで、昭和47年の改正でそれまでの営業保証金の額を5倍に引き上げるとともに、宅地建物取引業保証協会(以下、保証協会と略します)を設立し、弁済業務保証金制度を作りました。

弁済業務保証金制度の仕組み

保証協会に加入した宅建業者(社員と呼ばれます)は、営業保証金のように自ら供託所に供託するのではなく、保証協会を通じて供託します。営業保証金では主たる事務所1,000万円だったところ、60万円でよいことになっています。

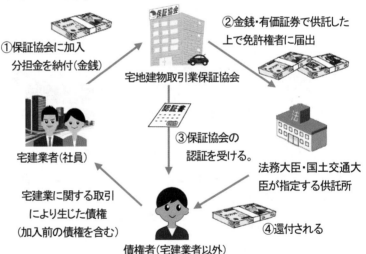

①保証協会に加入 分担金を納付(金銭)

宅地建物取引業保証協会

②金銭・有価証券で供託した上で免許権者に届出

③保証協会の認証を受ける。

宅建業者(社員)

宅建業に関する取引により生じた債権(加入前の債権を含む)

債権者(宅建業者以外)

法務大臣・国土交通大臣が指定する供託所

④還付される

ワンポイントアドバイス

弁済業務保証金制度は、営業保証金制度のしくみがベースとなっています。勉強する際は、まず営業保証金をある程度暗記した上で、それと比較しながらどこが違うのかを意識して弁済業務保証金制度を暗記していきましょう。

2 保証協会

保証協会は弁済業務以外の役割も担っています

学習時間 20分

保証協会は、**宅建業者のみを社員**とするもので、現在、「公益社団法人全国宅地建物取引業保証協会」と「公益社団法人不動産保証協会」の2つが存在します。保証協会はその設立と業務内容が宅建業法に定められている特別な団体です。

(1)保証協会の業務～義務付けられた業務は？

保証協会は、次に掲げる業務を適正かつ確実に実施しなければなりません(**義務**)。

① 苦情の解決業務

社員である宅建業者が取り扱った宅建業取引に関し、その相手方等から受け付けた苦情の解決をしなければなりません。

《苦情解決の流れ》

> 保証協会は、苦情について解決の申出があったときは、その相談に応じ、申出人に必要な助言をし、その苦情に係る事情を調査するとともに、その社員に対し苦情の内容を通知してその迅速な処理を求めなければなりません。

> 保証協会は、その申出に係る苦情の解決について必要があると認めるときは、その社員に対し、文書もしくは口頭による説明を求め、または資料の提出を求めることができます。

> 社員は、保証協会から上記の求めがあったときは、**正当な理由がある場合でなければ、これを拒んではなりません。**

> 保証協会は、前記の申出及びその解決の結果について**社員に周知**させなければなりません。

② 研修業務

保証協会は、一定の課程を定め、取引士その他宅建業の業務に従事し、または従事しようとする者に対する研修を実施しなければなりません。

③ 弁済業務

保証協会は、社員と宅建業に関し取引をした者の有するその取引により生じた債権に関し弁済をする業務を実施しなければなりません。

(2)任意の業務〜義務にはなっていない業務もあるの？

保証協会は、前記の義務となっている業務以外にも、次の業務を行うことができます(任意)。

①一般保証業務

保証協会が、社員である宅建業者との契約により、その宅建業者が受領した支払金または預り金の返還債務その他宅建業に関する債務を負うこととなった場合においてその返還債務その他宅建業に関する債務を連帯して保証する業務を実施することができます(詳細は本書第1編第7章11-5を参照)。

②手付金等保管事業

宅建業者が自ら売主となる工事が完了した宅地または建物の売買に関し、その宅建業者に代理して手付金等を受領し、それを保管する事業を実施することができます(本編第7章11-5を参照)。ただし、実施するには国土交通大臣の承認が必要です。

③研修実施の費用助成

全国の宅建業者を直接または間接の社員とする一般社団法人による取引士等に対する研修の実施に要する費用の助成を行うことができます。

④その他の業務

国土交通大臣の承認を受けて、宅建業の健全な発達を図るため必要な業務を行うことができます。

(3)社員の加入〜念のため複数の保証協会に加入できるの？

保証協会の社員である者は、**重ねて他の保証協会の社員となることができません**。

(4)報告業務・担保の提供〜保証協会から免許権者への報告？

保証協会は、新たに社員が加入し、または社員がその地位を失ったときは、直ちに、その旨をその社員である宅建業者が**免許を受けた国土交通大臣または都道府県知事に報告**しなければなりません。

また、社員となる前の債権に関し、**弁済(還付)**が行なわれることにより弁済業務の円滑な運営に支障を生ずるおそれがあると認めるときは、その社員に対し、**担保の提供を求めることができます**。

それはなぜ？

取引した宅建業者が倒産等した場合、消費者は、不動産が手に入らないばかりか、支払った手付金も返還されない事態になり兼ねません。また、売主業者が行う受領する手付金等についての保全措置も、一定額を超えない場合には義務となっておりません。この隙間を埋めるために作った制度が一般保証業務です。

ここではコレを覚える　過去問　11-43　13-39　16-31　18-44　21-31　22-39,41

□保証協会は、①苦情の解決、②取引士等への研修、③弁済業務を行うことが**義務付けられている**が、④一般保証業務、⑤手付金等保管事業、⑥研修費用の助成、⑦国土交通大臣の承認業務は**任意**とされている。

□一の保証協会の社員である者は、他の保証協会の社員となることができない。

3 保証協会への加入と分担金の納付

頻出度 **A**

保証協会への納付と供託所への供託は別の手続です

学習時間 **20分**

保証協会に加入した場合でも、供託は必要ですが、営業保証金のように、**宅建業者が供託するのではなく**、社員となる宅建業者が納付した分担金で**保証協会が供託する**仕組みになっています。

(1)弁済業務保証金分担金の納付〜保証協会に納付する金額は?

宅建業者が保証協会に加入して社員になるためには、加入しようとする日までに、**保証協会に弁済業務保証金分担金を金銭で納付**しなければなりません。納付する額は、**主たる事務所につき60万円、その他の事務所につき事務所ごとに30万円の割合**による金額の合計額です。

(2)新たに事務所を設置した場合〜新設後に納付が許される?

保証協会の社員となった宅建業者が**新たに事務所を設置**したとき(免許換えにより増設した場合も含みます)は、その日から**2週間以内**に、弁済業務保証金分担金を保証協会に納付しなければなりません。

(3)弁済業務保証金の供託〜納付された分担金はどこへ行く?

保証協会は、社員から弁済業務保証金分担金の納付を受けたときは、その日から**1週間以内**に、その納付を受けた額に相当する額の弁済業務保証金を、**法務大臣と国土交通大臣の定める供託所**(東京法務局)に**供託**しなければなりません。弁済業務保証金の供託は、営業保証金と同じく、金銭のほか、一定の有価証券で供託することができます。

また、**保証協会**は、弁済業務保証金を供託したときは、その供託に係る社員(宅建業者)の**免許権者**に対し、**供託した旨を届け出**なければなりません。

 具体例

宅建業者がA県に本店、B、C各県内に支店(事務所)を設置して免許を受ける場合、宅建業者は、弁済業務保証金分担金として合計120万円(本店60万円+支店30万円×2か所)を保証協会に納付しなければなりません。

6 宅地建物取引業保証協会

当該社員の免許権者
(知事または国土交通大臣)

①加入日まで(新事務所設置の場合は2週間以内)に金銭で分担金を納付

③供託した旨の届出

②納付日から1週間以内に供託

宅建業者(社員)

保証協会

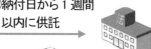

法務大臣・国土交通大臣が指定する供託所

(4)新事務所を開設したのに分担金を納付しない場合

新たに事務所を設置したにもかかわらず、その日から2週間以内に弁済業務保証金分担金を納付しなかった場合は、その宅建業者は**社員の地位を失い、指示処分や業務停止処分の対象**となります。

ワンポイントアドバイス

納付に関する問題は、「営業保証金のように有価証券でも納付できる」として「×」とするもの、加入しようとする日まで納付しなければならないところを、「加入後2週間以内に納付すればよい」として「×」とするものが多いです。

また、営業保証金と同様に、案内所の場合には納付がいらない点にも注意しましょう。

ここではコレを覚える

過去問 11-43 12-43 13-39 14-39 15-42 16-31
17-39 19-33 20-36 21-31 22-39

□分担金の納付の方法

誰がどこへ	社員になろうとする宅建業者が保証協会へ	
いくら	主たる事務所	60万円
	その他の事務所	30万円×その他の事務所数
		上記の合計額を納付
預け方	金銭のみで納付	
いつまでに	保証協会に加入しようとする日までに納付	

4 弁済業務保証金の還付と不足分の補充

供託所が還付した後の社員と保証協会の補充の手続です

学習時間 30分

保証協会に加入している宅建業者の経営状況が悪化して、取引の相手方(債権者)に損失を与えてしまったような場合、営業保証金と同様に、**供託所から直接その相手方に保証金が還付**されます。保証協会が還付するわけではありません。

(1)還付の上限額〜還付される上限額は？

還付される上限額は、**営業保証金に相当する額**です。
例えば、事務所が1つの場合は1,000万円、支店(事務所)が2つある場合は2,000万円(本店1,000万円＋支店500万円×2か所)が上限となります。

(2)還付請求権者〜還付を請求できる債権者は誰？

保証協会がその加入する社員(宅建業者)について生じた対象債権の弁済業務を実施するという趣旨から、弁済業務保証金の還付を請求できる権利は、その**保証協会に加入している社員と宅地建物取引をした者との間に生じた債権**に限定されます。

対象となる債権は、営業保証金の場合と同じで、銀行の貸金債権、従業者の給料債権、リフォーム会社等の報酬債権、広告会社の報酬債権等はこれに含まれません。また、**宅建業者は還付請求することができません。**

(3)還付の対象となる債権の範囲〜社員となる前の債権は？

宅建業者が営業保証金を供託して営業を開始し、その後保証協会に加入したところ、その宅建業者が保証協会に加入する以前の取引を原因として手付金等の返還請求や損害賠償請求をされることがあります。

(4)認証〜供託所に還付請求する前にやるべきことがある？

宅建業に関する取引により生じた債権を有する者が、弁済業務保証金について弁済を受ける権利を実行しようとする場合は、**営業保証金の還付請求の場合とは異なり**、弁済を受けることができる額について保証協会の認証を受けなければなりません。

認証審査の結果、保証協会が認証を拒否した場合は、還付を受けることができません。

 それはなぜ？

理論的には、営業保証金から還付を受けるべきものですが、保証協会に加入すると営業保証金の取戻しが認められるため、取引の相手方は営業保証金の還付を受けることができなくなります。そこで、このような場合の救済措置として、保証協会の加入以前に宅建業者と宅地建物取引をして、その宅建業者に対して債権を有する者も、弁済業務保証金から還付を受けられるようにしています。

6 宅地建物取引業保証協会

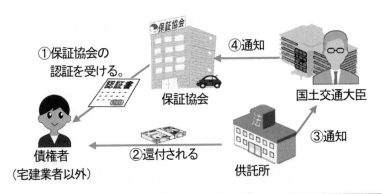

① 保証協会の認証を受ける。

④ 通知

保証協会

国土交通大臣

認証書

債権者
（宅建業者以外）

② 還付される

③ 通知

供託所

(5)還付後の保証協会による供託～還付後は保証協会が供託する？

還付されると、供託所にあった弁済業務保証金が不足することになるので、それを補充する必要があります。

供託所が、債権者に還付したときは、通知書を国土交通大臣に送付します。

国土交通大臣は、この通知書を受けとったときは、これに必要な記載をして保証協会に送付します。

保証協会は、その通知書の送付を受けた日から**2週間以内**に、その権利の実行により還付された<u>弁済業務保証金の額に相当する額の弁済業務保証金を供託しなければなりません</u>。

具体例

300万円が還付されたのであれば、300万円が供託金の額となります。営業保証金と同様に、一定の有価証券で供託することができます。その原資は弁済業務保証金準備金が充てられます。

(6)還付充当金～社員は保証協会に納付する？

保証協会が、還付に係る社員または社員であった者に対し、**還付に相当する額の還付充当金を保証協会に納付すべきこと**を通知します。

次に、通知を受けた社員は、通知を受けた日から**2週間以内**に還付充当金を**保証協会に納付**しなければなりません。

もし、**納付しなかった場合、宅建業者は社員の地位を失います**。この段階では、監督処分や罰則はありません。ただし、**社員の地位を失った場合は、その日から1週間以内に営業保証金を供託**しなければならず、供託しなかった場合は、業務停止処分の対象となり、情状が特に重いときは免許の取消処分を受けることがあります。

【300万円が還付された場合】

宅建業者（社員）

国土交通大臣

300万円還付したので300万円を納付するように（通知）。

300万円還付したので300万円を供託するように（通知）。

通知日から2週間以内に300万円を納付

保証協会

通知日から2週間以内に供託

法務大臣・国土交通大臣
が指定する供託所

ここではコレを覚える　過去問　12-43　13-39　14-39　16-31　17-39　18-44
19-33　20-36　21-31　22-39,41　23-44

□営業保証金に相当する額が上限。たとえば、事務所が1つの場合は1,000万円、従たる事務所が1つの場合は1,500万円となる。

□還付の対象は宅建業に関する取引により生じた債権を有する者。保証協会の社員となる前の宅建業者と取引をした者も含む。

□保証協会から通知を受けた社員または社員であった宅建業者は、その通知を受けた日から2週間以内に、その通知された額の還付充当金を保証協会に納付しなければならない。納付しなかった場合、宅建業者は社員たる地位を失う（監督処分・罰則なし）。そして、社員でなくなった場合、その日から1週間以内に営業保証金を供託しなければならない（監督処分あり）。

5 弁済業務保証金の取戻し

保証金を取り戻すには公告が必要です

学習時間 10分

付け足し

保証協会が行う取戻しと公告に関しては営業保証金の規定が準用されています。

営業保証金の取戻しと同様に、保証協会は官報に一定事項を記載して公告します。公告を見た債権者は保証協会に対して認証申出書を提出しなければなりません。また、公告をした保証協会は、遅滞なく、その旨を免許権者に届け出なければなりません。

(1)弁済業務保証金の取戻し～保証金を取り戻すのは誰？

保証協会は、社員である宅建業者が**社員でなくなったとき**は、その宅建業者が納付した弁済業務保証金分担金の額に相当する額の弁済業務保証金を、また、宅建業者がその**一部の事務所を廃止**したため、分担金の額が納付すべき額を超えることとなるときは、その超過額に相当する額の弁済業務保証金を、それぞれ取り戻すことができ、その宅建業者に取り戻した額に相当する弁済業務保証金分担金を返還します。

(2)公告～すぐに取り戻すことができるの？

保証協会は、**社員が社員の地位を失った場合**に、弁済業務保証金を取り戻すときは、還付請求権者に対して、6か月を下らない一定期間内に申し出るべき旨を公告しなければなりません。この期間内に申し出なかった債権は認証の対象になりません。

それに対して、事務所の一部廃止による取戻しの場合は、営業保証金の**場合と異なり、公告なしに取戻しができます。**

ここではコレを覚える 過去問 18-44

宅建業者の権利	保証協会の役割
保証協会から、取戻し金額に相当する分担金を返還してもらう。	□保証協会は、社員が社員の地位を失ったとき、または、社員がその一部の事務所を廃止したため分担金の額が超過することとなったとき、弁済業務保証金を取り戻すことができる。 □その際、取戻しの前に、還付請求権者に対して、6か月を下らない一定期間内に申し出るべき旨を公告しなければならない。 □ただし、事務所の一部廃止による取戻しの場合は、公告なしに取戻しができる。 □保証協会は、弁済業務保証金を取り戻した場合、当該社員であった者または社員に対し、その取り戻した額に相当する額の弁済業務保証金分担金を返還する。

□取戻しの手続

6 弁済業務保証金準備金

保証金が足りなくなった場合に備えての準備です

頻出度 **C**

学習時間 5分

6 宅地建物取引業保証協会

(1)弁済業務保証金準備金〜還付充当金を納付してくれなかったら?

保証協会は、還付充当金の納付がなかったときに弁済業務保証金の不足額に充てるため、お金を積み立てておくことが義務付けられています。これを**弁済業務保証金準備金**といいます。

なお、保証協会は、弁済業務保証金から生ずる利息または配当金を弁済業務保証金準備金に繰り入れなければなりません。

(2)特別弁済業務保証金分担金〜それでも足りなくなったら?

経済不況などで保証協会に加入する宅建業者の多くが倒産したような場合で、**積み立てている弁済業務保証金準備金でも足りなくなる**ことも想定されます。そのような場合には、宅建業者である社員に対して、「〜ということなので、10万円納付して下さい」と臨時にお金を集めなければなりません。これを、**特別弁済業務保証金分担金**といいます。

社員はこの特別弁済業務保証金分担金を納付すべき**通知を受けた日から1か月以内**に、通知された額を保証協会に納付しなければなりません。納付しないときは社員の地位を失うことになります。

付け足し

保証協会は、弁済業務保証金準備金を、還付による弁済業務保証金の供託に充てた後において、還付充当金の納付を受けたときは、その還付充当金を弁済業務保証金準備金に繰り入れなければなりません。

保証協会は、弁済業務保証金準備金の額が国土交通省令で定める額を超えることとなるときは、その業務の実施に要する費用に充て、または宅地建物取引業の健全な発達に寄与する事業に出捐するため、国土交通大臣の承認を受けて、その超過額の弁済業務保証金準備金を取り崩すことができます。

参考資料
全国宅地建物取引業保証協会は15億円、不動産保証協会は3億円となっています。

ここではコレを覚える 過去問 11-43

□特別弁済業務保証金分担金の行方

	宅建業者の役割	保証協会の役割
どこへ	保証協会へ納付	積み立て
いつまでに	通知を受けた日から1か月以内	積み立て
効果	上記の期間内に納付できないときは、社員の地位を失う。	—

ワンポイントアドバイス

営業保証金と弁済業務保証金分担金・保証金を以下に比較してまとめて（記入して）みましょう！

	営業保証金制度	弁済業務保証金制度	
		保証金分担金	保証金
供託金・納付金の額は？			
有価証券でもOK？			
還付充当金の納付・供託はいつまで？			
取戻しの手続きは？			

第 7 章

業務上の規制

過去10年の出題分析

テキスト項目 \ 出題年	14	15	16	17	18	19	20	21	22	23
第7章全体	●	●	●	●	●	●	●	●	●	●
1 業務処理の原則									●	
2 広告	●	●	●	●		●		●	●	●
1 誇大広告等	●			●	●	●		●	●	●
2 広告開始時期の制限		●	●		●	●				
3 取引態様の明示	●		●	●			●		●	●
3 媒介・代理契約	●	●	●	●	●	●	●	●	●	●
4 報酬額の制限	●	●	●	●	●		●	●	●	●
5 重要事項の説明	●	●	●	●	●	●	●	●	●	●
6 供託所等に関する説明					●					
7 契約締結等の時期の制限	●	●			●	●				
8 37条書面の交付	●	●	●	●	●		●	●	●	●
9 その他の業務上の規制まとめ	●	●	●	●	●	●			●	●
10 従業者							●			
11 自ら売主制限	●	●	●	●	●	●		●	●	●
1 自ら売主制限とは										
2 クーリング・オフ	●	●	●							
3 損害賠償額の予定等の制限		●	●	●	●			●	●	
4 手付の額の制限等	●	●	●	●					●	
5 手付金等の保全	●	●	●			●	●	●		●
6 自己の所有に属しない宅地又は建物の売買契約締結の制限	●	●	●			●				
7 担保責任についての特約の制限	●	●			●	●	●		●	
8 割賦販売契約の解除・所有権留保等の制限			●				●	●	●	

※出題されている年度に●を記入しています。

1 業務処理の原則

事業をスタートした後のルールです

宅建業法では「第5章 業務」と題して、多くのルールを定めています。その目的は、業務の適正な運営と宅地建物の取引の公正とを確保することにあります。その目的を達成するため、宅建業者に対する一般的な業務規制、売買等の契約締結に至る過程、契約締結、契約の履行、契約関係からの離脱までの一連の取引過程について規定を設けています。

(1)業務上の規制の全体像

業務上の規制は大きく次の5分野に分かれています。

① 業務処理の原則・従業者教育・取引士の設置
② 契約締結に至る適正な判断の確保
 ・不当な取引勧誘の禁止(誇大広告等の禁止等)
 ・正確な情報の提供(重要事項説明等)
③ 適正な契約内容の確保
 ・契約の内容の明確化(書面の交付義務)
 ・売主業者との売買における不当条項の規制(損害賠償額の予定等)
 ・媒介・代理報酬の制限等
④ 契約の履行の確保
 ・取引紛争を誘発する取引規制(他人物・未完成物件の売買の規制)
 ・不当な履行遅延の禁止・損害補填の措置(保全措置・供託所説明)
⑤ 契約からの離脱の確保
 ・申込みの撤回の妨げ禁止
 ・相手方等の保護に欠ける行為の禁止

(2)信義誠実

宅建業者は、取引の関係者に対し、**信義**を旨とし、**誠実**にその業務を行わなければなりません。宅地建物の取引は衣食住に関わる生活や事業活動の基盤となる重要な財産なので、宅地建物取引の適正化を図るため特に宅建業法に定められています。

(3)不動産投資ビジネスがマネーゲーム化しないようにする

<u>取引一任代理</u>等を行うには国土交通大臣の認可を受けなければなりません。この認可を受けた宅建業者は、業務処理の原則の1つとして**投機的取引を抑制するように配慮する義務**を負います。

用語

取引一任代理…宅地または建物の取引の代理・媒介において、取引の判断を一任され、それに基づき取引の代理・媒介を行なうことをいいます。不動産の証券化などに伴う、投資法人や信託財産受託会社からの資産運用の受託、特定目的会社や受託信託会社からの取引代理・媒介業務の受託については、その業務の円滑実施のため、国土交通大臣から取引一任代理等の認可を受ければ、個別の媒介契約は締結しなくてもよいとされています(取引一任代理等に係る特例)。

2-1 誇大広告等く広告

誇大広告は犯罪になります

学習時間 10分

宅建業者は、その業務に関して広告をする場合、**嘘偽りの広告**や、**あまりにもおおげさな広告を出してはいけません**(誇大広告等の禁止)。それを見たお客さんが事実を誤解するような内容の広告は規制の対象となります。

(1)誇大広告等～どんな広告が誇大広告等になるの?

誇大広告等とは、著しく①事実に相違する表示、または②実際のものより、著しく優良か有利であると人を誤認させるような表示をいいます。いずれも広告の表示が単に事実に相違しているとか、実際のものよりも優良または有利であると誤認させるだけでは足りず、その程度が**著しいこと**、つまり誇張、誇大の程度が**社会一般に許容されている程度を超えている**ことが必要です。

具体的には、顧客を集めるために売る意思のない条件の良い物件を広告し、実際は他の物件を販売しようとする行為(おとり広告)や、実際には存在しない物件等の広告(虚偽広告)が典型例です。

(2)誇大広告等の要件と具体例

誇大広告等の禁止の対象となるのは次の8つに限定されます。

①物件に関するもの

1.**所在**(地番、所在地、位置図等により特定される取引物件の場所)
2.**規模**(取引物件の面積や間取り)
3.**形質**(地目、供給施設、排水施設、構造、材料、用途、性能、経過年数等)

②現地の利便に関するもの

4.現在または将来の利用の制限
  ▶ 都市計画法・建築基準法等に基づく制限の設定・解除等、借地権、定期借地権、地上権等の有無・内容等
5.現在または将来の**環境**
  ▶ 静寂さ、快適さ、方位等の立地条件等、デパート、コンビニエンスストア、商店街、学校、病院等の状況、道路、公園等の公共施設の整備状況等

それはなぜ?

昭和30年代後半頃に、宅地の高騰とともに消費者の焦りと弱みにつけ込んだ誇大広告による宅地分譲が頻発しました。たとえば実際の所在地を記載せず駅近であるような表示や、山林であることを隠し既に宅地造成工事が完了し水道等が設置されているかのごとき表示等。高額な宅地建物の取引は特に広告内容が正確であることが強く求められるにもかかわらず、虚偽・誇大広告に対しては、昭和37年に制定された不当景品類及び不当表示防止法による排除命令や自主規制の措置、軽犯罪法による処罰規定が設けられる程度でした。そこで、昭和42年の宅建業法改正で誇大広告等のルールを定め、重い監督処分と罰則を科しました。

付け足し

宅地建物に係る現在または将来の制限の一部を表示しないことにより誤認させることも禁止されています。

7 業務上の規制

6.現在または将来の**交通その他の利便**

▶ 路線名、最寄りの駅、停留所までの所要時間、建設計画等

③代金に関するもの

7.代金・借賃等の対価の額や支払方法

▶ 現金一括払い、割賦払い、頭金、支払回数、支払期間等

8.代金・交換差金に関する金銭の貸借のあっせん

▶ 融資を受けるための資格、金利、返済回数、金利の計算方式等

（3）表示方法～ネット広告も表示にあたるの？

広告の方法は、新聞の折込みチラシ、配布用のチラシ、新聞、雑誌、テレビ、ラジオまたは**インターネットのホームページ**等種類を問いません。

（4）誇大広告等の効果～誇大広告等しただけで処罰されるの？

誇大広告等をすると指示処分、業務停止処分の対象となり、情状が特に重いときは免許の取消処分を受け、さらに**6月以下の懲役または100万円以下の罰金**に処せられます。

宅建業者の代表者や代理人・使用人その他の従業者が、その業務に関して誇大広告等の規定に違反した場合は、実際に行った者を罰するほか、宅建業者も処罰の対象となります（両罰規定）。

なお、実際に注文がなかったり、取引が成立しなかったりした場合でも監督処分や処罰の対象となります。

ここではコレを覚える 過去問 12-28 14-30 17-42 18-26 20-27 21-30 22-37

□広告の方法は種類を問わない。
□実際に注文がなかったり、取引が成立しなかったりした場合でも監督処分・処罰の対象となる。

2-2 広告開始時期の制限＜広告

建築確認等までは広告できません

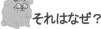 学習時間 10分

宅建業法は、宅建業者が行う未完成の宅地建物の取引について、広告開始時期を制限しています。これを広告開始時期の制限といいます。

(1)広告の開始時期～いつから広告できるの？

宅建業者は、宅地の造成または建物の建築に関する**工事の完了前**においては、その工事に必要な都市計画法に基づく開発許可、建築基準法に基づく建築確認その他法令に基づく**許可等の処分等があった後**でなければ、その工事に係る宅地または建物の売買その他の業務に関する**広告をしてはなりません**。

(2)広告が制限される取引～賃貸物件の広告もできないの？

広告開始時期の制限の対象となる取引は、売買や交換だけでなく、**貸借の代理や媒介を行う旨の広告も規制の対象**となります。

(3)違反した場合

広告開始時期の規制に違反すると指示処分を受けます。**誇大広告等と異なり罰則はありません**。

付け足し 予告広告は規制対象外？

予告広告とは、価格等が確定していないため直ちに取引できない分譲宅地、分譲住宅、分譲共同住宅及び未使用賃貸住宅について、販売または賃貸広告(本広告)に先立ち、その取引開始時期をあらかじめ告知する広告その他の表示をいいます。予告広告は、広告開始時期の制限を受けません(詳細は景品表示法を参照)。

それはなぜ？

土地を造成し建築した上で広告して、契約して代金を受け取り、物件を引き渡すことが理想ですが、実際は、建物を作った後に何か月も買い手や借り手が見つからないことは、資金繰りが厳しくなるという大きなリスクとなります。できる限り早めに広告して、先に契約してから建築等を開始する方が資金繰りは楽になります。ただ、これも過ぎると、物件の引渡しが遅れすぎたり、広告にあるような物件では建築確認等が受けられなかったりするリスクも大きくなります。

7 業務上の規制

 ここではコレを覚える

過去問 11-36 12-28 13-32 15-37 16-32
18-26 19-30 20-27 21-30 22-37 23-31

□開発許可、建築確認等の申請中では広告できない。
□すべての取引態様で広告できない(賃貸物件の広告もできない)。
□違反しても刑事罰はない(監督処分はある)。

2-3 取引態様の明示く広告

自社物件なのか仲介なのかは広告で明示する

頻出度 **A**

学習時間 **10分**

広告を見て購入を希望する客が現れました。このとき、宅建業者はその**物件の取引態様**について、**改めて伝える必要があります**。広告にもきちんと載せなければなりませんが、広告を見てきた客にもそのつど伝える必要があります。「広告にちゃんと載せてありましたよ」では済まされません。

それはなぜ？

宅建業者が取引に関与する立場がはっきりしないままに取引が行われると、委託者に損害を与えることがあります。例えば、所有者から宅地を500万円以上で売りたいと媒介の依頼を受けた宅建業者が、その宅地の購入を1,000万円でも購入する意思をもつ購入希望者に、媒介という立場を告げずに、所有者から500万円で購入して購入希望者に1,000万円で転売し、本来の媒介報酬額よりも多くの利益を得る行為（サヤ抜き）が典型です。そこで、宅地建物取引の透明化を図り、取引の公正と購入者等の利益の保護を確保するために、取引態様を明示する義務を宅建業者に課しました。

（1）取引態様の別とは～何を明示するの？

宅建業者は、**宅地や建物の売買・交換・貸借**に関する広告をするときは、**自己が契約の当事者**となってその売買・交換を成立させるか、**代理人として**または媒介してその売買・交換・貸借を成立させるかの別（**取引態様の別**）を明示しなければなりません。

取引に関与する立場としては下記の3つの場合をさします。

①宅建業者が売主、買主、交換の当事者となって売買または交換を成立させる場合

②宅建業者が注文者（当事者）から代理の委託を受け売買、交換もしくは貸借を成立させる場合

③宅建業者が契約当事者の一方または双方から媒介の委託を受けて売買、交換もしくは貸借を成立させる場合

なお、**貸借の当事者**の立場になることは宅建業にあたらず、宅建業法の規制対象外となる点に注意しましょう。

（2）注文時の明示～広告時に明示しても注文を受けたら必要？

宅建業者は、宅地や建物の売買・交換・貸借に関する**注文を受けたとき**は、**遅滞なく**、その注文をした者に対し、**取引態様の別を明らかにしなければなりません**。その方法は**口頭でもかまいません**。「注文を受けた」とは、具体的に取引対象となる宅地建物をある程度特定して取引の依頼を受けることをいいます。

ワンポイントアドバイス

試験では次の点が重要です。
①相手方に取引態様の別が明らかな場合でも**省略できないこと**。
②数回に分けて広告する場合はそのつど明示する必要があること。
③相手方が宅建業者であっても省略できないこと。

広告するとき

取引態様の別を
明らかにする

注文を受けたとき
遅滞なく

自社物件です。

(3)違反した場合

明示義務に違反した場合、指示処分、業務停止処分の対象となり、情状
が特に重いときには免許の取消処分を受けることがあります。ただし、**誇
大広告等の禁止のような罰則はありません。**

付け足し 違反すると監督処分だけでなく民事上の責任が

宅建業者Aが所有者Bから売却媒介の委託を受けたが、買受け希望者
Cがいること及びその買受け希望価格をことさらに隠して、他に高額での
買主がいないと誤信させてその土地をA みずから買い受けて他に売却
して差益を取得する行為は、媒介契約に基づく善管注意義務違反に基
づく損害賠償責任または不法行為に基づく損害賠償責任を負います。

ここではコレを覚える

過去問　11-36　12-28　14-30　16-32　17-42
　　　　19-30,35　20-27　21-30　22-37

□宅建業者は、宅地建物の売買・交換・貸借に関する広告をするときは、自己が契約の当
事者となってその売買・交換を成立させるか、代理人としてまたは媒介してその売買・交
換・貸借を成立させるかの別(取引態様の別)を明示しなければならない。

□宅建業者は、宅地建物の売買・交換・貸借に関する注文を受けたときは、遅滞なく、その
注文をした者に対し、取引態様の別を明らかにしなければならない。

3 媒介・代理契約

売主と買主の仲介をするには契約書を交付します

頻出度 A

学習時間 180分

宅建業法では、媒介・代理に関するルールを定めています。

(1)媒介と代理〜媒介と代理の違いは？

媒介と代理は、いずれも他人の不動産の取引を手伝うことで報酬を得る取引態様です。この2つは、**誰が契約の主体となるのか**で分かれます。

それはなぜ？

宅建業法で規制されるまで、不動産流通業界では長年にわたって口頭による媒介委託が通例でした。宅建業者が、客に取引物件を紹介、現地案内しても、この行為が売買等の媒介委託にあたるのかどうかはっきりせず、宅建業者との間でいつの段階でどのような内容の媒介契約を締結したのか、報酬額の約定がされたかどうか等、契約関係が不明確でした。そのため、紛争は跡を絶たず、また委託者が宅建業者から紹介を受けた取引の相手方と直接取引(抜き取引)した場合には訴訟になるケースも多数ありました。

媒介	**媒介とはいわゆる仲介**のことで、例えば物件の売買なら売主と買主の間で契約の手伝いをするのみで、宅建業者自ら契約することはしません。
代理	**代理**は依頼を受けた**宅建業者自身が売主の代理人として、買主と契約を結ぶ**権限をもって契約を締結します。

また、依頼者との関係でいえば、媒介と代理には報酬額の上限にも違いがあります。

(2)媒介・代理契約の種類〜媒介・代理契約には種類がある？

宅建業者が媒介・代理の依託を受けるにあたっては、依頼者(不動産の売買・交換を宅建業者にお願いした人)との間で契約を交わします。その契約には「**一般媒介・代理契約**」「**専任媒介・代理契約**」「**専属専任媒介・代理契約**」の3つがあり、その選択は依頼者に委ねられています。

なお、媒介・代理契約制度の的確な運用を図るため、国土交通省は、「**標準媒介契約約款**」という契約の雛形を定めています。

①一般媒介・代理契約

他の業者に重ねて依頼することができる契約です。さらに、以下の 2 つに分類されます。

明示義務のある一般媒介・代理	依頼した他の業者を明示する義務のある契約
明示義務のない一般媒介・代理	依頼した他の業者を明示する義務のない契約※

※明示義務がない旨を特約で定めます。

他の業者に依頼しても、それを伝えなくても良いよ(非明示型)

宅建業者

他の業者に依頼する場合はそれを伝えて下さい(明示型)

宅建業者

一般媒介・代理契約

どこの業者でもよいのでどんどん売ってきてくれ！

依頼主

②専任媒介・代理契約

他の業者に重ねて依頼することができない契約をいいます。

③専属専任媒介・代理契約

他の業者だけでなく自ら取引することもできない(自己発見取引禁止の特約)契約をいいます。

一般	専任	専属専任
他の宅建業者にも媒介・代理を委託できる	他の宅建業者には媒介・代理を委託できない	
自己発見取引も許される	自己発見取引は禁止	

ここではコレを覚える 過去問 16-41

- □一般媒介・代理契約とは、他の業者に重ねて依頼することができる契約をいう。
- □専任媒介・代理契約とは、他の業者に重ねて依頼することができない契約をいう。
- □専属専任媒介・代理契約とは、他の業者だけでなく自ら取引することもできない(自己発見取引(禁止の特約)契約をいう。

それはなぜ？

専任媒介・代理契約と専属専任媒介・代理契約は、依頼者が他の宅建業者に依頼することを禁止するものであり、あまりに長期にわたり依頼者をこの特約で拘束することは依頼者にも宅建業者側にも不利益となる場合が考えられます。

(3)契約期間～契約期間に上限があるの？

専任と専属専任の媒介・代理契約の有効期間は3か月を**超えることができない**ことになっています。もし、これより長い期間を定めた場合は、3か月に短縮されます。

もちろん、この契約期間は、依頼者の申出により、更新することができます（自動更新特約は無効です）。ただし、更新後の契約も上限は3か月を超えてはなりません。

なお、**一般媒介・代理契約**には、上記のような**制限はありません**。

一般	専任	専属専任
上限：なし	上限：3か月	
	自動更新特約は無効	

(4)依頼者への報告～依頼者に定期的に報告する義務があるの？

媒介・代理契約を締結した宅建業者は、その媒介・代理契約の目的物である宅地や建物の**売買または交換**の申込みがあったときは、遅滞なく、その旨を**依頼者に報告しなければなりません**。

依頼者の希望条件を満たさない申込みの場合等であっても、そのつど報告する必要があります。

また、それとは別に、**専任媒介・代理契約**または**専属専任媒介・代理契約**を締結した宅建業者は、依頼者に対し、その契約に係る**業務の処理状況を次の表にある頻度で報告**しなければなりません。報告は**口頭**でもかまいません。

一般	専任	専属専任
規制なし	2週間に1回以上	1週間に1回以上
	休業日を含めて計算する	

これらに反する特約は無効となります。

なお、**一般媒介・代理契約**には、このような**制限はありません**。

(5)指定流通機構への登録～購入希望者等をどうやって見つけるの？

①登録期限

宅建業者は、**専任媒介・代理契約**または**専属専任媒介・代理契約**を締結したときは、契約の相手方を探索するため、次の表の期間内に、**指定流通機構に登録しなければなりません**。これに反する特約は無効となります。

なお、**一般媒介・代理契約**には、上記のような**制限はありません**。

一般	専任	専属専任
制限なし	契約締結日から7日以内	契約締結日から5日以内
	期間の計算については、休業日数は算入しない。	

指定流通機構

宅建業法に基づき国土交通大臣が指定した不動産流通機構です。レインズ（Real Estate Information Network System=REINS）と呼ばれます。全国に4つの法人があり（東日本、中部圏、近畿圏、西日本）、それぞれの法人が、不動産物件情報交換のためのネットワークシステムを有し、各地域の不動産情報の交換業務等を行っています。指定流通機構による情報交換を通して、毎年10万件以上の売買が成立しています。

②登録事項

指定流通機構には次の事項を登録しなければなりません。

1.媒介・代理契約の目的物である宅地または建物の**所在、規模、形質、売買すべき価額**
2.その宅地または建物に係る**都市計画法その他の法令に基づく制限**で主要なもの
3.専任媒介・代理契約が宅地または建物の**交換**の契約に係るものである場合にあっては、当該宅地または建物の**評価額**
4.専任媒介・代理契約が**専属専任媒介・代理契約である場合**にあってはその旨

③登録済証の依頼者への引渡し

宅建業者が指定流通機構へ登録した場合、**同機構**は、**宅建業者に対し、登録済証を発行**します。**宅建業者は、この登録済証を遅滞なく、依頼者に引き渡さなければなりません**。これに反する特約は無効です。

④指定流通機構への通知

また、**宅建業者は**、指定流通機構へ登録をした宅地または建物の売買、交換の**契約**が成立したときは、**遅滞なく、**登録番号、宅地建物の取引価格、売買または交換の契約の成立した年月日を指定流通機構に通知しなければなりません。

過去問 12-29　13-28　14-32　15-28,30　16-41
17-28,43　18-28,33　19-31　20-29,38　22-31,42

ここではコレを覚える

□宅建業者による通知	
依頼者へ	登録をした宅建業者は、登録を証する書面を遅滞なく依頼者に引き渡さなければならない。
指定流通機構へ	登録をした宅建業者は、登録に係る宅地または建物の売買または交換の契約が成立したときは、遅滞なく、その旨を指定流通機構に以下の事項を通知しなければならない。 1.登録済証に記載された登録番号 2.取引価格 3.契約の成立年月日

(6)媒介・代理契約書面等の交付～口約束ではだめなの？

それはなぜ？
宅建業者が関わる不動産取引は公益性をもっている点と、動くお金が高額である点から、契約書面等の作成が義務付けられています。

参考資料
依頼者の承諾を得た場合は、電磁的方法（電子メールによる方法、Webでのダウンロードによる方法、CD-ROMの交付等）により提供することができます。

媒介・代理契約は口約束でも成立しますが、宅建業者が依頼者と媒介・代理契約を結ぶ場合は契約書を作る必要があります。この書面は条文番号を取って「34条の2書面」といいます。

旧姓が併記された宅建業の免許証の交付を受けた日以降、希望する者は、34条の2書面について旧姓を併記または旧姓を使用することができます。また、政令使用人も、変更届出書が受理された日以降は、同様に使用することができます。

また、34条の2書面に記載する代表者及び政令使用人と取引士が同一人物の場合は、いずれも旧姓併記、旧姓使用または現姓使用として表記を統一するか、どちらかを旧姓併記とし、もう一方を旧姓使用または現姓使用しなければなりません。

なお、**貸借の媒介・代理を依頼された場合は、宅建業法上、契約書の作成が義務付けられていません。**

①媒介・代理契約書は誰が誰に交付するの？

宅建業者は、宅地または建物の売買、交換の媒介・代理契約を締結したときは、**遅滞なく**、次の1.から9.に掲げる事項を記載した書面を作成して**記名押印し、依頼者にこれを交付**しなければなりません。**取引士に記名押印させる義務はありません。**

なお、**依頼者も宅建業者だった場合であっても書面を交付する義務があります。**

用語

売買すべき価額…売買の媒介・代理を委託するときの目的物件の売出し価額、評価額または交換媒介・代理を委託するときの目的物件の委託価額(評価額)をいいます。

1.物件を特定するために必要な事項
宅地の所在や地番、建物の所在、種類、構造等を記載します。 なお、物件の購入または交換に係る媒介契約において、依頼者が取得を希望する物件が具体的に決まっていない場合には、物件の種類、価額、広さ、間取り、所在地、その他の希望条件を記載することもできます。
2.売買すべき価額または評価額
宅建業者が、売買すべき価額または評価額について意見を述べるときには、**必ずその根拠を示さなければなりません。**ただし、**その方法は書面でも口頭でもかまいません。**
3.媒介・代理契約の種類
媒介・代理契約には、一般媒介・代理、専任媒介・代理、専属専任媒介・代理、一般媒介・代理であれば明示型と非明示型があり、依頼者と締結した契約の種類を記載しなければなりません。
4.建物状況調査に関する事項を実施する者のあっせんに関する事項
宅建業者は、購入希望の依頼者(交換により既存住宅を取得しようとする依頼者を含む)が建物状況調査を実施する場合には、あらかじめ

物件所有者の同意を得ておく必要があります。

なお、建物状況調査を実施する者のあっせんは、媒介業務の一環であるため、宅建業者は、依頼者に対し建物状況調査を実施する者をあっせんした場合において、**報酬とは別にあっせんに係る料金を受領することはできません。**

5.有効期間

具体的な期間や年月日で記載しなければなりません。

一般媒介・代理の場合も記載義務があります（上限はなし）。

6.契約の違反や解除に関する事項

宅建業者、依頼者が媒介・代理契約を解除することができる事由を記載しなければなりません。

また、専任や専属専任の媒介・代理契約において勝手に他の宅建業者に委託したり、自己発見取引をしたりした場合の措置や、明示型の一般媒介・代理において明示せずに他の宅建業者にも委託した場合の措置を記載します。

7.指定流通機構への登録に関する事項

指定流通機構への登録義務の有無とその内容です。**一般媒介・代理**についてもその有無を記載する義務があります。

8.報酬額と支払時期

宅建業者の委託者への報酬請求権は、宅建業者の媒介・代理によって売買等が成立したときに限り発生します（成功報酬型）。

9.標準媒介契約約款に基づくか否か。基づかない場合はその旨

依頼者は、媒介・代理契約の種類（一般、専任、専属専任）やその違いを知らない場合が多いので、注意を喚起し、依頼者の自由な意思でいずれかの契約を選択できるようにするためです。

②書面を交付しなかった場合は？

媒介・代理契約書の交付は**契約の成立要件ではありません。**しかし、媒介・代理契約書が交付されない場合は、**監督処分の対象となります。**

参考資料

標準媒介契約約款では、媒介契約の目的物件が既存の住宅である場合において、あっせん「無」とするときは、その理由を記入することとしています。

ワンポイントアドバイス

媒介契約の出題は、非常に細かい点を聞いてきます。数字を含めて正確に暗記しておきましょう。一般媒介契約でも契約書面を作成する義務がある点と、賃貸借契約の媒介の場合には書面作成義務がないという点は間違えやすいので要注意です。

付け足し

標準媒介契約約款の条項を変更して用いる場合は、もはや標準媒介契約約款に基づくものとはいえません。そのため、条項を変更した約款を用いながら、標準媒介契約約款であると誤信させるような表示があった場合には、取引の公正を欠くものとして監督処分の対象となります。

ここではコレを覚える

過去問　12-29 13-28 14-32 15-28,30 16-27 18-27,33,40
　　　　19-31 20-29,38 21-38 22-31 23-27

交付の相手	売買・交換の媒介の依頼者
交付時期	売買・交換の媒介契約締結後、遅滞なく
方法	宅建業者の記名押印（取引士の記名押印は不要）
交付場所	どこでもよい

4 報酬額の制限

報酬額には上限があります

参考資料

宅建業者の得る報酬は、成功報酬であると考えられています(契約を成立させたことの対価として得られるもの)。

それはなぜ？

お寿司屋さんなどでは料金が「時価」ということがあったりします。注文する際はちょっとドキドキするものです。それに対して、タクシー料金などは「時価」ということはありえません。それは、その事業自体に公益性があるからです。公益性のある事業の場合はそれを利用するお客さんに不利益になってはならないように仕組みが作られています。
宅建業取引も同じです。お店に、「料金…相当額」なる料金表が貼ってあったらとても怖くて不動産取引をお願いできません。

宅建業者が媒介・代理して取引を業とする場合の報酬は、法令で上限が定められています。それに対して、**宅建業者が自ら売主となって販売する場合は、このような制限はありません。**単純に、仕入値と売値の差額が宅建業者の収益となります。

(1)売買契約を媒介・代理した場合

①売買の媒介をした場合の報酬額の上限(代金400万円を超える場合)

個人Aから1,000万円の建物の売却の媒介を受けた事案を例に説明します。

媒介業者

【売主A(個人)から媒介の依頼を受けて、1,000万円の建物売買契約が成立】
1,000万円×3／100＋6万円
　　　　　　　　　　＋消費税(10%)
　　　　　　　　＝　39万6,000円

売主A

売買契約
1,000万円

買主B

売却代金に注目します。この金額に以下の表にある数値を掛け、消費税課税事業者であれば消費税を上乗せし、免税事業者であれば4%のみなし消費税分を上乗せした額が、報酬額の上限となります。
計算すると上記の図に記載する金額が上限となります。

売却代金	報酬額の上限
200万円以下	代金・価額の5%＋消費税額
200万円～400万円	代金・価額の(4%＋2万円)＋消費税額
400万円を超える	代金・価額の(3%＋6万円)＋消費税額

※ 売却代金に消費税が含まれている場合は消費税を差し引いてから計算します。

【売主 A（事業者）から媒介の依頼を受けて、1,100万円の建物売買契約を成立】
1,100万円－消費税（10%）＝1,000万円
1,000万円×3／100＋6万円
　　　　　　　　　　　＋消費税（10%）
　　　　　　　　＝　39万6,000円

②売買の代理をした場合の報酬額の上限（代金400万円を超える場合）

個人 A から1,000万円の建物の売却の代理を受けた事案を例に説明します。

【売主 A（個人）から代理の依頼を受けて、1,000万円で建物売買契約が成立】
1,000万円×3／100＋6万円　×2
　　　　　　　　　　　＋消費税（10%）
　　　　　　　　＝　79万2,000円

計算の方法は前記①の媒介の売買と同じです。ただし、その上限は媒介の2倍となります。

③交換の媒介・代理をした場合の報酬額の上限（代金400万円を超える場合）

個人 A から1,000万円の建物の交換の媒介を受けた事案を例に説明します。

【A（個人）から媒介の依頼を受けて、1,000万円の建物と900万円の建物の交換契約が成立】
1,000万円と900万円を比較し高い方
1,000万円×3／100＋6万円
　　　　　　　　　　　＋消費税（10%）
　　　　　　　　＝　39万6,000円
※代理の場合は2倍となります。

交換契約の場合は、基準となる価額を求める際は高い方が基準となります。それ以外は、前記①②と同様に計算します。

④双方から媒介を受けた場合

個人 AB 双方から 1,000 万円の建物の売買の媒介を受けた事案を例に説明します。

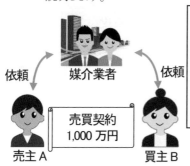

【AB（個人）から媒介の依頼を受けて、1,000 万円の建物売買契約が成立】
1,000 万円×3／100＋6 万円
＋消費税(10%)
＝ 39 万 6,000 円
この金額を A・B 双方から受領できる。

計算方法は前記①の売買の媒介と同じです。AB 双方と媒介契約をしているので、それぞれ上限まで受領できます。

交換の場合も同様に計算します。

⑤双方から代理・媒介を受けた場合

個人 A からは媒介、個人 B からは代理で、1,000 万円の建物の売買の依頼を受けた事案を例に説明します。

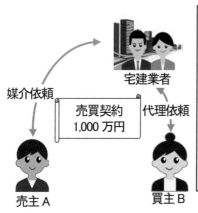

【売主 A（個人）から媒介の依頼、買主 B（個人）から代理の依頼を受けて、1,000 万円の建物売買契約を成立】
1,000 万円×3／100＋6 万円
＋消費税(10%)
＝ 39 万 6,000 円
A から受領できる金額はこの金額
B から受領できる金額はこの 2 倍の
＝ 79 万 2,000 円
ただし、A・B 双方から受領する額が、
79 万 2,000 円を超えることはできない。

計算方法は前記①②と同じです。ただし、AB 双方から受領できる上限は、媒介で受領できる額の 2 倍を超えることはできません。

交換の場合も同様に計算します。

⑥複数の宅建業者が関与した場合

甲不動産が個人 A から媒介、乙不動産が個人 B から代理の依頼を受けて、1,000 万円の建物の売買の依頼を受けた事案を例に説明します。

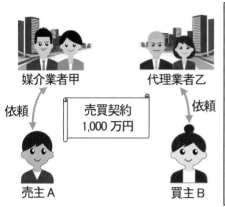

媒介業者甲　　　　　代理業者乙

依頼　　売買契約　　依頼
　　　1,000 万円

売主 A　　　　　　　買主 B

【売主 A(個人)から甲が媒介の依頼、買主 B (個人)から乙が代理の依頼を受けて、1,000 万円の建物売買契約を成立】

1,000 万円×3／100＋6 万円

　　　　　　　　　　＋消費税(10%)
　　　　　　　＝ 39 万 6,000 円

甲が A から受領できる金額はこの金額
乙が B から受領できる金額はこの 2 倍の
　79 万 2,000 円
ただし、A・B 双方から受領する合計額が、79 万 2,000 円を超えることはできない。

計算方法は前記①②と同じです。ただし、甲不動産及び乙不動産が、AB 双方から受領できる合計額は、媒介で受領できる額の 2 倍を超えることはできません。

交換の場合も同様に計算します。

⑦空家等の売買の媒介の場合(代金等が 400 万円以下の場合)

以下の要件を満たす一定の空家等(空家が代表的なケースですが、空家でない建物や宅地も含まれます)の**売買・交換**の媒介の場合に特例が認められています(代理にも特例があります)。

なお、この特例は貸借の場合には適用されません。

それはなぜ？

長らく空家となっている物件を売却・交換する場合、通常よりも現地調査等の費用がかかることが多いにもかかわらず、物件の傷み具合によっては代金や評価額が安くなり、前記の計算方法による報酬額では割に合わないことがあります。

《空家等の特例を適用するための要件》

空家等の要件	代金または交換に係る宅地もしくは建物の価額(消費税を含まない)が 400 万円**以下**
適用の要件	通常よりも現地調査等の費用を要すること
現地調査等に要する費用に相当する額の要件	宅建業者は、媒介契約の締結に際し、あらかじめ報酬額について空家等の売主または交換を行う者である依頼者に対して説明し、両者間で合意する必要があります。
請求の相手方	空家等の売主または交換を行う者である依頼者に限ります。つまり、買主からは現地調査費用分は受領できません。

4 報酬額の制限

個人Aから200万円の建物の売却の**媒介**を受けた事案を例に計算方法を説明します。

【売主A(個人)から媒介の依頼を受けて、200万円の建物売買契約が成立】

①通常の方法で報酬額を計算する

　200万円×5／100＝10万円

②現地調査費用を上乗せする(ただし、合計して18万円を超えることはない)

(実際の現地調査費用が15万円の場合)

⇒10万円(通常の報酬額)＋(現地調査費用分)≦18万円

　　　よって、**現地調査費用分として8万円を受領できる。**

⇒10万円(通常の報酬額)＋8万円(現地調査費用分)＋消費税(10%)

$$=19万8,000円$$

(実際の現地調査費用が5万円の場合)

　⇒10万円(通常の報酬額)＋5万円(現地調査費用分)＋消費税(10%)

$$=16万5,000円$$

---

⑧空家等の売買の代理の場合(代金等が400万円以下の場合)

計算方法・要件は前記⑦の媒介と同じです。ただし、通常の計算方法による報酬額の上限は2倍になりますが、**現地調査費用は2倍にはならない点に注意**が必要です。

個人Aから200万円の建物の売却の**代理**を受けた事案を例に計算方法を説明します。

【売主A(個人)から代理の依頼を受けて、200万円の建物売買契約を成立】

①通常の方法(媒介)で報酬額を計算する

　200万円×5／100＝　10万円

②現地調査費用を上乗せする(ただし、18万円を超えることはない)

　(実際の現地調査費用が15万円の場合)

⇒10万円(通常の報酬額)＋(現地調査費用分)≦18万円

　　　よって、**現地調査費用分として8万円を受領できる。**

　　　代理の場合は通常の**報酬額**の部分のみ2倍にできる。

⇒10万円(通常の報酬額)×2＋8万円(現地調査費用分)

$$＋消費税(10%)＝30万8,000円$$

　(実際の現地調査費用が5万円の場合)

⇒10万円(通常の報酬額)×2＋5万円(現地調査費用分)

$$＋消費税(10%)＝27万5,000円$$

ワンポイントアドバイス

最近の宅建試験では、建物の売買にかかる消費税を計算させる問題がよく出題されています。一度自分で計算すれば一発で覚えます。計算といっても、建物売買に含まれている消費税額を控除するだけです。後は、消費税を控除した代金をベースに速算法で計算するだけです。控除の方法は、税込価格を1.1で割ることで算出できます。

①消費税は、本体価額の算出(取引代金や借賃等からの消費税の控除)の場面で問題となる。

②報酬限度額の計算は、本体価額(税抜き価額)を基礎に算出する。よって、売買代金(土地を除く)や建物の借賃(居住用建物を除く)等の消費税の課税対象が、消費税込みの価額で表示されている場合は、消費税分を抜いて本体価額を算出しなければならない。

(2) 賃貸借契約を媒介・代理した場合

宅建業者が、媒介・代理契約書を作成して、依頼者に交付する義務を負うのは売買と交換のときのみで、貸借の媒介・代理の際には特に契約書の作成は義務付けられていません。しかし、貸借の媒介・代理も宅建業なので、報酬額については売買・交換と同様に上限額が定められています。

①賃貸借契約を媒介・代理した場合は?

 参考資料

自ら貸借や転貸は宅建業ではないので、宅建業法上の報酬額の上限はありません。ただ、一般的に、賃貸管理業者等が転貸借契約(サブリース)という方法で賃貸管理業をする際のオーナーから受領する報酬は賃料の 3%〜8%が相場となっています。

媒介業者

依頼

【事務所としての貸借の依頼を受けて賃貸借契約を成立】
　　10万円(借賃)+消費税(10%)=11万円
【居住用としての貸借の媒介の依頼を受けて賃貸借契約を成立】
　　10万円×1/2+消費税(10%)= 5万5,000円

賃貸人A

賃貸借契約
10万円/月

賃借人B

《賃貸借契約をお手伝いした場合の報酬額の計算のポイント》

1. 宅建業者が、宅地や建物の貸借の媒介で、依頼者の双方から受けることのできる報酬額の合計額は借賃の1か月分が上限。ただし、居住の用に供する建物の場合は、依頼者の一方から受け取れる報酬額は、依頼者の承諾を得ている場合を除いて、借賃の半月分以内。

2. 居住の用に供する建物の貸借の媒介で、貸主と借主の双方と媒介契約をした場合で、依頼者の承諾を得ていないときは、貸主と借主からそれぞれ借賃の半月分の報酬額を受け取れる。

付け足し 借賃と消費税

土地の貸付けや土地の上に存する権利を貸し付けた場合の地代、権利金、更新料または名義書換料などに消費税はかかりません。しかし、事務所などの建物を貸し付ける場合の借賃は課税の対象となります。なお、住宅用としての建物の貸付けは、貸付期間が1か月に満たない場合などを除き非課税となります。さらに、事業用の建物の賃貸借契約の締結や更新に伴う保証金、権利金、敷金または更新料などのうち、返還しないものは課税の対象となり、契約の終了により返還される保証金や敷金などは課税の対象にはなりません。

②複数の業者が賃貸借契約にかかわる場合は？

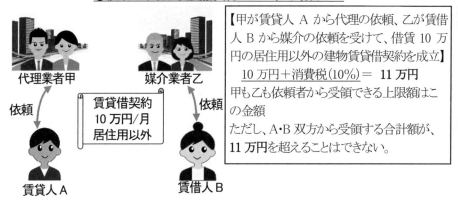

【甲が賃貸人 A から代理の依頼、乙が賃借人 B から媒介の依頼を受けて、借賃 10 万円の居住用以外の建物賃貸借契約を成立】
10 万円＋消費税(10%)＝ 11 万円
甲も乙も依頼者から受領できる上限額はこの金額
ただし、A・B 双方から受領する合計額が、11 万円を超えることはできない。

③権利金が支払われる賃貸借契約の報酬額

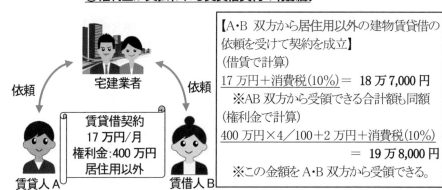

【A・B 双方から居住用以外の建物賃貸借の依頼を受けて契約を成立】
(借賃で計算)
17 万円＋消費税(10%)＝ 18 万7,000 円
　※AB 双方から受領できる合計額も同額
(権利金で計算)
400 万円×4／100＋2 万円＋消費税(10%)
　　　　＝ 19 万8,000 円
　※この金額を A・B 双方から受領できる。

権利金の授受がある場合は、それを売買に係る代金の額とみなして、報酬額を計算できます。しかし、居住の用に供する建物の場合は除かれます。

依頼者の双方から報酬を受け取る場合

宅建業者が宅地建物の貸借の媒介に関して受けることのできる報酬のルールはその合計額の限度額のみを定めたものなので、貸借の媒介に関しては、売買や交換の媒介と異なり、依頼者のそれぞれ一方から受ける報酬の額、割合等については特段の規制はありません。したがって報酬の合計額がこの限度額内であれば依頼者の双方からどのような割合で報酬を受けてもよく、また、依頼者の一方のみから報酬を受けることもできます。

(3)報酬額と費用の請求の制限

①広告費用も報酬額でまかなうの？

1つの取引を成立させるにあたり、それまでの道のりには様々な調査・事務・営業などがあります。これには当然経費がかかってくるわけですが、報酬に上乗せして請求することは原則できません。ただし、**依頼者から頼まれた特別な業務にかかるもの**については、例外として**経費の請求が認められています。**

②報酬額とは別に受領できるものは？

宅建業者は、宅地や建物の売買、交換または貸借の代理または媒介に関し、前記(1)(2)で解説した報酬額以外に報酬を受けることができないのが原則です。

ただし、例外として次のものは受領することができます。

1.依頼者の**依頼によって行う広告の料金**に相当する額
2.依頼者の特別の依頼により行う**遠隔地における現地調査**や**空家の特別な調査**等に要する実費の費用に相当する額の金銭を依頼者から提供された場合にこれを受領すること等、**依頼者の特別の依頼**により支出を要する特別の費用に相当する額の金銭で、その負担について**事前に依頼者の承諾があるもの**

付け足し コンサルティング料は？

宅建業者は積極的に媒介業務以外の不動産取引に関連する業務の提供に努めることが期待されています。宅建業者自らが媒介業務以外の関連業務を行う場合には、媒介業務との区分を明確化するため、媒介契約とは別に、業務内容、報酬額等を明らかにした書面により契約を締結しなければなりません。特に、宅建業者が不動産コンサルティング業務を行う場合には、媒介業務との区分を明確化するため、あらか

用語

権利金
名義のいかんを問わず、権利設定の対価として支払われる金銭であって返還されないものです。いわゆる権利金、礼金等賃貸借契約終了時に賃貸人から賃借人に返還されない金銭はこれにあたりますが、いわゆる敷金等賃貸借契約終了時に賃貸人から賃借人に返還される金銭はこれにあたりません。

参考資料

依頼者が至急に売却媒介等の目的を達する必要がある当の理由により特に宅建業者に依頼して掲載された広告をいいます。宅建業者が依頼に係る売買の申込みを誘引するため、みずから進んで行った広告は含みません。また、物件情報誌・ホームページ等への掲載も通常予定される費用なので媒介代理の報酬に含まれます。

じめ契約内容を十分に説明して依頼者の理解を得た上で契約を締結
し、成果物は書面で交付することが求められています。そして、宅建
業者は、上記に従って、媒介業務に係る報酬とは別にその業務に係る
報酬を受けることができます。

(4)違反した場合の措置〜監督処分では済まない？

参考資料

これは受領する行為自
体を禁止するものなの
で、宅建業者は要求し
なかったが、委託者が
好意的に最高限度額を
超える報酬額を支払
い、宅建業者がこれを
受け取る行為も禁止さ
れます。

前記の内容に違反して最高限度額を超えて報酬を受領した場合（(3)に
違反して報酬とは別に受領する場合も含む。）、指示処分、業務停止処分
の対象となり、情報が特に重い場合等は免許の取消処分を受け、100万
円以下の罰金に処せられます。

なお、宅建業者が不当に高額の報酬を要求した場合は、受領の有無を
問わず、監督処分の対象となり、1年以下の懲役または100万円以下の
罰金に処せられます。

ここではコレを覚える

過去問　11-36,40 12-35 13-37 14-37 15-33 16-33　　　17-26,43
18-30,31,33 19-30,32 20-30 21-44 22-27,31 23-34

□報酬額の制限

原則	・宅建業者は、宅地建物の売買、交換または貸借の代理または媒介に関し、前記した計算により算出したもの以外に報酬を受けることができない。
例外	・依頼者の依頼によって行う広告の料金に相当する額 ・依頼者の特別の依頼により支出を要する特別の費用に相当する額の金銭でその負担について事前に依頼者の承諾があるもの※

※　案内料・申込料は受領できないが、依頼者の特別の依頼により行う遠隔地における現
地調査や空家の特別な調査等に要する実費の費用に相当する額の金銭を依頼者から
提供された場合にこれを受領すること等はできる。

問1 宅建業者は、主たる事務所を移転したことにより、その最寄りの供託所が変更となった場合において、金銭のみをもって営業保証金を供託しているときは、従前の供託所から営業保証金を取り戻した後、移転後の最寄りの供託所に供託しなければならない。(2017)

問2 宅建業者Aから建設工事を請け負った建設業者は、Aに対する請負代金債権について、営業継続中のAが供託している営業保証金から弁済を受ける権利を有する。(2020)

問3 保証協会の社員となった宅建業者が、保証協会に加入する前に供託していた営業保証金を取り戻すときは、還付請求権者に対する公告をしなければならない。(2019)

問4 保証協会の社員である宅建業者は、取引の相手方から宅建業に係る取引に関する苦情について解決の申出が当該協会になされ、その解決のために当該協会から資料の提出の求めがあったときは、正当な理由がある場合でなければ、これを拒んではならない。(2021)

問5 保証協会に加入することは宅建業者の任意であり、1の保証協会の社員となった後に、宅建業に関し取引をした者の保護を目的として、重ねて他の保証協会の社員となることができる。(2016)

問6 保証協会は、当該保証協会の社員から弁済業務保証金分担金の納付を受けたときは、その納付を受けた額に相当する額の弁済業務保証金を当該社員の主たる事務所の最寄りの供託所に供託しなければならない。(2022)

問7 宅建業者と宅地の売買契約を締結した買主(宅建業者ではない。)は、当該宅建業者が保証協会の社員となる前にその取引により生じた債権に関し、当該保証協会が供託した弁済業務保証金について弁済を受ける権利を有する。(2022)

問8 保証協会は、弁済業務保証金から生ずる利息又は配当金、及び、弁済業務保証金準備金を弁済業務保証金の供託に充てた後に社員から納付された還付充当金は、いずれも弁済業務保証金準備金に繰り入れなければならない。(2011)

7
業務上の規制

問9 宅建業者がその業務に関して広告をするに当たり、実際のものよりも著しく優良又は有利であると人を誤認させるような表示をしてはならないが、誤認させる方法には限定がなく、宅地又は建物に係る現在又は将来の利用の制限の一部を表示しないことにより誤認させることも禁止されている。(2020)

問10 宅地の造成又は建物の建築に関する工事の完了前においては、当該工事に必要な都市計画法に基づく開発許可、建築基準法に基づく建築確認その他法令に基づく許可等の申請をした後でなければ、当該工事に係る宅地又は建物の売買その他の業務に関する広告をしてはならない。(2020)

問11 複数の区画がある宅地の売買について、宅建業者が数回に分けて広告をする場合は、広告の都度取引態様の別を明示しなければならない。(2020)

問12 宅建業者Aが、Bから自己所有の住宅の売却の媒介を依頼された。Aは、Bとの間で専任媒介契約を締結し、所定の事項を指定流通機構に登録したときは、その登録を証する書面を遅滞なくBに引き渡さなければならない。(2020)

問13 宅地(代金200万円。消費税等相当額を含まない。)の売買の代理について、通常の売買の代理と比較して現地調査等の費用が8万円(消費税等相当額を含まない。)多く要した場合、売主Bと合意していた場合には、AはBから308,000円を上限として報酬を受領することができる。(2019)

問14 宅建業者Aが、Bから売買の媒介を依頼され、Bからの特別の依頼に基づき、遠隔地への現地調査を実施した。その際、当該調査に要する特別の費用について、Bが負担することを事前に承諾していたので、Aは媒介報酬とは別に、当該調査に要した特別の費用相当額を受領することができる。(2022)

問1:(×)金銭のみなので保管替え請求しなければなりません。 問2:(×)宅建業の取引によって生じた債権とはいえません。 問3:(×)公告は不要です。 問4:(○) 問5:(×)他の保証協会の社員になることはできません。 問6:(×)法務大臣と国土交通大臣の定める供託所(東京法務局)に供託しなければなりません。 問7:(○) 問8:(○) 問9:(○) 問10:(×)許可等の処分後でなければ広告できません。 問11:(○) 問12:(○) 問13:(○) 問14:(○)

5-1 方法<重要事項の説明

契約前に契約書とは別の書面で説明します

宅建業法では、**契約前に売買・貸借等の相手方等に対して法令に基づく制限等を記載した書面の交付と説明の義務**を宅建業者に課しています。これを重要事項説明といいます。

(1)重要事項説明の方法～どうやって説明するの？

宅建業者は、**取引士**に、**物件を取得しまたは借りようとする人**に対して、**契約が成立するまでの間**に、**書面(電磁的方法によるものを含む)を交付して重要事項の説明をさせなければなりません**。

ワンポイントアドバイス

「誰の義務なのか」という点は本試験でも引っ掛かりやすい部分です。**義務を負っているのが取引士ではなく宅建業者**であることに注意しましょう。一方、取引士が負う義務は、重要事項の説明に際して、**相手方から請求がなくとも取引士証を提示**しなければならないことと、また、書面の交付にあたっては、交付する書面に記名しなければならないということです。

① 重要事項の説明～ネット上で重要事項説明もできるの？

宅建業者は、重要事項説明書面に記載した事項を、説明しなければなりません。面と向かって説明する方法以外にも、**テレビ会議等のITを活用すること**(以下、IT重説と略します)もできます。

ただし、IT重説は、以下の事項を満たしている場合に限り、対面による重要事項説明と同様に取り扱われます。

1. 取引士および重要事項の説明を受けようとする者が、図面等の書類および説明の内容について十分に理解できる程度に映像を視認でき、かつ、双方が発する音声を十分に聞き取ることができるとともに、双方向でやりとりできる環境において実施していること。

2. 取引士により記名された**重要事項説明書および添付書類**を、重要事項の説明を受けようとする者にあらかじめ**交付(電磁的方法による提供を含む)**していること。

3. 重要事項の説明を受けようとする者が、重要事項説明書および添付書類を確認しながら説明を受けることができる状態にあること並びに映像および音声の状況について、取引士が重要事項の説明を開始する前に確認していること。

それはなぜ？

ひと昔前(昭和42年以前)は、宅建業法には重要事項説明の規定はありませんでした。あったのは「重要な事項について、故意に事実を告げず、または不実のことを告げる行為」を禁止する規定でした。ただ、これでは「重要な事項」が包括的でその範囲も明確ではなく、故意を要件とするため過失による場合を規制できませんでした。購入者等に宅地建物取引に関する知識が乏しいにもかかわらず、取引物件等に関する重要な事項を明確かつ十分に説明しないまま取引を進め契約が成立した後に、都市計画法等の公法上の制限、抵当権等の第三者の権利その他の事項について当事者の認識の違いが紛争の火種となっていました。

7 業務上の規制

4. 取引士が、取引士証を提示し、重要事項の説明を受けようとする者が、その**取引士証を画面上で視認できたことを確認**していること。

なお、取引士は、ITを活用した重要事項の説明を開始した後、映像を視認できない、または音声を聞き取ることができない状況が生じた場合には、直ちに説明を中断し、その状況が解消された後に説明を再開しなければなりません。

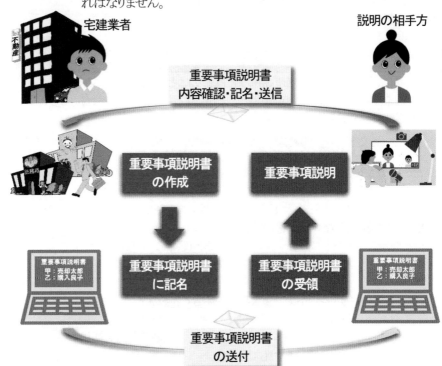

②　書面の交付〜データを送付できるの？

宅建業者は重要事項説明書面をその説明前に相手方に交付していなければなりません。ただし、**相手方の承諾を得ていれば、電磁的方法により提供**することもできます。

具体的に、電磁的方法とは以下のものをいいます。

1. 電子書面を電子メール等により提供する方法
2. 電子書面を Web ページからのダウンロード形式により提供する方法
3. 電子書面を記録した CD-ROM や USB メモリ等を交付する方法

ただ、電磁的方法による場合は、以下の基準に適合していなければなりません。

1. 相手方が相手方ファイルへの記録を出力することにより書面を作成することができるものであること。
2. ファイルに記録された記載事項について、改変が行われていないかどうかを確認することができる措置を講じていること。
3. 前記 2.に掲げる方法の場合は、記載事項を宅建業者等の使用に係るパソコン等に備えられたファイルに記録する旨、または記録した旨を相手方に対し通知するものであること。
   ただし、相手方がその記載事項を閲覧していたことを確認したときは、通知する必要がありません。
4. 書面の交付に係る取引士が明示されるものであること。

また、電磁的方法により重要事項説明書を提供する場合は、相手方が書面の状態で確認できるよう、書面に出力可能な形式で提供するとともに、相手方において、記載事項が改変されていないことを将来において確認できるよう、電子署名等の方法により、記載事項が交付された時点と、将来のある時点において、記載事項が同一であることを確認することができる措置を講じることが必要です。

なお、電磁的方法による提供であっても、取引士の記名は必要です。

③ 取引士証の提示義務～IT 重説の場合はカメラ越しに？

取引士は、重要事項説明をするときは、説明の相手方に対し、取引士証を提示しなければなりません。具体的には、取引士証を胸に着用する等により、相手方または関係者に明確に示されるようにしなければなりません。なお、提示に当たり、個人情報保護の観点から、取引士証の住所欄にシールを貼ったうえで提示することもできます。ただし、シールは容易にはがすことができるものを使用し、取引士証を汚損しないよう注意しなければなりません。

付け足し

旧姓が併記された免許証の交付を受けた日以降は、希望する者は、重要事項説明書面については旧姓を併記または旧姓を使用することができます。政令使用人も、変更届出書が受理された日以降は、同様に使用することができます。
また、重要事項説明書面に記載する代表者および政令使用人と取引士が同一人物の場合は、いずれも旧姓併記、旧姓使用または現姓使用として表記を統一するか、どちらかを旧姓併記とし、もう一方を旧姓使用または現姓使用しなければなりません。

7 業務上の規制

参考資料

IT 重説の場合、取引士は、説明の相手方が取引士証を視認できたことを確認する必要があります。たとえば、取引士証を表示させた後、説明の相手方に表示されている取引士証の氏名を読み上げてもらうこと等により、相手方が視認できていることを確認します。また、取引士は、説明の相手方に対して、自身の取引士証をカメラにかざし、その内容を相手方の画面上で確認してもらいます。そのため、説明の相手方は、少なくとも画面に表示される氏名等の文字を読むことができるほか、取引士の画面上の顔と取引士証の画面上の顔と比べて同一人物であることが確認できることも必要です。

④ 説明の相手方～誰に対して説明・交付するの？

宅建業法上、「その者が取得し、又は借りようとしている宅地又は建物に関し」重要事項説明を行い、重要事項説明書面を**交付**しなければならないことになっています。**委託関係の有無にかかわらず義務を負います。**たとえば、売主とだけ媒介契約を締結している場合でも、買主に対して重要事項説明とその書面の交付をする義務を負います。
具体的には、次の者に対して行います。

宅建業者が自ら売買または交換をする場合
・売買の買主
・交換により宅地や建物を取得しようとする者

宅建業者（代理業者・媒介業者）が売買・交換・貸借の代理、媒介をする場合
・売買の買主
・交換により宅地や建物を取得しようとする者
・貸借の借主

なお、重要事項説明は、一般の消費者を保護するための制度でもあります。したがって、説明の相手方が宅建業者の場合は、説明を省くことができます。

⑤ 違反した場合～違反するとどうなるの？

重要事項説明をしなかったり、重要事項説明書面を交付しなかったりした場合は、指示処分、業務停止処分の対象となり、情状が特に重いときは免許の取消処分の対象にもなります。ただし、重要事項説明が必要な内容について故意に事実を告げなかったり、不実のことを告げたりする場合を除き、**罰則はありません。**

(2)重要事項説明書面～相手方が宅建業者でも書面は必要？

宅建業法35条には、宅建業者が重要事項説明書面に記載しなければならない事項が列挙されています。これは、**最低限記載しなければならないものを定めたもの**なので、実際の取引では、一般消費者でもある取得希望者等に情報提供するという目的を実現するために、より多くの事項を記載し説明しています。
相手方が宅建業者でも書面の交付（電磁的方法による提供を含む）**は省略できません。**

付け足し　複数の宅建業者が関与する場合は？

媒介した全ての宅建業者に所属する取引士が連名で記名し、全ての宅建業者に重要事項説明が義務付けられています。ただし、媒介した宅建業者の中の1つの宅建業者に所属する取引士が代表で説明してもかまいません。

ワンポイントアドバイス

重要事項説明は買う側・借りる側の立場で考えると覚えやすい

重要事項説明の問題は、その方法と内容の2つの観点から出題されます。特に、内容については一朝一夕で覚えられるものではありません。ただ、「自分が買う立場だったら、自分が借りる立場だったら、事前に何を伝えてほしいのか」という観点で考え、もっともだと思った場合は本試験でも間違えることはありません。どちらか判断がつけられないな〜と思ったものだけを中心に覚えていくのが効率的です。

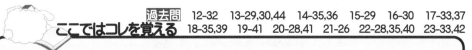

ここではコレを覚える　**過去問**　12-32　13-29,30,44　14-35,36　15-29　16-30　17-33,37
18-35,39　19-41　20-28,41　21-26　22-28,35,40　23-33,42

□相手方等が書面等の交付・説明を省くことに承諾した場合や相手方等が熟知している場合でも省略できない。

□相手方も宅建業者の場合は、説明は省略できるが、重要事項説明書面等の交付は省略できない。

□重要事項説明と重要事項説明書面等への記名は、取引士にさせればよく、事務所等における専任である必要はない。

□説明しない場合は無過失でも監督処分の対象になる。

□重要事項説明書面等の作成は取引士以外でもよい。

□IT重説は、相手方の承諾を必要する。

(1)すべての取引で記載するもの

①登記された権利の種類および内容ならびに登記名義人または登記簿の表題部に記録された所有者の氏名(法人にあっては、その名称)

登記には原則として対抗要件しかないといえども、ちゃんと登記されていないような不動産は、「本当に売主・貸主のものなのかな?」と不安になると思います。登記されている権利がなければ、「ない」と記載します。なお、移転登記の申請時期までは記載する必要がありません。

②飲用水、電気およびガスの供給ならびに排水のための施設の整備の状況(これらの施設が整備されていない場合においては、その整備の見通しおよびその整備についての特別の負担に関する事項)

これらインフラ整備が整っていない場合は生活が困難になります。ガス配管設備等については、都市ガスかプロパンガスかで後でもめることがよくあるので、その種類までも記載する必要があります。

③工事の完了時における形状・構造(図面が必要なときは、図面を添付)

宅地	造成工事完了時におけるその宅地に接する道路の構造および幅員
建物	工事完了時におけるその建物の主要構造部、内装および外装の構造または仕上げならびに設備の設置および構造

④代金、交換差金および借賃以外に授受される金銭の額および当該金銭の授受の目的

いろいろな名目で趣旨不明の金銭を要求するトラブル事例が多いので定められたものです。ない場合は「ない」と記載しなければなりません。なお、37条書面(契約書面)にも同様の内容を記載しますが、さらに授受の時期も記載するようになっています。

⑤契約の解除に関する事項

手付解除、ローン解除、合意解除等の定めです。ない場合は「ない」と記載しなければなりません。
なお、37条書面(契約書面)にも同様の内容を記載します。

⑥損害賠償額の予定または違約金に関する事項

損害賠償額の予定や違約金は、代金の10%〜20%相当の多額な約定をすることが多いので、契約当事者に対して、あらかじめそのリスクを認識してもらう必要があります。ない場合は「ない」と記載しなければなりません。なお、37条書面(契約書面)にも同様の内容を記載します。

用語

代金、交換差金および借賃以外に授受される金銭…売買における手付金等、賃貸借における敷金、保証金、礼金、権利金、更新料等を指します。

⑦**支払金または預り金を受領しようとする場合において、保証協会が行う一般保証業務等の保全措置を講ずるかどうか、およびその措置を講ずる場合におけるその措置の概要**

措置を講じない場合は「**講じない**」旨を記載しなければなりません。

ただし、①受領する額が 50 万円未満のもの、②保全措置が講ぜられている手付金等、③売主または交換の当事者である宅建業者が登記以後に受領するもの、④報酬のいずれかに当てはまる場合は記載する必要がありません。

⑧**宅地造成及び特定盛土等規制法により指定された造成宅地防災区域内にあるときはその旨**

造成宅地防災区域とは、造成された一団の宅地のうち、地震等によって地盤の滑動などの災害が発生する恐れが大きいとして指定される区域をいいます。

⑨**土砂災害警戒区域等における土砂災害防止対策の推進に関する法律により指定された土砂災害警戒区域内にあるときはその旨**

土砂災害警戒区域とは、土砂災害が発生した場合、住民の生命または身体に危害が生ずるおそれがあると認められる土地の区域で、警戒避難体制を特に整備すべき土地の区域です。

⑩**津波防災地域づくりに関する法律により指定された津波災害警戒区域内にあるときはその旨**

津波災害警戒区域とは、津波が発生した場合に住民等の生命または身体に危害が生ずるおそれがあり、津波による人的災害を防止するために警戒避難体制を特に整備すべきとして指定された土地の区域をいいます。

⑪**水防法施行規則 11 条 1 号の規定により当該宅地または建物が所在する市町村の長が提供する図面に当該宅地または建物の位置が表示されているときは、当該図面における当該宅地又は建物の所在地**

用語

支払金または預り金…代金、交換差金、借賃、権利金、敷金その他いかなる名義をもって授受されるかを問わず、宅建業者の相手方等からその取引の対象となる宅地または建物に関し受領する金銭をいいます。

7 業務上の規制

参考資料

水害ハザードマップ上のどこに所在するかについて消費者に確認せしめるもので、取引の対象となる宅地建物の位置を含む水害ハザードマップを、洪水・内水・高潮のそれぞれについて提示し、その宅地建物の概ねの位置を示します。

ここではコレを覚える

過去問 12-30 13-30,33 14-34,35 15-32 16-36 17-41 18-35 19-39,41 20-31 21-33 22-34,36

□登記された権利の種類および内容ならびに登記名義人または登記簿の表題部に記録された所有者の氏名（法人にあっては、その名称）は記載するが、移転登記の申請時期までは記載する必要がない。

□代金、交換差金および借賃以外に授受される金銭の額および当該金銭の授受の目的を記載するが、授受の時期は記載不要。

□造成宅地防災区域内、土砂災害警戒区域内、津波災害警戒区域内にある旨はすべての取引で記載が必要である。

（2）建物の貸借では記載しなくてよいもの

①都市計画法、建築基準法等に基づく制限に関する事項の概要

たとえば、都市計画法上の建築制限や建築基準法上の用途地域等の規制、防火地域・準防火地域内の規制、容積率および建蔽率の制限の概要等です。

なお、単に法令名、条文の記載、法的規制の種類や名称等を記載するだけでは<u>不十分</u>です。

付け足し

都市計画法・建築基準法以外にも多くの法令上の制限が重要事項説明書面の記載内容となっています。その中でも、下巻の法令上の制限の編にまとめている土地区画整理法、農地法、国土利用計画法、宅地造成及び特定盛土等規制法が重要です。それ以外の法令については受験対策としては深入り注意です。

②急傾斜地の崩壊による災害の防止に関する法律における急傾斜地崩壊危険区域内にある旨および立木竹の伐採には都道府県知事等の許可を受けなければならないこと

③津波防災地域づくりに関する法律における津波防護施設区域における行為の制限、指定津波防護施設の改築等についての届出、指定避難施設に関する届出、管理協定の効力の概要

なお、津波災害警戒区域内にある旨は建物貸借の場合にも記載が必要なことと混同しないようにしましょう。

④私道に関する負担に関する事項

私道には、建築基準法上の道路位置指定を受けた道路、通行地役権が存在する通路、袋地の場合は隣地通行権、賃借権・使用貸借（無償）による通行権等があります。負担がない場合は「**ない**」と記載する必要があります。

⑤長期優良住宅の普及の促進に関する法律における容積率の特例

その敷地面積が政令で定める規模以上である住宅のうち、認定長期優良住宅建築等計画に基づく建築に係る住宅であって、特定行政庁が交通上、安全上、防火上及び衛生上支障がなく、かつ、その建蔽率、容積率及び各部分の高さについて総合的な配慮がなされていることにより市街地の環境の整備改善に資すると認めて許可したものの容積率は、その許可の範囲内において、法定の限度を超えることができます。

参考資料

買主（借主）が契約を締結するかどうかを判断するに必要な情報を収集、提供することがその目的なので、宅地建物がどのような建築制限、工事制限、利用制限等の法令上の制限を受けるかについて具体的に調査、記載する必要があります。

用語

私道に関する負担…他人が通行するために土地の一部を提供したり、通行のために負担金を支払ったりすることをいいます。

付け足し 法令上の制限事項の特殊なもの

法令名	記載内容	宅地		建物	
		売買	貸借	売買	貸借
新住宅市街地開発法	31 条(新住宅市街地開発事業により造成された宅地における建築義務)	必要	不要	必要	不要
	32 条 1 項(造成宅地等に関する権利の処分の制限)	必要	必要	必要	必要
新都市基盤整備法	39 条(新都市基盤整備事業に係る土地整理における仮換地指定に伴う従前の宅地の使用収益の制限)(使用収益停止処分に伴う使用収益の制限)	必要	必要	必要	不要
	50 条(建築物の建築義務)	必要	不要	必要	不要
	51 条 1 項(開発誘導地区内の土地等に関する権利の処分の制限)	必要	必要	必要	必要
流通業務市街地の整備に関する法律	5 条 1 項(流通業務地区内における流通業務施設以外の施設の建設等の制限)	必要	必要	必要	不要
	37 条 1 項(流通業務団地造成事業により造成された敷地における流通業務施設の建設義務)	必要	不要	必要	不要
	38 条 1 項(造成敷地等の処分の制限)	必要	必要	必要	必要

7 業務上の規制

ここではコレを覚える

過去問 13-33,36 15-31 16-36 17-33 19-41 21-36

□容積率・建蔽率は建物の貸借の媒介・代理においては記載不要。

□津波防護施設区域における行為の制限、指定津波防護施設の改築等についての届出、指定避難施設に関する届出、管理協定の効力の概要は、建物の貸借の媒介・代理においては記載不要であるが、津波災害警戒区域内にある旨は建物貸借の場合にも記載が必要である。

（3）宅地建物の売買の場合に記載が必要なもの

①手付金等を受領しようとする場合における保全措置の概要

自ら売主制限の１つで、宅建業者が一定額以上の手付金等を、**宅建業者ではない買主**から受領するには、銀行等を保証人とする等の保全措置を必要とするものです。**買主はこのような保全措置について知識がないのが普通**なので、買主に事前に理解させておく必要があり、記載事項となっています。

②代金または交換差金に関する金銭の貸借のあっせんの内容およびそのあっせんに係る金銭の貸借が成立しないときの措置

宅地建物の売買では買主が金融機関から住宅ローンの融資を受けて代金または一部に充当することが普通です。買主自ら金融機関と交渉して融資を受ける場合もありますが、売主業者や媒介業者から金融機関のあっせんを受けて、金銭消費貸借契約を結ぶ場合もあります。この場合、**買主の所得等の理由で融資が受けられないときもあるので、買主に売買契約を無条件で解除することができるとの「ローン特約解除」を定めておくことが普通**です。

あっせんしない場合は「**しない**」と記載しなければなりません。

なお、37条書面（契約書面）にも同様の内容を記載します。

③宅地または建物が種類または品質に関して契約の内容に適合しない場合におけるその不適合を担保すべき責任の履行に関し保証保険契約の締結その他の措置で国土交通省令・内閣府令で定めるものを講ずるかどうか、およびその措置を講ずる場合におけるその措置の概要

国土交通省令・内閣府令で定める措置とは、①宅地または建物の不適合を担保すべき責任の履行に関する保証保険契約または責任保険契約の締結、②宅地または建物の不適合を担保すべき責任の履行に関する保証保険または責任保険を付保することを委託する契約の締結、③宅地または建物の不適合を担保すべき責任の履行に関する債務について銀行等が連帯して保証することを委託する契約の締結のうちのいずれかをいいます。

分譲マンションが耐震偽装等により耐震補強工事や建替えが必要となった場合、**買主が担保責任を追及しても、売主業者が資金不足で損害を填補できないことがほとんど**なので、記載事項となっています。

なお、37条書面（契約書面）にも同様の内容を記載します。

ここではコレを覚える 過去問 12-32 14-34 17-33 18-35

□代金等の貸借のあっせんの内容およびそのあっせんに係る金銭の貸借が成立しないときの措置と、担保責任の保証保険契約の締結等の概要は、37条書面にも記載する。

(4)宅地建物の貸借の場合に記載が必要なもの

①契約期間および契約の更新に関する事項

②借地借家法に規定する定期借地権の適用を受けるものを設定しようとするとき、または定期建物賃貸借もしくは高齢者の居住の安定確保に関する法律の規定の適用を受ける終身建物賃貸借をしようとするときは、その旨

③宅地または建物の用途その他の利用に係る制限に関する事項（建物が区分所有権の目的である場合は、専有部分の用途その他の利用の制限に関する規約の定めの内容を除く）

④敷金その他いかなる名義をもって授受されるかを問わず、契約終了時において精算することとされている金銭の精算に関する事項

賃貸借契約成立時に賃借人が賃貸人に敷金を差し入れた場合、明渡し後に返還する敷金から通常損耗分の原状回復費用に充てるため一定の額を敷引として控除した上で残額を返還する特約（**敷引特約**）がされる場合があります。この特約は、**賃借人が契約を結ぶ際の重要な判断基準**となります。なお、敷金の保管方法についてまでは記載する必要がありませんが、どのように精算するかについては記載しなければなりません。

⑤宅地または建物（区分所有建物を除く）の管理が委託されているときは、その委託を受けている者の氏名（法人にあっては、その商号または名称）および住所（法人にあっては、その主たる事務所の所在地）

アパート等の賃貸においては、賃貸住宅の管理業務等の適正化に関する法律2条1項の賃貸住宅を取引の対象とする場合には、重要事項説明書に管理業務の委託を受けた者の氏名（法人にあってはその商号または名称）、住所（法人にあってはその主たる事務所の所在地）および登録番号を記載し、その旨説明しなければなりません。

用語

終身建物賃貸借…
借主の死亡のときまで存続し、借主が死亡したときに終了する建物の賃貸借契約をいいます。「高齢者の居住の安定確保に関する法律」によって認められた賃貸借契約で、この契約を締結する事業者は、住宅のバリアフリー化や前払い家賃の保全措置を講じるなど、一定の条件を満たした上で都道府県知事の認可を得なければなりません。また、契約は公正証書等書面によらなければなりません。

7 業務上の規制

ここではコレを覚える 過去問 15-32 19-41 20-44 21-36

□借地借家法に規定する定期借地権の適用を受けるものを設定しようとするとき、または定期建物賃貸借もしくは高齢者の居住の安定確保に関する法律の規定の適用を受ける終身建物賃貸借をしようとするときは、その旨を記載する。

(5)建物の売買と貸借で記載が必要なもの

①建物について、石綿の使用の有無の調査の結果が記録されているときは、その内容

石綿(アスベスト)は、防火・防音・断熱用の建築材料として使用されていましたが、現在は使用が禁止されています。ただ、規制前の建物などにはまだ使用されているものもあるので記載事項となっています。

「その内容」というのは、調査の実施機関、調査の範囲、調査年月日、石綿の使用の有無と石綿の使用の箇所をいいます。

ただし、記録が存在しなかったり、調査記録があっても不完全であったりして、売主、管理業者、施工会社等に補足情報の告知を求め、それでもなお判明しないときはその旨を説明すればよいことになっています。

②建物(昭和56年6月1日以降に新築の工事に着手したものを除く。)が建築物の耐震改修の促進に関する法律に規定する基本方針のうち法定の技術上の指針となるべき事項に基づいて、一定の有資格者等が行う耐震診断を受けたものであるときは、その内容

耐震診断とは、地震に対する安全性を評価することをいいます。昭和56年6月1日に法改正がされ、新耐震基準に基づいて建築物が設計施工されるようになりました。その後、平成7年の阪神・淡路大震災で昭和56年以前の旧耐震基準による建築物の被害が甚大だったので、その後、「建築物の耐震改修の促進に関する法律」が制定されました。

なお、宅建業者に耐震診断を実施する義務まではありません。

③建物が既存の建物であるときは、建物状況調査を実施しているかどうか、および実施している場合におけるその結果の概要

建物状況調査の結果の概要とは、建物状況調査を実施した建築士(既存住宅状況調査技術者)により作成される、調査対象部位ごとの劣化事象等の有無などが記載された書面をいいます。

なお、宅建業者に建物状況調査をする義務はありません。

(6)建物の売買で記載が必要なもの

①設計図書、点検記録その他の建物の建築および維持保全の状況に関する書類の保存の状況

なお、保存の有無について記載すればよく、それぞれの書類に記載されている内容についてまでは記載する必要はありません。

②建物が住宅の品質確保の促進等に関する法律に規定する住宅性能評価を受けた新築住宅であるときは、その旨

住宅性能評価制度を利用した新築住宅である旨を記載するだけでは不十分です。その内容を買主等が理解できるようにしなければなりません。ただ、その評価の具体的内容まで記載する義務まではありません。

参考資料

建物状況調査についての記載が必要となるものは、その実施後1年(鉄筋コンクリート造または鉄骨鉄筋コンクリート造の共同住宅等(住宅品質確保法施行規則に規定する共同住宅等)にあっては2年)を経過していないものに限られます。

参考資料

住宅ローンの借入、既存住宅売買瑕疵保険の付保、居住開始後のリフォームやメンテナンスの実施等のために必要となる書類として、「建築基準法令に適合していることを証明する書類」、「新耐震基準への適合性を確認できる書類」、「新築時及び増改築時に作成された設計図書類」、「新築時以降に行われた調査点検に関する実施報告書類」に該当する書類が重要事項説明の対象となります。

(7)建物の貸借で記載が必要なもの

①台所、浴室、便所その他の建物の設備の整備の状況

賃貸物件の場合は、貸主の承諾なく賃貸物件の設備を変更できないので、重要事項説明書面に記載する必要があります。

なお、**事業用でも居住用でも記載が必要**です。

(8)宅地の貸借で記載が必要なもの

①契約終了時におけるその宅地の上の建物の取壊しに関する事項を定めようとするときは、その内容

宅地の貸借においては、**定期借地権**のように、賃貸借契約の期間満了の場合に契約の更新および建物の築造による存続期間の延長、建物買取請求権がない賃貸借契約においては、**契約終了によって土地上の建物を取り壊して原状に復してこれを返還する必要が生じる**ので、その内容を記載しなければなりません。

ここではコレを覚える

| 過去問 | 11-32 | 12-30 | 14-34 | 18-27,35,39 |
| | 19-28,39 | 20-31,44 | 21-36 | 22-34,36 |

□建物が既存の建物であるときは、**建物状況調査**(実施後 1 年(鉄筋コンクリート造または鉄骨鉄筋コンクリート造の共同住宅等にあっては 2 年)を経過していないものに限る)を実施しているかどうか、および実施している場合におけるその結果の概要は、**建物の貸借でも記載が必要**であるが、物件の状況調査をする義務まではない。

□昭和56年5月31日以前に建築された建物が耐震診断を受けたものであるときはその内容を記載するが、宅建業者が耐震診断を実施する義務まではない。

(9)区分所有建物の場合の追加事項

区分所有建物というのはマンションのことです。詳しくは本書の権利関係編で詳しく説明します。区分所有建物ならではの特徴もあるので、これまで説明した内容に追加して、説明する内容があります。

《売買だけでなく貸借でも記載すべきもの》

①専有部分の用途その他の利用の制限に関する規約の定め(案を含む)があるときは、その内容

たとえば、居住用以外への用途使用の禁止、ペット飼育禁止等が典型です。規約は、区分所有者(買主等)だけでなく、**占有者(借主等)にも効力が及ぶ**ので、貸借の場合にも記載が必要となっています。

②一棟の建物およびその敷地の管理が委託されているときは、その委託を受けている者の氏名(法人にあっては、その商号または名称)および住所(法人にあっては、その主たる事務所の所在地)

マンションの管理がきちんと行われるかどうかは、**良好な居住環境の確**

それはなぜ？

区分所有建物は一戸建ての建物とは異なり、一棟の建物の構造上区分された数個の部分が独立して取引の対象となり、一棟の建物のうち専有部分と共用部分とがある等権利関係が複雑であり、さらに、相当な量にのぼる規約その他の定めが存します。これらの事項はいずれも個々の取引において買主や

借主がその条件で契約を結ぶかどうかを判断するにあたり、その意思決定に影響を与える事項なので、特に追加して記載するものとなっています。

保に重大な影響を与えます。その管理が委託されている場合は、委託を受けた者が誰なのかは重要です。ただし、**委託された業務の内容までは記載する必要がありません。**

なお、管理を受託している者が、マンションの管理の適正化の推進に関する法律44条の登録を受けている者である場合には、その登録番号も記載しなければなりません。

《貸借の場合には記載する必要がないもの》

①一棟の建物の敷地に関する権利の種類、内容

一棟の建物の敷地とは、建物が所在する土地とその土地と一体として管理・使用する庭や通路その他規約敷地をいいます。権利の種類には、所有権、地上権、賃借権等があります。権利の内容については、地上権や借地権の存続期間、定期借地権の場合は更新がなく建物買取請求権もないこと等を記載します。

②共用部分に関する規約の定め（案を含む）があるときは、その内容

共用部分とは、専有部分以外の建物の部分等をいいます。集会室や管理人室等に関する規約などが典型例です。

なお、規約の定めは、相当な量になるので、記載に代えて規約等を別に添付することも可能です。

③一棟の建物またはその敷地の一部を特定の者にのみ使用を許す旨の規約（これに類するものを含む）の定め（案を含む）があるときは、その内容

1階住戸の専用庭や専有部分である各住戸に設置されているバルコニー等敷地と共用部分等の一部について、特定の区分所有者が排他的に使用できる権利を**専用使用権**といいます。ただし、その**使用者の氏名および住所までは記載する必要がありません。**

④一棟の建物の計画的な維持修繕のための費用、通常の管理費用、その他の建物の所有者が負担しなければならない費用を特定の者のみ減免する旨の特約の定め（案を含む）があるときは、その内容

新築分譲マンションの場合は、分譲開始時点では管理組合が機能していないので、売主の宅建業者等が管理規約を作り、管理組合が承認するという方法が一般です。その際、売主の宅建業者には管理費・修繕積立金の負担を免除する規約を定めることがあります。したがって、**買主が減免対象者であるか否かに関係なく記載する必要があります。**

⑤一棟の建物の計画的な維持修繕のための費用の積立てを行う旨の規約の定め(案を含む)があるときは、その内容とすでに積み立てられている額

修繕積立金は大規模修繕等に備えて計画的に徴収する準備金です。修繕積立金に滞納がある場合には、その額によっては、大規模修繕自体ができなくなるおそれがあります。したがって、できる限り直近の数値(直前の決算期における額等)の時点を明示して記載し、**滞納があるときはその額を告げなければなりません。**

⑥建物の所有者が負担しなければならない通常の管理費用の額

管理費用とは、区分所有建物の日常的な維持管理に充てられる費用をいいます。滞納がある場合には、買主は売主と連帯して支払う義務を負うことになるので、修繕積立金と同じく管理費用についても、月々の管理費だけでなく、**滞納管理費等の有無、額を記載**しなければなりません。

⑦一棟の建物の維持修繕の実施状況が記録されているときは、その内容

分譲マンションが適正に維持修繕されているかどうかはその財産的価値、居住環境に影響を与えるので、その物件を購入するにあたっては重要な判断基準となります。そこで、維持修繕の実施状況の記録が記載事項となっています。

付け足し

上記以外にも割賦販売及び信託受益権に関する事項も重要事項説明の対象になっています。出題頻度が低いので割愛します。

参考資料

中古マンションの場合はその記録が保存されていないものもあり、その調査義務まで宅建業者に課すことは酷なので、管理業者や売主に照会の上、存在しないことが確認された場合は、「記録されていない」旨を記載すればよいことになっています。

ここではコレを覚える

過去問 13-29,33 14-34 16-36 17-41 19-28 20-31,44

□専有部分の用途制限と管理の受託者の氏名と住所は、貸借の媒介でも記載が必要であるが、管理の業務の内容までは記載不要。
□専有部分の用途制限は貸借でも記載が必要であるが、共用部分に関する規約の定めは貸借の場合は記載不要。

6 供託所等に関する説明

重要事項説明とは別に供託所の情報を伝えます

頻出度 **B**

学習時間 **5分**

宅建業者は、事前に営業保証金や弁済業務保証金についての情報を相手方に伝えなければなりません。

それはなぜ？

宅建業者と取引したお客さんは、万一、取引上の事故で損失を被ったときには、供託所に還付を求めることができます。しかし、一般の人はそのような制度を知らないのが普通だからです。

(1)重要事項説明書面に記載するの？

法律上は重要事項説明の内容とはされていません。したがって、取引士に説明させる義務もなければ、重要事項説明のように書面を交付する義務もありません。

(2)供託した額は説明しなくてもいいの？

供託所等について、以下の表の内容を説明しなければなりません。なお、**供託した額までは説明する必要がありません。**

営業保証金を供託	保証協会に加入
①営業保証金を供託した主たる事務所の最寄りの供託所 ②その所在地	①社員である旨 ②当該一般社団法人(保証協会)の名称 ③住所および事務所の所在地 ④保証協会が弁済業務保証金を供託した供託所およびその所在地

(3)相手方が宅建業者の場合は説明不要？

重要事項説明と同じく、**相手方が宅建業者の場合は説明する必要がありません。**

(4)説明しないとどうなるの？

供託所等の説明義務に違反した場合は、指示処分の対象となります。

ここではコレを覚える 過去問 12-33　13-29,36　18-28

□供託した額までは説明する必要がない。
□相手方が宅建業者の場合は説明不要。

7 契約締結等の時期の制限

建築確認後でないと売却できないが貸借はできます

学習時間 **10分**

重要事項説明を終えれば契約する段階に入ります。民法の原則では、いつ誰とどのような契約をするのも当事者の自由なのですが、**宅建業者が不動産取引に関わるといろいろと制約があります。**契約締結時期の制限と、契約書面に関する規制があります。

まずは、契約締結時期の制限からです。

(1)建築確認前に売買できなくても貸借はできる?

宅建業者は、宅地の造成または建物の建築に関する**工事の完了前**においては、その工事に関し必要とされる都市計画法上の開発許可、建築基準法上の**建築確認その他法令に基づく許可等の処分等があった後**でなければ、その工事に係る宅地または建物につき、**自ら当事者**として、もしくは当事者を**代理して**その売買もしくは交換の契約を締結し、またはその売買もしくは交換の**媒介をしてはなりません。**

したがって、**賃貸借契約についてはこのような制限がありません。**

(2)宅建業者間の取引でも適用される?

契約締結時期の制限の規定は、**宅建業者間の取引にも適用されます。**また、宅建業者ではない人から、宅建業者が未完成物件を購入する場合にも適用されます。というのは、この規定が買主を保護するためだけのものではなく、**未完成物件の売買等による取引紛争を防止し取引の公正を確保するため**の業務規制だからです。

(3)違反した場合

契約締結時期の制限の規定に違反した場合、指示処分、業務停止処分の対象となり、情状が特に重いときは免許の取消処分を受けることがあります。

なお、未完成物件の広告開始時期の制限に違反した場合は指示処分にとどまる点とは大きな違いです。

参考資料

宅地造成等の許可や建築確認を受けたときに売買契約の効力が発生するとの停止条件付き売買契約を締結することは、その許可等の処分があるまでに売買契約を締結することに変わりないので、違法となります。

ワンポイントアドバイス

宅建試験では、この契約締結時期の制限は、広告時期の制限との複合問題で出題されています。さらに、37条書面や重要事項説明書面まで含めた複雑な問題もあります。しっかりと整理して記憶しておく必要があります。

付け足し 広告開始時期と契約締結時期の比較

	広告開始時期の制限	契約締結時期の制限
制限時期	建物の建築(あるいは宅地造成)に関する工事の完了前では、その工事に必要な確認(あるいは許可)があるまで	
制限対象	すべての取引	売買・交換およびその媒介・代理(貸借は含まない)

ここではコレを覚える 過去問 13-32 14-30 15-37 18-28 19-35

□宅建業者は、宅地の造成または建物の建築に関する工事の完了前においては、その工事に関し必要とされる都市計画法上の開発許可、建築基準法上の建築確認その他法令に基づく許可等の処分等があった後でなければ、その工事に係る宅地または建物につき、自ら当事者として、もしくは当事者を代理してその売買もしくは交換の契約を締結し、またはその売買もしくは交換の媒介をしてはならない。

□賃貸借契約についてはこのような制限がない。

8 37条書面の交付

契約したら書面の交付が必要です

 学習時間 60分

売買契約、交換契約、賃貸借契約はすべて**諾成契約**です。つまり、契約の成立に契約書の作成や引渡し等は不要で、原則として口約束だけで成立します。宅建業者がこれらの取引に関わった場合でもこの原則は変わりません。

しかし、**宅建業者には、宅建業法で決められた内容を記載した書面等**(37条書面といいます)を交付する義務が課せられています。契約自体は口約束でも成立するのですが、宅建業者が37条書面を交付しないと監督処分に処せられるという仕組みです。

(1)交付の相手方～37条書面は誰に交付するの？

場合分けして説明します。

> **宅建業者が自ら売買、交換の当事者として契約を締結したとき**
> 37条書面を交付する義務を負うのは、**売主業者、買主業者、交換の当事者となる宅建業者**で、交付すべき相手方は契約の相手方です。

> **宅建業者が当事者を代理して売買、交換、貸借の契約を締結したとき**
> 37条書面を交付する義務を負うのは**代理業者**で、交付すべき相手方は契約の相手方および代理を依頼した者です。

> **宅建業者が媒介して売買、交換、貸借の契約を成立させたとき**
> 37条書面を交付する義務を負うのは**媒介業者**で、交付すべき相手方はその契約の各当事者です。

(2)相手方が宅建業者でも37条書面は交付するの？

37条書面の交付は**宅建業者間の取引についても適用されます**。当事者の合意があっても省略できません。

(3)交付時期～いつまでに37書面を交付するの？

契約を締結したときに、遅滞なく、37条書面を交付しなければなりません。契約を締結したときとは、当事者の契約に向けての意思が確定的に合致したときです。

(4)記名～取引士の説明はいらないが記名が必要？

宅建業者は、相手方等に交付すべき書面を作成したときは、**取引士をして、その書面に記名**させなければなりません。交付義務を負うのは宅建業者です。

用語

諾成(だくせい)契約…当事者の合意によって成立する契約をいいます。

参考資料

相手方等(左の(1)に記載の交付する相手方)の承諾を得て、書面に代えて電磁的方法によることができます。その場合は、相手方が書面の状態で確認できるよう、書面に出力可能な形式で提供するとともに、相手方において、記載事項が改変されていないことを将来において確認できるよう、電子署名等の方法により、記載事項が交付された時点と、将来のある時点において、記載事項が同一であることを確認することができる措置を講じることが必要です。

 それはなぜ？

取引士の記名を義務付けたのは、当事者間で成立した契約内容を明確にして、取引紛争を防止するためです。

7 業務上の規制

付け足し

事業用定期借地権の場合は公正証書によって契約する必要があるので、そこに媒介業者の記名や取引士の記名はできません。そのような場合は、契約書とは別に37条書面を作成して交付する必要があります。

(5)37条書面のルールに違反した場合

37条書面を交付しなかった場合は、指示処分、業務停止処分の対象となり、情状が特に重いときは免許の取消処分を受けることがあります。

取引士に記名させなかった場合は指示処分の対象となります。

これらに違反した場合は、50万円以下の罰金に処せられます。

ここではコレを覚える

過去問 11-34 12-31 13-31,36 14-40,42 16-30,41,42 17-38,40 18-28,29 19-34 20-33,37 21-41 22-35,44 23-43

方式	□取引士の記名 ⇒賃貸借契約で貸主・借主双方に別々の宅建業者が媒介・代理した場合でも、媒介・代理をした宅建業者の全てに、貸主・借主の双方に37条書面を交付する義務がある。
注意点	□書面の交付時に説明義務はない。仮に説明する場合でも取引士にさせる義務はない。 □重要事項説明書面を交付していても37条書面は省略できない。 □書面の交付は取引士にさせる義務はない。 □取引士本人が記名しなければならない。
交付の相手方	□自ら売主のとき…買主 □交換の当事者のとき…相手方 □媒介・代理のとき…両当事者

(6)必要的記載事項〜37条書面に必ず記載すべきものは？

以下の表に記載する事項は、**契約当事者間で定めて**、37 条書面に必ず記載しなければなりません。

売買・交換の場合	貸借の場合
①当事者の氏名・住所	
②物件を特定するために必要な表示 ⇒工事完了前の建物については、重要事項の説明の時に使用した図書を交付することにより行います。	
③既存建物であるときは、建物の構造耐力上主要な部分等の状況について<u>当事者の双方が確認した事項</u>	記載の必要なし
④物件の引渡時期	
⑤代金・交換差金・借賃の額、支払時期、支払方法	
⑥移転登記の申請時期	記載の必要なし

 付け足し 当事者の双方が確認した事項について

前記の用語にある資料以外の場合は、「なし」と記載しなければなりません。ただし、当事者の双方が写真や告知書等をもとに既存住宅の状況を客観的に確認し、その内容を価格交渉や担保責任の免除に反映した場合等、既存住宅の状況が実態的に明らかに確認されるものであり、かつ、それが法的にも契約の内容を構成していると考えられる場合には、その事項を「当事者の双方が確認した事項」として書面に記載することもできます。また、重要事項説明時点において調査を実施してから 1 年以内であった建物状況調査が、売買契約締結時点において実施後 1 年を経過していた場合であっても、売主および買主が重要事項説明時点で確認した事項であり、37 条書面への記載が必要となります。

7

業務上の規制

 用語

当事者の双方が確認した事項…原則として、建物状況調査等、既存住宅について専門的な第三者による調査が行われ、その調査結果の概要を重要事項として宅建業者が説明した上で契約締結に至った場合のその「調査結果の概要」をいいます。

(7)任意的記載事項～定めがあれば必ず記載すべきものは？

以下の表に記載する事項は、**契約当事者間で定めがあれば**、37条書面に必ず記載しなければなりません。

売買・交換の場合	貸借の場合
⑦代金、交換差金・借賃以外の金銭の額、授受時期、授受目的	
⑧契約の解除に関する定めの内容	
⑨損害賠償額の予定、違約金に関する定めの内容	
⑩天災その他不可抗力による損害の負担(危険負担)に関する定めの内容	
⑪代金・交換差金についての金銭の貸借のあっせんの定めがあるときは、その不成立のときの措置	
⑫種類・品質に関する契約不適合責任の内容	記載の必要なし
⑬租税その他の公課の負担に関する定めの内容	
⑭契約不適合責任の履行に関し講ずべき保証保険契約の締結その他の措置の内容	

* ④⑤⑥⑩⑫⑬は重要事項説明書面では記載事項となっていない点に注意が必要です。

付け足し 定期借地権設定契約である旨の書面化

定期借地権設定契約のうち、一般定期借地権に係る更新等をしない旨の特約は公正証書等の書面によって、また、事業用借地権の設定契約は必ず公正証書によってしなければ、取引当事者の意図に反して普通借地権として扱われてしまうため、代理または媒介を行う宅建業者は、取引当事者に対し、その点の注意を喚起しなければなりません。

また、宅建業者の代理または媒介により定期借地権設定契約が成立したときは、当該定期借地権等の内容を37条書面に記載することが望ましいとされています。

付け足し

37条書面における旧姓使用の取扱いについて

旧姓が併記された免許証の交付を受けた日以降は、希望する者は、37条書面については旧姓を併記または旧姓を使用することができます。政令使用人も、変更届出書が受理された日以降は、同様に使用することができます。また、37条書面に記載する代表者および政令使用人と取引士が同一人物の場合は、いずれも旧姓併記、旧姓使用または現姓使用として表記を統一するか、どちらかを旧姓併記とし、もう一方を旧姓使用または現姓使用しなければなりません。

ここではコレを覚える

過去問 11-34 12-31 13-31,35,36 14-40,42 15-38 16-39,42 17-38,40 18-27,34 19-34,36 20-33,37 21-37 22-32,44 23-27

□当事者の氏名・住所は記載するが、保証人の氏名・住所は記載義務がない。
□既存建物であるときは、建物の構造耐力上主要な部分等の状況について当事者の双方が確認した事項を記載する。
□移転登記の申請時期は記載するが、登記の内容までは記載義務はない。

9 その他の業務上の規制

宅建業者が守るべきその他のルール

(1)契約締結の誘引～売れれば何でもOKでは済まされない？

①断定的判断の提供行為

宅建業者または代理人・使用人・その他の従業者は、宅建業に係る契約の締結の勧誘をするに際し、その相手方等に対し、<u>利益を生ずることが確実</u>であるとか、契約の目的物である宅地建物の<u>将来の環境や交通その他の利便について誤解させるべき断定的判断を提供</u>する行為をしてはなりません。

なお、断定的判断の提供行為は、**故意である必要がありません**。

> 都心の物件は10年後も同じ値段で売れます！

具体例

「この物件を購入したら、一定期間、確実に収入が得られる。損はしない。」、「将来南側に5階建て以上の建物が建つ予定は全くない」、などと告げることにより勧誘する場合が典型例です。

②契約締結を判断する時間を与えることを拒む行為

宅建業者または代理人・使用人・その他の従業者は、宅建業に係る契約の締結の勧誘をするに際し、正当な理由なく、契約を締結するかどうかを判断するために**必要な時間を与えることを拒む**ことをしてはなりません。つまり、契約の締結を不当に急がせる行為を禁止しています。

③宅建業者の名称、勧誘目的不告知の下での勧誘行為

宅建業者または代理人・使用人・その他の従業者は、宅建業に係る契約の締結の**勧誘に先立って**宅建業者の商号や名称および**勧誘を行う者の氏名**ならびに<u>契約の締結について勧誘をする目的である旨</u>を告げずに、勧誘を行うことをしてはなりません。

具体例

アンケート調査をするかのように装って電話をする等、契約締結を勧誘する意図を告げないことなどです。

④契約締結をしない意思を表示した相手方に対する勧誘継続

宅建業者または代理人・使用人・その他の従業者は、宅建業に係る契約の締結の勧誘をするに際し、宅建業者の相手方等が契約を締結しない旨の意思(勧誘を引き続き受けることを希望しない旨の意思を含む)を表示したにもかかわらず、勧誘を継続することをしてはなりません。

勧誘担当者を別の者に変更しても許されません。

⑤迷惑時間の電話・訪問

宅建業者または代理人・使用人・その他の従業者は、宅建業に係る契約の締結の勧誘をするに際し、<u>迷惑を覚えさせるような時間に電話したり訪問したりすること</u>をしてはなりません。

なお、相手方等が実際に迷惑を被ることまでは要件になっていません。

用語

早朝、深夜の時間帯に電話または訪問することに限らず、相手方等の都合や意向に配慮しないままに、または勤務時間中に電話をかけたり自宅、職場等を訪問したりすることをいいます。

⑥深夜又は長時間の勧誘等による困惑行為

宅建業者または代理人・使用人・その他の従業者は、宅建業に係る契約の締結の勧誘をするに際し、深夜または長時間の勧誘その他の私生活または業務の平穏を害するような方法によりその者を困惑させることをしてはなりません。

なお、実際に私生活上または業務の平穏が害されたことは要件になっていません。

⑦手付貸与の禁止

具体例

手付金の後払いを認める、立て替える、貸し付ける、分割払いを認める、手付として約束手形を受領する、手付予約をした場合における宅建業者による依頼者のその予約債務の保証を行うなどがあります。

宅建業者は、その業務に関して、その相手方等に対し、手付について貸付けその他信用の供与をすることにより契約の締結を誘引する行為をしてはなりません。

売買契約や賃貸借契約を締結する際に交付する手付について、売主や貸主に実際に手渡す日を後日にすることをいいます。売主である宅建業者が行うものだけでなく、宅建業者が媒介・代理として関与した取引において買主や借主に対し手付を貸し付けることも信用の供与になります。

なお、契約締結の誘引行為を禁止する規定なので、実際に売買等の契約が締結されたかどうかは問いません。

⑧違反した場合の措置

前記①〜⑦に違反した場合、指示処分、業務停止処分の対象となり、情状が特に重い場合等には免許の取消処分を受けます。さらに、⑦の規定(手付の信用の供与)に違反した場合は、①〜⑥の不当勧誘行為等と異なり、6月以下の懲役もしくは100万円以下の罰金に処せられ、またはこれが併科されます。主体は宅建業者ですが、実際に行った販売員等も両罰規定により処罰の対象とされます。

(2)契約した後のルール

①不当な履行遅延の禁止

宅建業者は、その業務に関してなすべき宅地建物の登記・引渡し、または取引に係る対価の支払いを、不当に遅延する行為をしてはなりません。

↓罰則なし　媒介・代理業者
媒介・代理契約
報酬の支払い
売買契約
代金支払・登記引渡し
宅建業者　↑罰則あり　宅建業者

具体例

売主業者が第三者所有の宅地建物を買主に転売する契約を締結したにもかかわらず、売主業者が第三者から所有権を取得できず買主に移転登記手続や引渡しができない場合や、宅地建物の許認可手続が完了せず引渡し義務を履行できないといった場合などが典型です。

違反した場合は、指示処分、業務停止処分の対象となり、情状が特に重い場合等には免許の取消処分を受けます。さらに、6月以下の懲役もしくは100万円以下の罰金に処せられ、またはこれが併科されます。宅建業者が法人である場合、その実行行為者を罰するほか、その法人も両罰規定により処罰の対象とされ、100万円以下の罰金刑に処せられます。

②不当な報酬の要求

宅建業者は、その業務に関して、その相手方等に対して**不当に高額**の報酬を**要求**してはなりません。

要求とは、社会通念上その取引では請求することができない報酬の額であることを認識しあえてこれを支払うよう求める行為をいい、**その要求行為があれば**、つまり**実際には報酬を受け取らなくても**犯罪が成立します。

違反した場合は、指示処分、業務停止処分の対象となり、情状が特に重い場合等には免許の取消処分の対象となります。また、1年以下の懲役もしくは100万円以下の罰金に処せられ、またはこれが併科されます。

③宅建業の業務に関し行った行為の取消制限

宅建業者（個人に限り、未成年者を除く）が、宅建業の業務に関し行った行為は、**行為能力の制限によっては取り消すことができません。**

成年被後見人等の制限行為能力者が宅建業の免許を受け、その業務に関し行った契約等について、それを理由に取り消しを認めると法律関係が不安定となるため制限しています。ただし、未成年者であることを理由に契約等を取り消すことはできる点に注意が必要です。

(3)契約の申込みの撤回または解除の場面におけるルール

①預り金の返還の拒否の禁止

宅建業者は、宅建業取引に係る契約に関して、相手方等が契約の申込みの撤回を行うに際し、**すでに受領した預り金を返還することを拒む**ことをしてはなりません。

違反した場合は、指示処分、業務停止処分の対象となり、情状が特に重い場合等には免許の取消処分を受けます。ただし、刑事罰の規定はありません。

②預り金の返還の拒否の禁止

宅建業者は、宅建業取引に係る契約に関して、相手方等が手付を放棄して契約の解除を行うに際し、正当な理由なく、**契約の解除を拒みまたは妨げる**ことをしてはなりません。

違反した場合は、指示処分、業務停止処分の対象となり、情状が特に重い場合等には免許の取消処分を受けます。刑事罰の規定はありません。

(4)勧誘・契約・撤回または解除の場面におけるルール

①威迫行為の禁止

宅建業者等は、宅建業に係る契約を締結させ、または宅建業に係る契約の申込みの撤回もしくは解除を妨げるため、その**相手方等を威迫**してはなりません。

脅迫のように恐怖心を生じさせる程度のものであることを要しません。

違反した場合は、指示処分、業務停止処分の対象となり、情状が特に重い場合等には免許の取消処分を受けます。刑事罰の規定はありません。

参考資料

報酬告示に定めた額をわずかに超えて請求し、これを受け取った場合は、別の犯罪行為（100万円以下の罰金）にあたりますが、不当な報酬の要求にはなりません

具体例

分譲マンションの販売で宅建業者が購入希望者から契約申込金等を預かった後、購入希望者が購入申し込みを撤回したにもかかわらず、その返還請求を無視して応じないこと等。

具体例

買主による手付解除が法律的に可能であるにもかかわらず、手付解除を申し出た買主に対し「売主の弊社が履行の着手をしたから買主は手付解除ができない」等と不当な主張をすること等。

具体例

相手方に対して、「なぜ会わないのか」、「契約しないと帰さない」などと声を荒げ、面会を強要したり、拘束したりする等。

②事実不告知・不実告知の禁止

自殺・殺人の事実は隠しておこう。

宅建業者は、その業務に関して、その相手方等に対し、宅地建物の売買、交換もしくは貸借の契約の締結について勧誘をするに際し、またはその契約の申込みの撤回もしくは解除、もしくは宅建業に関する取引により生じた債権の行使を妨げるため、**次のいずれかに該当する事項**について、**故意に事実を告げず、または不実のことを告げる行為をしてはなりません。**

1. 重要事項説明(法35条)の対象となる事項
2. 供託所等に関する説明事項
3. 37条書面(売買・交換・貸借の契約書)に記載すべき事項
4. その他、宅地建物の所在、規模、形質、現在もしくは将来の利用の<u>制限</u>、環境、交通等の利便、代金、借賃等の対価の額もしくは支払方法<u>その他の取引条件</u>またはその宅建業者もしくは取引の関係者の資力もしくは信用に関する事項であって、**その相手方等の判断に重要な影響を及ぼす**こととなるもの

具体例

自殺・殺人等があったいわゆる「事故物件」は、契約の内容・目的に照らし「利用の制限」を欠くか「取引条件」に適合しないと判断される可能性があります。

▶ 1.～3.に掲げる事項については、4.に掲げる事項と異なり、故意による事実不告知・不実告知があれば、相手方等の判断に重要な影響を及ぼすこととなるかどうかにかかわらず処罰されます。

違反した場合は、指示処分、業務停止処分の対象となり、情状が特に重い場合等には免許の取消処分を受けます。さらに、2年以下の懲役もしくは300万円以下の罰金に処せられ、またはこれが併科されます。法人に対しては1億円以下の罰金が科されます。

(5)守秘義務～宅建業をやめてもお客様の情報は守る？

具体例

宅建業者が訴訟においてその取り扱った宅地建物取引に関して証言を求められた場合等が典型例です。

宅建業者やその使用人・従業者は、**正当な理由なく、**業務上知り得た秘密を他に漏らしてはなりません。宅建業者が宅建業をやめたり、使用人・従業者が退職したりした後も同じです。

個人情報保護法における個人情報取扱事業者でなくても守秘義務があります。

違反した場合は、指示処分、業務停止処分の対象となり、情状が特に重い場合等には免許の取消処分を受けます。さらに、50万円以下の罰金に処せられます。ただし、被害者からの告訴が必要です(親告罪)。

過去問 11-41　12-32,34,40,41　14-41,43　15-41,43　16-34,29
17-28,34　18-40　19-27　21-43　22-30　23-36

ワンポイントアドバイス

常識で判断できるところはあえて覚えずに悩みそうな箇所だけを暗記しましょう。

10 従業者

従業者には従業者証明書を携帯させます

学習時間 10分

(1)従業者証明書～社長も従業者証明書を携帯？

宅建業者は、従業者に従業者証明書を**携帯させなければ**、宅建業の業務に**従事させてはなりません**。

従業者証明書を携帯すべき従業者には、**代表者**(いわゆる社長)、非常勤の役員、**単に一時的に事務の補助をする者**も含まれます。

また、従業者は、その業務に従事する間、従業者証明書を常に携帯して、**取引の関係者から請求があったときは、従業者証明書を提示しなければなりません**。なお、取引士でもある従業者が、取引士証を提示しても、従業者証明書の提示に代えることはできません。

(2)教育義務～従業者は常にスキルアップ？

宅建業者は、従業者に対し、その業務を適正に実施させるため、必要な教育を行うよう努めなければなりません。実際には、登録講習やその他の研修に参加・開催することが必要になります。

付け足し 従業者証明書における旧姓使用の取扱いについて

従業者証明書の記載事項のうち、従業者の氏名における旧姓使用については、旧姓使用を希望する者については、従業者証明書に旧姓を併記することができます。ただし、業務の混乱及び取引の相手方等の誤認を避けるため、恣意的に現姓と旧姓を使い分けることは、厳に慎むべきこととされています。

用語

登録講習…宅建業者の従業者は、国土交通大臣が認めた講習実施機関で一定の講習を受け、そこで実施される修了試験に合格すると、その合格日から3年以内に行われる宅建試験について、一定の科目が免除されます。

ここではコレを覚える 過去問 13-41 20-39 22-30 23-37

□宅建業者の従業者は、その業務に従事する間、従業者証明書を常に携帯して、取引の関係者から請求があったときは、従業者証明書を提示しなければならない。

□取引士が、取引士証を提示しても、従業者証明書の提示に代えることはできない。

□従業者証明書を携帯させるべき者の範囲は、代表者(いわゆる社長)を含み、かつ、非常勤の役員、単に一時的に事務の補助をする者も含まれる。

ここを押さえる過去問 1・2・3

※　重要事項説明の相手方は宅建業者ではないものとして答えて下さい。

問1　法人Aが所有する乙建物の個人Bへの賃貸を宅建業者Cが媒介し、当該賃貸借契約が成立したときは、CはBに対し、取引士をして、宅建業法第35条の規定に基づく書面を交付し説明をさせなければならない。(2022)

問2　宅建業者が建物(鉄筋コンクリート造等の共同住宅等ではない)の売買の媒介の際に行う宅建業法第35条に規定する重要事項の説明に関し、当該建物が既存の建物であるときは、同法第34条の2第1項第4号に規定する建物状況調査を過去1年以内に実施しているかどうか、及びこれを実施している場合におけるその結果の概要を説明しなければならない。(2022)

問3　区分所有建物の売買において、宅建業者である売主は当該買主に対し、当該一棟の建物に係る計画的な維持修繕のための修繕積立金積立総額及び売買の対象となる専有部分に係る修繕積立金額の説明をすれば、滞納があることについては説明をしなくてもよい。(2013)

問4　営業保証金を供託している宅建業者が、売主として、宅建業者との間で宅地の売買契約を締結しようとする場合、営業保証金を供託した供託所及びその所在地について、買主に対し説明をしなければならない。(2018)

問5　宅建業者Aは、自ら売主として、建物の売買契約を締結するに際し、買主が手付金を持ち合わせていなかったため手付金の分割払いを提案し、買主はこれに応じた。この行為は法の規定に違反する。(2018)

問6　宅建業者Aはアンケート調査を装ってその目的がマンションの売買の勧誘であることを告げずに個人宅を訪問し、マンションの売買の勧誘をした。宅建業法の規定に違反する。(2023)

問7　宅建業者は、その業務に従事させる者に従業者証明書を携帯させなければならないが、その者が非常勤の役員や単に一時的に事務の補助をする者である場合には携帯させなくてもよい。(2020)

問1：(×)契約が成立するまでの間に説明をさせなければなりません。　問2：(○)　問3：(×)滞納があるときはその額も告げなければなりません。　問4：(×)相手方等が宅建業者の場合は説明を省略できます。　問5：(○)　問6：(○)
問7：(×)それらの者にも従業者証明書を携帯させなければなりません。

11-1 自ら売主制限とは＜自ら売主制限

頻出度 **C**

相手方が宅建業者の場合には適用されないルールです　学習時間 5分

不動産のプロである宅建業者が売主となって値段を決めて売買契約を進めて行くと、どうしてもプロである宅建業者にとって有利な契約内容になってしまいます。

そこで、売主である宅建業者に、民法よりも厳しい規制をかけて、**素人である買主の保護**を図っています。これが自ら売主制限といわれる8つの規制です。

①クーリング・オフ
②手付の額・性質の制限
③損害賠償額の予定等の制限
④手付金等の保全措置
⑤自己所有でない物件の契約制限
⑥契約不適合責任の特約制限
⑦割賦販売契約の解除等の制限
⑧所有権留保等の制限

それはなぜ？

8つの自ら売主制限があることから8種制限と呼ばれています。ただ、趣旨はそれぞれ異なりますが、一般消費者を保護する点では共通しています。

7 業務上の規制

特約の無効～買主にとって不利なものだけが無効なの？

8つの自ら売主制限のうち、「特約」の内容が制限されているものは、「クーリング・オフ」「手付の額・性質の制限」「損害賠償額の予定等の制限」「契約不適合責任の特約制限」「割賦販売契約の解除等の制限」の5つです。このうち、買主等に不利な特約が無効とはっきりと法律に定められているのは「クーリング・オフ」「手付の額・性質の制限」「契約不適合責任の特約制限」の3つだけです。「損害賠償額の予定等の制限」と「割賦販売契約の解除等の制限」の2つには買主に不利なものが無効となるとは書かれていません。

ここではコレを覚える

☐ 自ら売主制限の8つは宅建業者間取引には適用されない。

11-2 クーリング・オフ＜自ら売主制限

消費者保護の観点から申込者には契約解除権があります

学習時間 60分

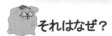

それはなぜ？

昭和50年頃、宅建業者が消費者を温泉地等に無料招待し、旅館の一室等で強引に別荘地分譲や山林の現状有姿分譲を勧誘し売りつけるといった悪徳商法が社会問題となりました。そこで、昭和55年に、強引な勧誘から不動産の経験や知識のない消費者を保護するために作った制度がクーリング・オフです。

参考資料

事務所としての物的施設を有してはいるが、契約締結権を有する者が置かれていないものをいいます。

参考資料

宅建業者が顧客からの申し出によらず自宅等を訪問した場合や、電話等による勧誘により自宅等を訪問した場合において、顧客から自宅等への訪問等の了解を得たうえで、自宅等で契約締結等を行ったときは、クーリング・オフ制度の適用があります。

宅建業者が自ら売主となる宅地建物の売買契約について、その業者の事務所等以外の場所で申込みをした者(申込者)や契約を締結した買主(以下、申込者等という。)は、原則として、その買受けの申込みを撤回したり、契約を解除したりすることができます。これをクーリング・オフといいます。

ただし、例外としてクーリング・オフできない場合もあります。

(1)例外①～事務所等で買受けの申込をした場合はできない？

宅建業者自身が売主になる宅地建物の売買契約で、購入の意思を示したり、契約を結んだりした申込者等であっても、**事務所等で買受けの申込み、または売買契約を締結した場合には、クーリング・オフできません。事務所等**を以下の表にまとめました。

これは、申込者等が、冷静かつ正常な自由意思で、買受けの申込みまたは売買契約の締結ができる状況だったのかどうかを判断する基準です。

①売主業者の事務所
②売主業者の継続的に業務を行うことができる施設を有する場所で事務所以外の場所
③売主業者が一団の宅地建物の分譲を行う案内所
④売主業者が他の宅建業者に対し、宅地建物の売却について代理・媒介の依頼をした場合にあっては、代理・媒介の依頼を受けた他の宅建業者の「事務所」または「事務所以外の場所で継続的に業務を行うことができる施設を有するもの」
⑤売主業者が一団の宅地建物の分譲の代理・媒介の依頼をし、かつ、依頼を受けた代理・媒介業者がその代理・媒介を案内所を設置して行う場合にあっては、その案内所
⑥売主業者や代理・媒介業者が、事務所等で宅地建物の売買契約に関する説明をした後、その宅地建物に関し展示会その他これに類する催しを土地に定着する建物内において実施する場合にあっては、これらの催しを実施する場所
⑦売主業者の相手方が宅地建物の売買契約に関する説明を受ける旨を申し出た場合におけるその相手方の自宅または勤務先

なお、自宅・勤務先以外の場所はすべて専任の取引士を置くべき場所に限定されています。また、**案内所**については、土地に定着する建物内に設けられるものに限定されています。別荘地等の販売におけるテント張り、仮設小屋等の一時的・移動容易な施設はこれに該当しません。逆に、マンション分譲の場合のモデルルームや戸建分譲の場合のモデルハウス等における販売活動は、案内所に該当します。

用語

案内所…いわゆる駅前案内所、申込受付場所等を含み、継続的に業務を行うことを予定しているものではないが、一定期間にわたって宅地建物の取引に係る業務を行うことが予定されているような施設を有するものをいいます。

付け足し 買い受けの申込みと契約場所が異なる場合

試験では、単に「契約を締結した…」とある場合と、「買受けの申込が○○で、契約の締結は△△の場合は…」という2つのパターンがあります。どちらの場所を基準にすべきか迷うところです。買受けの申込みの記述がなければ契約の場所を基準に判断します。それに対して、買い受けの申込みの記述がある場合は、契約の場所を無視して、買い受けの申込みの場所で判断します。

(2)例外②～クーリング・オフの告知後8日が経過した場合

事務所等以外の場所で買受けの申込みや売買契約を締結した申込者等が、**以下の表にある記載**がされている**書面**を交付された上で、申込みの撤回等を行うことができる旨およびその申込みの撤回等を行う場合の方法を告げられた場合で、その告げられた日から起算して8日を経過したときはクーリング・オフできません。

告げられた日を参入して8日となるので、たとえば、月曜日に書面を交付して告げた場合は、翌週の同じ曜日である月曜日の夜中の12時まではクーリング・オフできるということです。

①申込者等の氏名(法人の場合は商号・名称)・住所
②売主業者の商号・名称・住所・免許証番号
③告げられた日から起算して8日を経過する日までの間は、宅地建物の引渡しを受け、かつ、その代金の全部を支払った場合を除き、書面によりクーリング・オフできること
④クーリング・オフがあったときは、宅建業者は、それに伴う損害賠償または違約金の支払を請求することができないこと
⑤クーリング・オフは、その旨を記載した書面を発した時に効力が生じること
⑥クーリング・オフがあった場合において、その買受けの申込みまたは売買契約の締結に際し手付金その他の金銭が支払われているときは、宅建業者は、遅滞なく、その全額を返還すること

参考資料

この書面について、電磁的方法による書面交付を認める旨の規定は存在しません。

付け足し

期間を日単位で定めた場合、初日を参入しないで翌日から起算するのが民法の原則ですが、宅建業法では初日を参入する特別の規定を置いています。

(3)例外③〜告知がなくても契約が履行された場合

事務所等以外の場所で買受けの申込みや売買契約を締結した申込者等が、その宅地建物の引渡しを受け、かつ、その代金の全部を支払ったときはクーリング・オフできません。

このような場合にまでクーリング・オフを認めてしまうと、取引の安定を害することになるからです。

①売主業者の事務所②取引士の設置義務のある土地に定着する案内所等
③相手方から申し出た場合におけるその自宅または勤務場所のいずれかで

買受けの申込み

↓ 上記以外の場所で買受けの申込み

申込者等が、クーリング・オフを行うことができる旨とその方法について書面で告げられた日から起算して

8日経過

↓ 8日経過してない（または、そもそも告げられていない）

宅地建物の引渡し、かつ、その代金全額の支払いが

完了

↓ 完了してない

クーリング・オフできる

（右側）クーリング・オフできない

(4)クーリング・オフの方法〜口頭ではクーリング・オフできない？

申込者等がクーリング・オフをする際は、その旨を書面にして宅建業者に送らなければなりません。

(5)クーリング・オフの効力〜いつ効果が生じるの？

クーリング・オフの効力は書面を発した時に生じます。つまり、買主が郵便局に書面を持っていった時にクーリング・オフされたことになります。

効力が生じた場合は、売主業者は、受領した手付金その他の金銭をすみやかに返還しなければならず、また、申込みの撤回等に伴う損害賠償または違約金の支払を請求することができません。

(6)違反した場合〜法的には無効となる？

前記に反する特約で申込者等に不利なものは、無効です。

ここではコレを覚える

過去問 11-35 12-37 13-34 14-38 15-34,39 16-44 17 31 18-37 19-38,40 20-32,40 21-39 22-38 23-35

□クーリング・オフの方法と効果

方法	書面で行わなければならない。
効果	・申込みの撤回または契約の解除の効力は書面を発した時に生じる。 ・受領した手付金その他の金銭を速やかに返還しなければならない。 ・申込みの撤回等に伴う損害賠償や違約金の支払を請求することができない。

11-3 損害賠償額の予定等の制限＜自ら売主制限

損害賠償の予定額を契約書に書く際の上限額のルールです　学習時間 10分

宅建業者が自ら売主となる宅地建物の売買契約において、当事者の債務の不履行を理由とする契約の解除に伴う損害賠償の額を予定し、または違約金を定めるときは、これらを合算した額が代金の額の 20%を超えることとなる定めをしてはなりません。

(1)損害賠償額の予定を定めなかった場合

予定額を定めなかった場合は、損害賠償額を**立証して請求する**ことができます。また、その際の賠償額に条件はありません。

(2)違反の効果

前記に反する特約を定めた場合は、代金の額の 20%を超える部分について無効となります。全部が無効となるわけではありません。
また、売主業者のみならず、媒介代理業者が関与した場合には、「取引の公正を害する行為をしたとき」に該当し指示処分の対象となります。

それはなぜ？

以前、宅建業者を売主とする売買契約において、買主の債務不履行を理由とする契約解除の場合に、例えば売買代金の 3 割相当額を損害賠償の予定又は違約金として定める等、買主に過大な損害賠償の支払いを強いる不当な内容の契約条項を押し付けるという問題がありました。そこで、昭和46年に、消費者の利益を保護するためにこの制度を設けました。

7 業務上の規制

売主業者

売買契約書
違約金と賠償金は代金
の 30%とします。

20%を超えた部分
は無効ですよね。

買主

ここではコレを覚える 過去問 11-37,39　12-38　13-38　15-36,39　16-28　17-31　18-29　21-42　22-43

賠償額の上限	代金の額の 20%
内容	当事者の債務不履行を理由とする契約の解除に伴う損害賠償の額の予定、または違約金を定めること
違反した場合	違反する特約は代金の 20%を超える部分が無効※

※　クーリング・オフや手付額の特約のように買主にとって不利な場合に限るという要件が課せられていない。

11-4 手付の額の制限等＜自ら売主制限

受け取る手付は解約手付になります

学習時間 10分

それはなぜ？

売主業者の売買契約において、取引知識の乏しい買主から多額の手付を交付させて売買契約の手付解除を事実上封じたり、買主から手付解除をさせないために解約手付性を奪うといった不当な特約を禁じて、消費者の利益を保護する目的から昭和46年に作られました。

用語

手付…契約締結の際に当事者の一方から相手方に対して交付される金銭その他の有価物で、そのうち交付される有価物が金銭である場合を手付金といいます。その目的によって、証約手付、解約手付、違約手付があります。

宅建業者は、自ら売主となる宅地建物の売買契約の締結に際して、代金の額の20%を超える額の手付を受領することができません。

(1) 宅建業者が受け取る手付の性質〜解約手付となる？

宅建業者が、自ら売主となる宅地建物の売買契約の締結に際して手付を受領したときは、その手付がいかなる性質のものであっても、買主はその手付を放棄して、売主業者はその倍額を現実に提供して、契約の解除をすることができます。ただし、その相手方が契約の履行に着手した後は解除できません。このような手付を解約手付といいます。

(2) 違反の効果

前記に反する特約で、**買主に不利なもの**は、**無効**となります。

もちろん、宅建業法に違反する行為なので、指示処分の対象となります。また、代理・媒介業者が関与した場合は、買主に「損害を与えた」とか「取引の公正を害する行為」をしたときに該当し指示処分の対象となります。

> 代金の20%を超えた手付契約は違法だし、この手付は解約手付ということになるよね。

売主業者

売買契約書
代金：1,000万円
手付金：300万円

手付金

買主

ここではコレを覚える

過去問 11-37 13-38 14-31 15-36,40 16-28
17-28 18-29 19-37 22-43

手付額の上限	代金の額の20%（超えた部分は無効）
性質	解約手付となる
違反した場合	買主に不利な内容の特約は無効

11-5 手付金等の保全＜自ら売主制限

代金の5%を超えるお金を受け取るには保全措置が必要です 学習時間 30分

宅建業者は、自ら売主となる宅地建物の売買に関してその引渡しまたは所有権の登記が行われるまでの間は、保全措置を講じた後でなければ、**原則として、買主から手付金等を受領することができません**。これを手付金等の保全措置といいます。

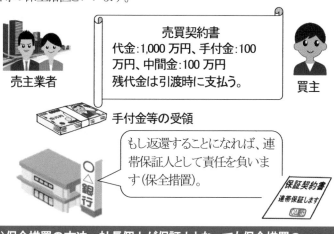

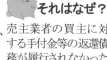 **それはなぜ？**

売主業者の買主に対する手付金等の返還債務が履行されなかった場合、買主は、営業保証金や弁済業務保証金の返還によって補填することはできます。しかし、その補填には上限があり、消費者の保護が不十分でした。そこで、昭和46年に制定されたのが手付金等の保全措置です。

7 業務上の規制

(1)保全措置の方法～社長個人が保証人となっても保全措置？

保全措置とは、**手付金等**(手付金、中間金、内金等の名目を問わず、売買代金として、売買契約締結の日から**物件の引渡し前まで**に支払われるもの)の返還債務について法定の機関が保証人になったり、売却物件の引渡しが完了するまで手付金等を預かっていたりする制度です。社長個人が保証人となる方法は採れません。

①銀行等との保証契約による保全措置

銀行等との間で、宅建業者が受領した手付金等の返還債務を負うこととなった場合において、銀行等がその債務を連帯して保証することを委託する契約(保証委託契約)を締結する措置です。その際、その保証委託契約に基づいて銀行等が手付金等の返還債務を連帯して保証することを約する書面を買主に交付しなければなりません。

②保険事業者との保証保険契約による保全措置

保険事業者との間で、宅建業者が受領した手付金等の返還債務の不履行により買主に生じた損害のうち少なくともその返還債務の不履行に係る手付金等の額に相当する部分を、その保険事業者が埋めることを約する保証保険契約を締結する措置です。その際、保険証券またはこれに代わるべき書面を買主に交付しなければなりません。

 用語

銀行等…銀行等とは、銀行、信用金庫、株式会社日本政策投資銀行、農林中央金庫、信用協同組合で出資の総額が5,000万円以上であるもの、株式会社商工組合中央金庫、及び労働金庫をいいます。

③指定保管機関が保管することによる保全措置

完成物件の場合は、前記の①②の方法とは別に、**国土交通大臣が指定した機関（指定保管機関）による手付金等の寄託契約に基づく保管**という方法も採ることができます。

具体的には、指定保管機関が売主である宅建業者に代わって手付金等を受領し（手付金等寄託契約）、その売買物件の引渡しと所有権移転登記が済むまで、手付金等を保管する制度です。

もし、売却物件が引き渡されない等の事情が生じた場合は、買主は、売主の宅建業者との間で締結した質権設定契約に基づいて、手付金等を取り戻すことができます。

用語

指定保管機関…国土交通大臣の指定を受けて、宅建業者が受領する手付金等（工事完了後の物件にかかるものに限る）を代理受領し、物件の引渡しまでの間、買主のために保管する事業を営む機関のことをいいます。現在は、（公社）全国宅地建物取引業保証協会と（公社）不動産保証協会の2協会が指定保管機関となっています。

用語

未完成…宅地の造成または建築に関する工事が完了しているかどうかは、売買契約時において判断します。具体的には、単に外観上の工事のみならず内装等の工事が完了し、居住が可能な状態になっていることが必要です。

(2)保全措置が不要となる場合〜低額の場合は受け取れる？

未完成の宅地や建築の売買に関しては、売主の宅建業者が受領しようとする手付金等の額（すでに受領した手付金等があるときは、その額を加えた額）が**代金の額の 5%以下**で、なおかつ **1,000 万円以下の場合**は、保全措置を講じることなく、受領することができます。

完成している宅地や建物の場合は、**代金の額の 10%以下**で、なおかつ **1,000 万円以下**であれば受領できます。

なお、未完成の物件について指定保管機関による保管の措置を講じても、銀行等による保証または保険事業者による保証保険契約をしなければ、保全措置をしたことにはなりません。

売主業者

売買契約書
代金〇〇〇万円
手付金：〇〇万円
中間金：〇〇〇万円
残代金は引渡時に支払う。

買主

手付金等の額が

未完成⇒代金の 5%以下かつ 1,000 万円以下

完　成⇒代金の 10%以下かつ 1,000 万円以下
または
買主に移転登記等をする

その程度の手付金等の額なら、保全措置は必要ないですね。

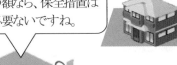

(3)宅建業者が保全措置を講じない場合

宅建業者が保全措置を講じない場合は、買主は、手付金等を支払わないことができます。

7

業務上の規制

ここではコレを覚える

過去問 11-37,38 12-34,38 13-40 14-33 15-36,40
16-28,43 18-38 19-37 20-32,42 21-42 23-39

保全措置をするのはいつ？	買主から手付金等を受領する前		
保全措置がいらない場合	手付金等の額が	未完成物件…代金の 5%以下&1,000 万円以下	
		完成物件…代金の 10%以下&1,000 万円以下	
	買主が売買された物件の所有権の登記をしたとき		
保全措置の方法	未完成物件…①銀行等による保証、②保険事業者による保証保険		
	完成物件…①銀行等による保証、②保険事業者による保証保険、③指定保管機関による保管		
違反した場合	宅建業者が保全措置を講じないときは、買主は手付金等を支払う必要がない。		

11-6 自己の所有に属しない物件の販売制限＜自ら売主制限

他人物や未完成の物件を売ることは原則として禁止です　学習時間 20分

民法では、他人の物や未完成の物であっても、それを売買することは禁止していません。売主は所有者から取得して（または完成させて）買主に移転する義務を負うだけです。しかし、そのような売買は、きちんと契約が果たされるのかが不確実で、買主にとってリスクが高いので、消費者保護の観点から、**宅建業者が自己の所有に属しない宅地建物について売主として売買契約を締結することを原則として禁止**しています。

用語

自己の所有に属しない
…①他人の所有に属すること、②まだ完成しておらず独立の宅地建物と認められないもの（未完成物件）の両方を含みます。法律上、柱があって壁ができて屋根を葺いて雨風をしのげるようになってはじめて、建物がひとつの不動産としてこの世に誕生します。したがって、でき上がる前の建物（未完成物件）は、法律上はまだこの世に存在していない物となるわけです。つまり、誰の物でもないということで、自己の所有に属さない物件に分類されたのです。

(1)売却できる例外～自己の所有に属しない場合でも売れる？

次の３つのいずれかに該当する場合は、例外として、売却できます。

①宅地建物を取得する契約を締結しているとき

宅建業者が宅地建物の**所有者から売買・贈与・交換等によってその所有権の移転を受ける契約（取得する契約）を締結している**場合は、他人物売買の取引上のリスクが低くなるので、他人物であっても売却できます。

所有者A

売買契約（AB間）
予約：BはCに売却できる
条件付き：BはCに売却できない

宅建業者B

売買契約（BC間）
（予約含む）

買主C

なお、取得する契約を締結していればよいので、引渡しや登記、代金の支払い等までなされている必要はなく、しかも、本契約ではなく予約でもよいことになっています。

ただし、宅地建物を取得する契約または予約を締結したとしても、その効力の発生が条件に係るものである場合は、売却できません。たとえば、Aが所有する農地を農地法の許可を受けることを条件（法定条件といいます。）にして宅建業者のBが購入する契約を締結して、宅建業者ではないCに販売することは禁止されます。

②宅建業者が物件を取得できることが明らかな場合

都市計画法に基づく開発行為や新住宅市街地開発法に基づく新住宅市街地開発事業により、従前の公共施設を廃止し、その公共施設の用に供されていた土地を、宅建業者（許可を受けた者や施行者）が取得する場合において、工事の進捗の状況からみてそれが確実と認められるときや、

土地区画整理法に基づいて土地区画整理事業の施行者が取得する保留地予定地である宅地をその施行者から宅建業者が取得する契約を締結しているとき、さらに、Aが所有する宅地建物について、宅建業者Bが買主となる売買契約その他の契約であってその宅地建物の所有権をBが指定する者Cに移転することを約するものを締結しているとき等（**第三者のためにする契約**等）も、売却できます。

③未完成物件の場合で保全措置が講じられているとき

売買契約時に完成していない物件も、所有権の対象となる物が存在せず「売主業者の所有に属しない物件の売買」にあたります。この場合、銀行等による保全措置または保険事業者との間において締結する保証保険契約が講じられているときは、買主の利益を害するおそれがないとして、売却できます。

なお、手付金等の額が代金額の5％以下、かつ1,000万円以下の場合は手付金等の保全措置を講じる必要はなく、この場合も売却できます。

完成物件については、たとえ手付金等の保全措置を講じたとしても、自己の所有に属しない限り、売主業者は売買契約を締結することはできません。

付け足し

①AB間で「第三者Cのためにする契約」として、BC間で他人物（A所有物）の売買契約をそれぞれ締結し、AからCに直接所有権を移転する方法があり、Bが他人物の所有権の移転を実質的に支配していることが客観的に明らかである場合。
②AB間で売買契約を締結し、BC間で買主Bの地位の譲渡をさせる方法や、AB間で「第三者のためにする契約」として、BC間で無名契約を締結し、AからCに直接所有権を移転する方法による場合。この場合はBC間の契約が民法上の売買契約にはならないので、Bが宅建業者であっても宅建業法上の自ら売主制限の適用がありません。

7 業務上の規制

売主業者

保全措置を講じたので売買契約を締結しましょう。

売買契約書（予約含む）
建築中ですが手付金〇〇円、中間金〇〇円

買主

手付金等

(2)違反した場合〜売買契約は無効？

前記に違反した場合、指示処分や業務停止処分（情報が特に重い場合は免許取消処分）を受けます。ただし、違反したからといって、売買契約が直ちに無効となるわけではありません。

ここではコレを覚える　過去問　14-31　15-34　16-41　19-27,35

原則	宅建業者は、自己の所有に属しない物件の売買契約（予約も含む）を締結してはならない。
例外	①宅建業者が物件を取得する「契約」（予約を含むが、その効力の発生が停止条件に係るものを除く）を締結している場合 ②宅建業者が物件を取得できることが明らかな場合 ③未完成物件の売買契約であっても、銀行等による保全措置または保険事業者との間において締結する保証保険契約が講じられている場合

民法より買主に不利な担保責任の特約は禁止です　学習時間 30分

民法では、売主が種類または品質に関して契約の内容に適合しない目的物を買主に引き渡した場合における契約不適合責任（担保責任）の追及は、原則として、買主がその**不適合を知った時から1年以内**にその旨を売主に**通知**しなければならないとしています。そして、契約当事者間でこのルールに従わないことに同意していれば、売主は契約不適合責任を負わないという特約も有効です。しかし、宅建業者が自ら売主となる宅地建物の売買契約においては、**原則として、民法に規定する担保責任の通知期間について買主に不利となる特約をしてはなりません。**

（1）例外がある～引渡しから2年以上であれば有効？

例外として、**上記の売主への通知期間を、不動産の引渡しの日から2年以上とすることはできます。**

（2）違反した場合

上記の規定に違反した場合、指示処分の対象となります。また、**買主に不利な特約は無効**となり民法が適用されます。たとえば、「契約不適合の責任は、目的物の引渡しの日から1年以内に売主にその旨を通知しなければならない」とする特約は無効となり、担保責任を負う期間は民法の規定により買主が契約不適合を知った時から1年間となります。

> 売買契約書
> 買主甲は引渡しから1年経過すると売主乙に契約不適合を責任追及できない。

宅建業者

契約不適合

> 民法の規定より、私にとって不利な特約です。まだ、不適合を知った日から1年経過していないので、損害賠償請求します。

買主

ここではコレを覚える

過去問 11-37,39 12-39 13-38 14-31 15-34,39,43
17-2718-29,30 19-27 20-42 22-43

原則	民法の規定より買主に不利となる特約をしてはならない。
例外	売主への通知期間を引渡しの日から2年以上とする特約は有効
違反した場合	特約は無効となり民法が適用される。

11-8 割賦販売契約の解除＜自ら売主制限

頻出度 **C**

分割払いで購入した人には30日前に書面で催告が必要　学習時間 10分

(1)催告の要件～割賦販売契約の解除等の制限って何？

宅建業者は自ら売主となる割賦販売（分割払いのこと）契約について賦払金（分割の支払金）の支払いがない場合でも、すぐに契約を解除できません。**30日以上の相当期間**を定めて、買主に支払いを**書面で催告**し、この期間内に支払いがない場合に初めて、契約の解除をし、または残りの回の賦払金の全額請求をすることができます。

(2)違反した場合～違反するとどうなるの？

前記に違反した場合、指示処分の対象となります。
この制限に違反する特約は無効となります。もし、30日未満の期間を定めて書面で催告しても、催告としての効力は有せず、契約の解除もできないことになります。

それはなぜ？

強い信頼関係に基づいて締結された割賦販売契約において、買主が賦払金の支払いを一日滞っただけでも期限の利益を喪失し、残額を一括して支払うことを要求されたり、契約が解除されたりすると買主に酷に過ぎ、消費者保護の観点から問題があるので、昭和46年に導入されました。

7 業務上の規制

ここではコレを覚える 過去語 11-39　16-29　20-32

□割賦販売契約の解除等

制限の内容	賦払金の支払いの義務が履行されない場合には、30日以上の相当の期間を定めてその支払いを書面で催告し、その期間内にその義務が履行されないときでなければ、賦払金の支払いの遅滞を理由として、契約を解除し、または支払時期の到来していない賦払金の支払いを請求することができない。
違反した場合	違反する特約は無効となる。

11-9 所有権留保等の制限＜自ら売主制限

頻出度 B

原則として所有権留保はできません

学習時間 10分

それはなぜ？

宅地建物の取引の場合には、売主に所有権が留保されていると登記名義も売主のままとなるのが通常なので、二重に譲渡される可能性もあります。また、売主が倒産等した場合には、その宅地建物は売主の財産として差し押さえられてしまい、買主は不測の損害を受けることになります。

(1)所有権留保の原則禁止

宅建業者は自ら売主として宅地建物の割賦販売を行った場合には、その割賦販売に係る宅地建物を買主に**引き渡すまで**(その宅地建物を引き渡すまでに代金の額の 30%を超える額の金銭の支払いを受けていない場合にあっては、**代金の額の 30%を超える額の金銭の支払いを受けるまで**)に、登記その他引渡し以外の売主の義務を履行しなければなりません(所有権留保の禁止)。

(2)所有権留保が許される場合

買主が、その宅地建物につき所有権の登記をした後の代金債務について、これを担保するための**抵当権もしくは不動産売買の先取特権の登記を申請し、またはこれを保証する保証人を立てる見込みがないとき**は、引き続き所有権留保が許されます。

ここではコレを覚える 過去問 11-39 21-42 22-43

□所有権留保の原則禁止

原則	割賦販売に係る不動産を買主に引き渡すまで(その不動産を引き渡すまでに代金の額の 30%を超える額の金銭の支払いを受けていない場合は、代金の額の 30%を超える額の金銭の支払いを受けるまで)に、登記その他引渡し以外の売主の義務を履行しなければならない。
例外	買主が、その不動産につき所有権の登記をした後の代金債務について、抵当権もしくは先取特権の登記を申請し、または保証人を立てる見込みがないときは履行する義務はない。

第 8 章
監督処分・罰則

過去10年の出題分析

出題年 テキスト項目	14	15	16	17	18	19	20	21	22	23
第8章全体	●	●	●	●	●	●	●			●
1 宅建業者に対する監督処分	●	●	●	●	●	●				
2 取引士等に対する監督処分										●
3 監督処分の手続		●		●	●	●				
4 罰則				●	●					

※出題されている年度に●を記入しています。

1 宅建業者に対する監督処分

指示・業務停止・免許取消の3つの監督処分があります

学習時間 30分

 用語

行政庁…国または地方公共団体の意思を決定・表示する権限を有する行政機関をいいます。

違法・不当なことをすると、宅建業者も取引士もペナルティーが科せられます。ペナルティーには、行政庁(大臣や知事)が行う監督処分と、裁判所が行う罰則の2種類があります。また、これら監督処分・罰則も軽いものから重いものまで用意されています。

(1)宅建業者への監督処分～どのようなものがあるの?

監督処分とは、宅地建物の取引を公正にすることで、関係者が安心して取引できるようにするために、行政庁(大臣や知事)が免許取消などのペナルティーを科すことをいいます。宅建業者に対する監督処分には、指示処分、業務停止処分、免許取消処分があります。

指示処分・業務停止処分の処分権者は、免許権者である国土交通大臣または都道府県知事と業務地を管轄している都道府県知事ですが、**免許取消処分は、免許権者だけが行うことができます。**

①指示処分
宅建業法の違反行為や違法状態を解消するための措置、将来の発生防止または法を遵守するように方針等を示し、自主的な努力を促す手段である。対象行為は内容的に大別すると次のようになる。
1) 取引の関係者に対し損害を与える行為、または損害を与えるおそれが大であること
2) 取引の公正を害する行為、またはそのおそれが大であること
3) 他の法令違反行為
4) **勤務する取引士が監督処分を受け宅建業者に帰責事由があること**
5) 宅建業法違反行為
6) 履行確保法違反行為

②業務停止処分
一定の期間内(1年以内)宅建業を営むことを一時的に禁止するものである。業務停止の対象行為は内容的に大別すると次のようになる。
1) 前記指示処分の対象行為1)2)に該当(認可宅地建物取引業者の行う取引一任代理等に係るものに限る)
2) 前記指示処分の対象行為3)4)に該当
3) 宅建業法のうち重要な規定違反行為
4) 指示違反行為
5) 処分(報告要求)違反行為
6) 不正または著しく不当な行為

③免許取消処分
業務停止処分違反、免許欠格事由に該当、その他重大な違反行為等があった場合に、宅建業者に付与した免許をはく奪するものである。

 参考資料

業務停止処分で、業務の全部の停止を命じられた場合、その期間中に、広告を出すことやその配布活動を行うことはできません。

(2)必ず免許取消になる事由

免許権者は、その免許を受けた宅建業者が次のいずれかに該当する場合には、**免許を取り消さなければなりません。**

①免許基準について欠格事由にあたる場合
②不正手段により免許を取得したとき
③業務停止処分対象行為で情状が特に重いとき、または業務停止処分に違反したとき
④免許を受けてから1年以内に事業を開始せず、または引き続き**1年以上事業を休止したとき(正当な理由の有無を問わない)**
⑤免許換えの手続きを怠ったとき
⑥廃業等の届出がなく、その事実が判明したとき

付け足し

宅建業者に勤務する取引士が監督処分を受けた場合において、その宅建業者の責めに帰すべき理由がある場合は、国土交通大臣または都道府県知事は、その宅建業者に対して、必要な指示をすることができます。

8

監督処分・罰則

ここではコレを覚える

過去問 11-27,44 13-26 14-44 15-43 16-26,32,37
17-35,29,42 18-32 19-29

□業務停止処分は1年以内の期間を定めて行う。
□指示処分・業務停止処分の処分権者は、免許権者である国土交通大臣または都道府県知事と業務地を管轄している都道府県知事であるが、**免許取消処分は、免許権者だけが行うことができる。**

2 取引士等に対する監督処分

取引士に対しても監督処分があります

学習時間 10分

(1)取引士への監督処分～どのようなものがあるの？

取引士に対する監督処分には、指示処分、事務禁止処分、登録消除処分があります。

指示処分・事務禁止処分の処分権者は、取引士登録を行った都道府県知事と行為地を管轄している都道府県知事ですが、登録の消除処分は取引士登録を行った都道府県知事だけが行うことができます。

①指示処分

都道府県知事が取引士に対し、宅建業法の遵守、違反行為の是正等の方針を示しこれを実施させる手段である。対象は次の行為である。
1)宅建業者に自己が専任の取引士として従事している事務所以外の事務所の専任の取引士である旨の表示をすることを許し、その宅建業者がその旨の表示をしたとき
2)他人に自己の名義の使用を許し、その他人がその名義を使用して取引士である旨の表示をしたとき
3)取引士として行う事務に関し不正または著しく不当な行為をしたとき

②事務禁止処分

一定の期間内(1年以内)取引士としてすべき事務を一時的に禁止するものである。対象は次の行為である。
1)前記指示処分の対象行為1)2)3)に該当するとき
2)都道府県知事の指示に従わないとき

③登録消除処分

宅地建物取引士資格登録簿からその取引士または取引士資格者の氏名等を抹消し、その地位(資格)をはく奪するものである。対象は次の行為である。
1)登録欠格事由にあてはまった場合
2)不正の手段により登録を受けたり、取引士証の交付を受けたりした場合
3)指示の対象行為で情状が特に重いとき
4)事務禁止処分に違反したとき
5)取引士証の交付を受けていない者が取引士としてすべき事務を行い情状が特に重いとき

(2)監督処分～処分を受けると取引士証はどうなる？

事務禁止処分を受けた場合は、速やかに取引士証をその交付を受けた都道府県知事に**提出**しなければなりません。そして、事務禁止の期間が満了した場合、都道府県知事は、**返還の請求があったときは**直ちに取引士証を**返還**しなければなりません。

登録消除処分を受けた場合は、速やかに取引士証をその交付を受けた都道府県知事に**返納**しなければなりません。

8

監督処分・罰則

ここではコレを覚える 過去問　12-36　13-42　23-41

□事務禁止処分は1年以内の期間を定めて行う。
□指示処分・事務禁止処分の処分権者は、取引士登録を行った都道府県知事と行為地を管轄している都道府県知事であるが、登録の消除処分は取引士登録を行った都道府県知事だけが行うことができる。

3 監督処分の手続

監督処分の手続です

免許権者は、聴聞を行うに当たっては、その期日の1週間前までに、行政手続法15条1項の規定による通知をし、かつ、聴聞の期日及び場所を公示しなければなりません。
所在不明で通知に代わる掲示を行った場合は、2週間で通知をしたことになります。
聴聞の期日における審理は、公開により行わなければなりません。

(1)聴聞～監督処分する前には聴聞が必要？

宅建業者に対する監督処分(**指示・業務停止・免許取消し**)、取引士に対する監督処分(**指示、事務禁止、登録消除**)を行う場合には、原則として、あらかじめ聴聞を行わなければなりません。
ただし、①宅建業者の事務所の所在地を確知できないことを理由に免許を取り消す場合、または、②宅建業者の所在(法人業者の場合は、その役員の所在)を確知できないことを理由に免許を取り消す場合は、聴聞を行う必要はありません。

(2)公告～指示処分以外はみせしめに？

国土交通大臣または都道府県知事は、**業務停止処分**や**免許取消処分**をしたときは、その旨を公告しなければなりません。**指示処分は公告の対象にはなっていません。**

国土交通大臣または
都道府県知事による
処分

宅建業者

業務停止処分
または
免許取消処分
⇒公告される

取引士

監督処分
⇒公告されない

(3)免許権者・登録先知事以外が監督処分した場合

免許権者以外の都道府県知事が、指示処分や業務停止処分をしたときは、**遅滞なく**、その旨を、その宅建業者の**免許権者である国土交通大臣または都道府県知事に報告・通知**しなければなりません。
登録先以外の都道府県知事が、指示処分や事務禁止処分をしたときは、**遅滞なく**、その旨をその取引士の**登録をしている都道府県知事に通知**しなければなりません。

(4)指導・助言・勧告～健全な発達を図る手段？

国土交通大臣はすべての宅建業者に対して、都道府県知事はその都道府県の区域内で宅建業を営む宅建業者に対して、宅建業の適正な運営の確保や健全な発達を図るため必要な指導・助言・勧告をすることができます。

(5)消費者を保護するためなら内閣総理大臣も口を出す？

国土交通大臣は、その免許を受けた宅建業者が消費者の利益保護に係わる規定に違反した場合において、**指示・業務停止・免許取消**の処分をしようとするときは、あらかじめ、**内閣総理大臣に協議**しなければなりません。

また、内閣総理大臣は、消費者保護行政を反映するため、上記の監督処分に関して**意見**を述べることができます。

《内閣総理大臣の協議の対象となる行為》

該当行為	監督処分
①宅建業者の信義誠実義務 ②誇大広告等の禁止 ③広告の開始時期の制限 ④自己の所有に属しない宅地又は建物の売買契約締結の制限	《指示》 業務に関し取引の関係者に損害を与えたときまたは損害を与えるおそれが大であるとき
⑤取引態様の明示 ⑥媒介契約書面の交付 ⑦代理契約書面の交付 ⑧重要事項説明(信託受益権を除く) ⑨供託所等に関する説明	《業務停止》 指示処分に該当する事由以外
⑩契約締結等の時期の制限 ⑪37条書面の交付 ⑫クーリング・オフ ⑬損害賠償額の予定等の制限 ⑭手付の額の制限等 ⑮担保責任についての特約の制限 ⑯手付金等の保全 ⑰宅地又は建物の割賦販売の契約の解除等の制限 ⑱所有権留保等の禁止 ⑲不当な履行遅延の禁止 ⑳秘密を守る義務 ㉑業務に関する禁止事項	《免許取消》 業務停止処分事由に該当し情状が特に重いとき、または業務停止処分に違反したとき

参考資料

本来、どのような監督処分をするかは国土交通大臣の専権事項なのですが、平成21年6月の消費者庁設置法制定に伴い、特に、事業者でない個人の買主、借主の利益を図るという目的に限り、内閣総理大臣の関与を認めたものです。

8 監督処分・罰則

(6)国土交通大臣等の検査～立入検査されることもあるの？

国土交通大臣は宅建業を営むすべての者に対して、都道府県知事はその都道府県の区域内で宅建業を営む者に対して、宅建業の適正な運営を確保するため必要があると認めるときは、その業務について必要な**報告を求めたり**、その職員に事務所その他その業務を行う場所に**立ち入り**帳簿・書類その他業務に関係のある物件を**検査**させることができます。

また、国土交通大臣はすべての取引士に対して、都道府県知事はその登録を受けている取引士とその都道府県の区域内でその事務を行う取引士に対して、取引士の事務の適正な遂行を確保するため必要があると認めるときは、その事務について必要な**報告を求める**ことができます。

ここではコレを覚える　過去問　11-44　12-44　13-42　15-43　17-29　18-32　19-29

□指示処分・業務停止処分は管轄する都道府県知事が行えるが、免許取消処分は免許権者のみが行える。管轄知事が指示処分・業務停止処分を行った場合は、免許権者に通知・報告する必要がある。

□宅建業者・取引士に対して監督処分をする際は、指示処分を含めて聴聞を実施する必要がある。

□宅建業者に対して免許取消・業務停止の処分した場合、免許権者はその旨を公告しなければならない。指示処分は公告の対象となっていない。

□国土交通大臣は、その免許を受けた宅建業者が消費者の利益保護に係わる規定に違反した場合において、指示・業務停止・免許取消の処分をしようとするときは、あらかじめ、内閣総理大臣に協議しなければならない。

4 罰則

犯罪になると刑罰があります

(1)刑事罰

監督処分のような行政処分とは別に罰則の規定が定められています。刑事罰と行政罰の2つがあります。

刑罰等の内容	対象行為
3年以下懲役 300万円以下 罰金※1	・不正手段による免許取得 ・名義貸しで他人に営業させる行為 ・業務停止処分に違反して営業 ・無免許営業
2年以下懲役 300万円以下 罰金※1	・重要な事実の不告知等の禁止違反
1年以下懲役 100万円以下 罰金※2	・不当に高額の報酬を要求
6月以下懲役 100万円以下 罰金※2	・営業保証金供託の届出前の事業開始(事務所新設の場合に準用) ・誇大広告等の禁止違反 ・不当な履行遅延の禁止違反 ・手付の信用供与による契約締結の誘引の禁止に違反
100万円以下 罰金※2	・免許申請書類への虚偽記載 ・無免許で宅建業者として営業表示・広告する行為 ・名義貸しで他人に営業表示・広告させる行為 ・専任の取引士の設置要件を欠く行為 (2週間以内に必要な措置を執らない場合も同様) ・報酬の限度額を超える報酬を受領する行為

50万円以下 罰金※2	・変更の届出・案内所等の届出・信託会社の営業の届出を怠り、または虚偽の届出行為 ・37条書面について必要な記載・記名・交付を怠る行為 ・報酬額の掲示義務違反 ・従業者に従業者証明書を携帯させない行為 ・標識の掲示義務違反 ・宅建業者の守秘義務違反※3 ・使用人その他の従業者の守秘義務違反※3 ・従業者名簿の備付け義務違反・記載不備・虚偽記載 ・帳簿の備付け義務違反・記載不備・虚偽記載 ・国土交通大臣・都道府県知事に報告を求められたのに報告しなかった等 ・国土交通大臣・都道府県知事の立入検査の拒否・妨害・忌避 ・取引士が国土交通大臣・都道府県知事から報告を求められたのに報告しない行為

※1 法人等の代表者・代理人・従業者がその業務に関して対象行為を犯した場合は、その個人に対する罰則とは別に、その法人等に対して1億円以下の罰金刑が科せられます。

※2 法人等の代表者・代理人・従業者がその業務に関して対象行為を犯した場合は、その個人に対する罰則とは別に、その法人等に対しても前記表に記載した罰金刑が科せられます。

※3 告訴がなければ公訴を提起できません。

(2)行政罰

取引士証に関する義務に違反した場合に宅地建物取引士に対して科せられる行政上の処分です。秩序罰ともいいます。

10万円以下 過料	・登録消除・取引士証失効による取引士証の返納義務に違反 ・事務禁止処分による取引士証の提出義務に違反 ・重要事項説明で取引士証の提示義務に違反

過去問 17-29,34 18-26

第 9 章
住宅瑕疵担保履行法

過去10年の出題分析

テキスト項目 / 出題年	14	15	16	17	18	19	20	21	22	23
第9章全体	●	●	●	●	●	●	●	●	●	●
1 住宅瑕疵担保履行法とは										
2 住宅瑕疵担保履行法の適用対象	●	●		●	●	●	●	●	●	●
3 資力確保の方法	●	●	●	●	●	●	●	●	●	●

※出題されている年度に●を記入しています。

1 住宅瑕疵担保履行法とは

品質確保法とペアの法律です

学習時間 10分

(1)なんで住宅瑕疵担保履行法が作られたの？

新築住宅について既に平成12年4月施行の「住宅品質確保法」に基づき、売主と請負人に対し10年間の瑕疵担保責任を負うことが義務付けられておりました。

ところが、平成17年11月にいわゆる構造計算書偽造問題が発覚すると、こうした法制度だけでは消費者保護としては不十分であることが浮き彫りになりました。あるデベロッパーの分譲したマンションは、建て替えを含む大規模な補修工事が必要になり、多額な費用がかかることが判明しました。しかし、デベロッパーの会社財産では対応できず、倒産してしまいました。

そこで創設されたのがこの住宅瑕疵担保履行法(正式名称は「特定住宅瑕疵担保責任の履行の確保等に関する法律」といいます。)です。

この法律は、**契約不適合責任の履行**を確実なものとすることによって、買主や発注者の利益の保護を図るとともに、円滑な住宅の供給を図り、国民生活の安定向上と国民経済の健全な発展に寄与することを目的としています。

(2)住宅瑕疵担保履行法ではどんなルールが？

新築住宅の売主または請負人(宅建業者や建設業者)が、お客様に新築住宅を引き渡す際には、**保証金の供託または保険への加入が義務化**されております。

これによって、売主または請負人は、買主または発注者に対しての契約不適合責任を確実に履行することができ、また万が一、倒産などにより瑕疵の補修等ができなくなった場合でも、保証金(正式には「住宅販売瑕疵担保保証金」といいます。)の還付または保険金により必要な費用が支払われます。

2 住宅瑕疵担保履行法の適用対象

頻出度 **A**

宅建業者間の取引には適用されません

学習時間 10分

(1)義務付けられる資力確保の範囲①

この法律により資力確保の措置が義務付けられるのは、所有者となる買主または発注者に**新築住宅を引き渡す建設業者および宅建業者**です。ただし、**買主または発注者が宅建業者である場合には新築住宅であっても資力確保措置の義務付けの対象とはなりません**。また、**分譲マンションの売主から建設工事を請け負った建設業者も対象外**となります。さらに、**媒介業者・代理業者にはこのような義務はありません**。

(2)この法律の対象～どのような住宅に適用されるの？

この法律の対象となるのは、建築物のうち「新築住宅」だけです。「住宅」とは住宅品質確保法でいう「人の居住の用に供する家屋または家屋の部分」を指します。したがって、戸建住宅やマンションはもちろん、賃貸住宅も対象となります。一方、**事務所・倉庫・物置・車庫は「住宅」ではないため、対象とはなりません**。また、「新築住宅」とは、新たに建設された住宅で、まだ人の居住の用に供したことのないもの(建設工事の完了の日から起算して1年を経過したものを除く。)をいいます。

(3)義務付けられる資力確保の範囲②

この法律の「特定住宅瑕疵担保責任」とは、住宅品質確保法で定められた新築住宅に関する「契約不適合責任」をいいます。これは、新築住宅の買主または発注者の保護のために、**住宅のうち特に重要な部分**について10年間の契約不適合責任を義務付けるものです。
なお、特定住宅瑕疵担保責任を契約により買主または発注者に不利な内容に変更することはできません。

用語

構造耐力上主要な部分・・・住宅の基礎、基礎ぐい、壁、柱、小屋組、土台、斜材(筋かい、方づえ、火打材その他これらに類するもの)、床版、屋根版または横架材(はり、けたその他これらに類するもの)で、その住宅の自重もしくは積載荷重、積雪、風圧、土圧もしくは水圧または地震その他の震動もしくは衝撃を支えるもの

住宅のうち雨水の浸入を防止する部分・・・住宅の屋根もしくは外壁またはこれらの開口部に設ける戸、わくその他の建具、および雨水を排除するため住宅に設ける排水管のうち、その住宅の屋根もしくは外壁の内部または屋内にある部分

ここではコレを覚える

□資力確保の措置が義務付けられるのは、所有者となる買主または発注者に**新築住宅を引き渡す建設業者および宅建業者**である。
□媒介業者・代理業者には資力確保措置の義務はない。

3 資力確保の方法

供託か保険かの2つの資力確保措置があります

(1)資力確保の措置～措置には2つの方法が？

補修や損害賠償金の支払いが確実に履行されるための資力確保には2つの手段が用意されています。

1つは「**供託**」という手段です。供給した新築住宅の補修に要する費用等の支払いが履行できるように、**過去の供給戸数**（販売新築住宅のうち、その床面積の合計が55㎡以下のものは、その2戸をもって1戸とします）**に応じて算定された金額の現金等を供託所に預け置く**ものです。

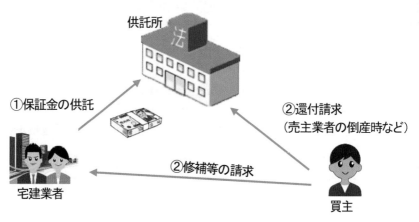

もう1つは「**保険**」です。売主である宅建業者が、国土交通省が指定する住宅瑕疵担保責任保険法人との間で、瑕疵が判明した場合に保険金を支払うことを約した保険契約を締結するものです。

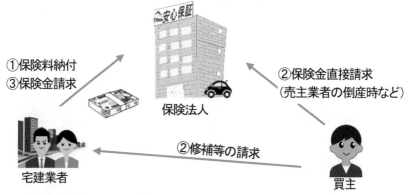

新築住宅の売主や請負人はこのいずれかの手段を用い、資力確保措置を講じなければなりません。

なお、すべてを供託または保険で対応することも可能ですし、**一部の住宅は供託で一部は保険でという組み合わせも可能**です。たとえば、200戸のうち 100 戸を供託で、残りを保険で対応することもできます。

(2)報告義務～報告義務は年に１回？

新築住宅を引き渡す建設業者または宅建業者は、年 1 回の**基準日**に、**供託や保険契約の締結状況を国土交通大臣または都道府県知事に対して報告する義務**があります。具体的には、それぞれの基準日ごとに、当該基準日までの過去 10 年間に引き渡した新築住宅の戸数、そのうち供託により履行確保措置を講じた戸数および保険加入により履行確保措置を講じた戸数、その内容を証する供託書の写しまたは保険契約を証する書類などを**基準日から３週間以内に届け出る**ことになります。

国土交通大臣または都道府県知事は、これらの届出を受け、その内容の真正性について確認を行います。事業者からの届出がなされなかったり、届出の内容に虚偽があったりした場合や、供託等の資力確保措置を講じずに新たな契約を締結した場合には罰則が科せられます。

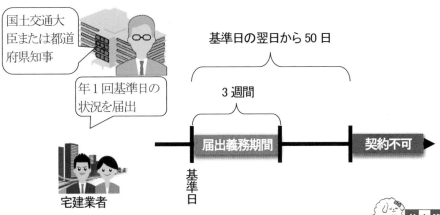

(3)説明義務～供託所の所在地等に関する説明がいるの？

宅建業者は、自ら売主となる新築住宅の買主に対し、**新築住宅の売買契約を締結するまでに**、その住宅販売瑕疵担保保証金の供託をしている供託所の所在地その他住宅販売瑕疵担保保証金に関し国土交通省令で定める事項について、これらの事項を記載した**書面等を交付して説明**しなければなりません。

参考資料
①住宅販売瑕疵担保保証金の供託をしている供託所の表示、②政令で定める販売新築住宅については、自ら売主となる 2 以上の宅建業者それぞれの販売瑕疵負担割合の合計に対するその宅建業者の販売瑕疵負担割合の割合をいいます。

宅建業者または宅建業者であった者もしくはその承継人で住宅販売瑕疵担保保証金の供託をしているものは、基準日において当該住宅販売瑕疵担保保証金の額が当該基準日に係る基準額を超えることとなったときは、その超過額を取り戻すことができます。住宅販売瑕疵担保保証金を取り戻すには、国土交通省令で定めるところにより、免許権者の承認を受けなければなりません。

ここではコレを覚える　過去問 11-45 12-45 13-45 14-45 15-45 16-45 17-45 18-45 19-45 20-45 21-45 22-45 23-45

届出期限	基準日から3週間以内
罰則	・届出しない場合・虚偽の届出をした場合は50万円以下の罰金 ・供託等の資力確保措置を講じていない場合・届出をしていない場合はその基準日の翌日から50日を経過した日から新たに請負契約、売買契約をすることができない ・契約をすると1年以下の懲役または100万円以下の罰金

□宅建業者は、自ら売主となる新築住宅の買主に対し、新築住宅の売買契約を締結するまでに、供託所等について、書面等を交付して説明しなければならない。

ここを押さえる過去問1・2・3

問1 宅建業者が自ら売主である場合で、売主業者の申出により、買受けの申込みをした者の勤務先で売買契約を行った場合、クーリング・オフによる当該売買契約の解除を行うことはできない。なお、買主は宅建業者ではないものとする。(2022)

問2 宅建業者Aが、自ら売主として、宅建業者ではない買主Bから宅地の買受けの申込みを受けた場合における宅建業法第37条の2の規定に基づくいわゆるクーリング・オフに関し、Aが、仮設テント張りの案内所でBから買受けの申込みを受けた場合、Bは、クーリング・オフについて告げられた日から8日以内に電磁的方法により当該申込みの撤回を申し出れば、申込みの撤回を行うことができる。(2023)

問3 宅建業者Aが、自ら売主として行う売買契約に関し、販売代金2,500万円の宅地について、Aが売買契約の締結を行い、損害賠償の額の予定及び違約金の定めをする場合、その合計額を500万円と設定することができる。なお、買主は宅建業者ではないものとする。(2022)

問4 宅建業者Aは、宅建業者ではないBが所有する宅地について、Bとの間で確定測量図の交付を停止条件とする売買契約を締結した。その後、停止条件が成就する前に、Aが自ら売主として、宅建業者ではないCとの間で当該宅地の売買契約を締結した行為は法の規定に違反しない。(2019)

問5 丙県知事は、宅建業者C(丙県知事免許)が免許を受けてから1年以内に事業を開始しないときは、免許を取り消さなければならない。(2019)

問6 甲県知事の資格登録を受けている取引士Aは、乙県内の業務に関し、他人に自己の名義の使用を許し、当該他人がその名義を使用して取引士である旨の表示をした場合、乙県知事から必要な指示を受けることはあるが、取引士として行う事務の禁止の処分を受けることはない。(2013)

問7 乙県知事は、宅建業者B(乙県知事免許)に対して指示処分をしようとするときは、聴聞を行わなければならず、聴聞の期日における審理は、公開により行わなければならない。(2019)

9

住宅瑕疵担保履行法

問8 宅建業者A(国土交通大臣免許)が甲県内における業務に関し、宅建業法第37条に規定する書面を交付していなかったことを理由に、甲県知事がAに対して業務停止処分をしようとするときは、あらかじめ、内閣総理大臣に協議しなければならない。(2019)

問9 宅建業者A(甲県知事免許)が、自ら売主として宅建業者ではない買主Bに新築住宅を販売する場合において、Aが媒介を依頼した宅建業者又はBが住宅販売瑕疵担保責任保険契約の締結をしていれば、Aは住宅販売瑕疵担保保証金の供託又は住宅販売瑕疵担保責任保険契約の締結を行う必要はない。(2020)

問10 宅建業者Aは、自ら売主として、宅建業者でないBに新築住宅を販売するに際して、住宅販売瑕疵担保保証金を供託する場合、当該住宅の床面積が100㎡以下であるときは、新築住宅の合計戸数の算定に当たって、2戸をもって1戸と数えることになる。(2016)

問11 自ら売主として宅建業者ではない買主Bに新築住宅を販売し引き渡した宅建業者A(甲県知事免許)は、基準日ごとに基準日から50日以内に、当該基準日に係る住宅販売瑕疵担保保証金の供託及び住宅販売瑕疵担保責任保険契約の締結の状況について、甲県知事に届け出なければならない。(2020)

問1:(×)買主は買受けの申込みの撤回を行うことができます。 問2:(×)電磁的方法により撤回することはできません。 問3:(○) 問4:(×)違反します。 問5:(○) 問6:(×)業務地の都道府県知事も処分をすることができます。 問7:(○) 問8:(×)国土交通大臣が内閣総理大臣に協議しなければなりません。 問9:(×)資力確保措置を行う義務を負っているのは売主業者です。問10:(×)55㎡以下の場合です。 問11:(×)50日以内ではなく、3週間以内です。

第2編　権利関係

出　題	問1～問14(14問)
合格ライン	8問以上正解
最低学習時間	3か月
出題頻度の高いもの	意思表示　代理　物権変動　建物区分所有法　不動産登記法　債務不履行と契約不適合責任　不法行為　相続　賃貸借

(1)テキストの見出しによる過去出題数

出題年 テキスト項目	14	15	16	17	18	19	20	21	22	23
1 民法の基本原則と全体像										
2 権利の主体	●		●		●			●	●	●
3 法的効果が有効に発生する流れ	●	●	●	●	●	●	●	●	●	
4 時効	●	●		●	●	●	●		●	●
5 物に対する権利(物権)	●	●	●		●	●	●	●	●	●
6 債権の発生から満足して消滅するまで		●	●	●	●	●	●	●	●	●
7 債権の効力に問題が生じたときの措置	●	●	●			●	●	●	●	●
8 債権の履行確保の手段	●	●	●	●		●	●		●	●
9 不法行為(債権発生原因)	●		●			●		●		
10 相続	●	●	●	●	●	●	●	●	●	●
11 貸借	●	●	●	●	●	●	●	●	●	●

※3の分野からは2問、5の分野からは3問、9の分野からは2問、11からは2問出題されています。なお、表内項目の8〜11は、下巻に収載の項目となります。

(2)権利関係の学習ポイント

合格者は例年7割以上の得点をする分野です。

民法に関しては一朝一夕では修得することができません。ある程度余裕をもって一つ一つ丁寧に学習を進めて下さい。

まずは、テキストを読み進み、読み進んだ分の過去問をアプリや問題集で解き、テキストにアンダーラインを引いたり、余白に書き込んだり、ポイントをノートに書き写したりしながら、知識を正確にしましょう。

民法は、判例学習が重要です。言葉や制度を文字・数字としてだけ暗記せずに、その背景にある事件を意識して、どのように解釈すれば複数の当事者や利害関係人が納得行く結果を導き出せるのか、という視点でも学習すると記憶に残りやすいでしょう。

第 1 章

民法の基本原則と全体像

過去 10 年の出題分析

テキスト項目＼出題年	14	15	16	17	18	19	20	21	22	23
第 1 章全体										
1 民法の基本原則										
2 民法の全体像										

※出題されている年度に●を記入しています。

1 民法の基本原則

民法の根底にある3つの考え方を理解しましょう

それはなぜ？

信義則や権利濫用の禁止は、民法の他の条文では救えない人たちの権利や利益を守るための最後の砦です。特に、契約前の段階での理不尽な行為や、不当な立ち退きといった場面でよく使われます。

参考資料

ヨーロッパでこの発想が生まれました。当初は契約関係に入った後のルールでしたが、その後拡張され、現在は契約関係にない関係であっても適用されるようになっています。また、義務の履行だけでなく、権利の主張の段階でも適用されます。

民法1条には、1項に「公共の福祉」、2項に「信義則」、3項に「権利濫用禁止」が定められています。土台となる法律には、このようにとても曖昧な条文があったりします。これを一般規定と呼び、その法律を使う際の指導原則となります。ちなみに、この規定は、昭和22年の改正で追加されたものです。日本国憲法12条の公共の福祉の規定や同29条の私有財産に関する規定に対応して定められました。

(1)公共の福祉～自分勝手は許されません

民法の最初に書かれている規定は「私権は、公共の福祉に適合しなければならない。」というものです。あまり実益のない規定と言われています。

(2)信義則～契約締結前も節度ある行動が必要です

契約等の関係に入った者は、相互に相手方の信頼を裏切らないように誠実に行動しなければならないという原則をいいます。

この信義則はあらゆる場面であらゆる形で現れます。たとえば、不動産取引の場面では、建物を無断転貸した場合における契約解除の制約原理が信義則から生まれた判例理論と言われています。つまり、無断転貸したという事実だけでは賃貸借契約は解除できず、その無断転貸が契約当事者間の信頼関係を破綻する程度の状態に陥っていてはじめて契約の解除ができるとする理論です。これは民法の条文には定めがありません。信義則という一般規定の解釈から生まれるものといわれています。

(3)権利濫用の禁止～権利行使にも限界がある

外形上は正当な権利行使のように見えても、具体的実質的に見ると権利の社会性に反する場合は、権利の濫用として、効力を持たないとする理論があります（権利濫用の禁止）。判例は時効が完成した後に弁済し、後に消滅時効を主張し弁済した金銭の返還請求することは権利濫用にあたると判断するものが少なくありません（同時に信義則にも反するとするものもあります）。

2 民法の全体像

財産法の全体像と流れを理解しましょう

学習時間 15分

(1)民法ってどんな法律？

民法とは**自由の思想に基づいた市民社会のルール**です。この定義で最も重要な箇所は**自由の思想**というところです。特に経済活動についての自由について定めた法律が民法です。経済活動はあまり難しく考えることはありません。自分の意思でものを売ったり買ったり、貸したり借りたりといったイメージ。経済活動についてさまざまなルールがありますが、その中でも根本的なルールが民法です。

(2)民法は5つのパートからできている

民法は、大きく2つのグループに分けることができます。総則を共通項として、財産法と家族法の2つです。所有や売買、賃貸借などの財産関係を規律するものが財産法です。夫婦や親子、兄弟姉妹、死んだ後の相続などの身分関係や相続の関係を規律するものが家族法です。

財産法は、人と物との関係についてルールを定めている物権、人と人との関係についてルールを定めている債権の2つにさらに分類されます。家族法は、婚姻、離婚、親子、親権などについて規定している親族と、死亡などによる相続、遺言などによる財産移転などについて規定している相続の2つに分けられます。つまり、民法は5つの編(総則・物権・債権・親族・相続)に分けて書かれています。

```
              総則(1編)
        ┌──────────┴──────────┐
      財産法                  家族法
   ┌────┴────┐          ┌────┴────┐
物権(2編)  債権(3編)   親族(4編)  相続(5編)
```

ワンポイントアドバイス

全体像を頭に入れておくと知識を整理しやすくなります。建物で言えば骨組みにあたるものです。

次ページの財産法の仕組みはとても重要です。権利関係の部分を一通り学習した後に、もう一度ながめることで、知識を定着することができます。

(3)財産法は約束を守らせるための仕組み

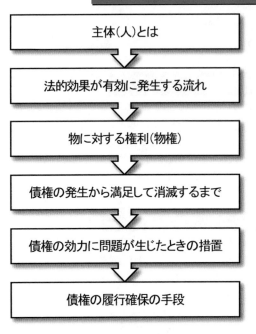

第1に、誰が財産法上の主体となれるかです。つまり、誰が自分の名前で物の売り買いや貸し借りなどの契約を結ぶことができるかです。ここでは権利能力・意思能力・行為能力の3つが重要です。

第2に、法的効果が有効に発生する流れです。特に債権発生原因として重要な契約を例に理解しましょう。ここでは、成立要件、有効要件、効果帰属要件(代理)、効力発生要件(条件・期限)の4つが重要です。

第3に、人の物に対する権利です。民法は、人に対する権利として債権、物に対する権利として物権の2つを明確に分けて規定しています。どのような場合に物権(たとえば所有権)が移転するのか、特に契約、相続、取得時効により移

転する点が重要です。

第4に、債権の発生から満足して終了するまでについて、債権発生原因と債権終了原因の2つに分けて整理しましょう。債権発生原因としては契約、事務管理、不当利得、不法行為の4つあります。また、債権終了原因としては弁済と消滅時効が重要です。

第5に、債権の効力として問題が生じたときの処理について、債務不履行責任と担保責任の2つが重要です。

第6に、債権の履行確保の手段についてです。特殊な債権回収手段、債権の保全、債権の担保に分かれます。特殊な債権回収手段としては債権譲渡、債権の保全としては債権者代位権と債権者取消権、債権の担保としては保証と抵当権が重要です。

上記の順番で解説します。

(4)家族法は身近な法律

家族法は親族法と相続法の2つから構成されています。人によって最も身近に感じる分野かもしれません。親族法は婚姻や離婚、親権の行使など日常生活に密接する家族関係に関する規定を定めています。相続法は人が死亡した後の財産の行方について定めています。

第 2 章
権利の主体

過去 10 年の出題分析

テキスト項目 \ 出題年	14	15	16	17	18	19	20	21	22	23
第 2 章全体	●		●		●			●	●	
1 権利能力										
2 意思能力と行為能力					●			●		
3 未成年者			●					●	●	●
4 成年被後見人	●		●						●	
5 被保佐人			●							
6 被補助人			●							
7 制限行為能力者の相手方の保護			●							

※出題されている年度に●を記入しています。

1 権利能力

権利をもつことができるのは人だけです

学習時間 15分

(1)権利能力～民法上の権利をもてるのは人だけ？

民法に定められている権利は誰が主張できるのでしょうか。当然、「人」であることは誰にでもわかることです。では、胎児はどうなのか？商店街のような団体はどうなのか？人にもいろいろありそうです。

権利能力とは、権利・義務の主体となるための地位・資格をいいます。民法はすべての「人」に対して平等に権利能力を認めています。

(2)法人格～会社も権利能力があるの？

民法上の「人」には自然人と法人があります。自然人とは生身の人間で、**出生から死亡するまで**をいいます。ただし、**不法行為に基づく損害賠償請求、相続、遺贈について胎児は生まれたものとみなされます**。法人とは、自然人以外で、法律上、権利・義務の主体になることができるものをいいます。たとえば、会社などがその典型例です。なお、同窓会等の団体というだけでは権利能力を有しませんが、会社のような組織を有する場合には、その団体に権利能力を与えたのと同じように扱われる場合があります(権利能力なき社団)。

もし**権利能力がなかった場合は法的な効果がその者に帰属しません。**

用語

能力…資格、立場という意味です。一般用語でいう「彼は能力がある」というような知識や才能がある意味ではありません。

付け足し

権利能力なき社団

権利能力なき社団(同窓会・地域の集まりであっても組織がしっかりとした団体)の財産は、社団の**構成員に総有的に帰属**します。つまり、団体自体が財産を所有することはできません。また、債権者に対して構成員は個人責任を負いません。
なお、**不動産**については個人名義(代表者等)で登記するか、社団構成員全員の共有名義で登記しなければなりません。

人

自然人

法人

ここではコレを覚える 過去問 13-2

□権利の主体となれるのは人であり、人は自然人と法人をいう。

□権利能力なき社団は権利義務の帰属主体になれないので、その資産は構成員全員に総有的に帰属する。不動産登記は社団名義ではできない。

2 意思能力と行為能力

意思無能力は無効、制限行為能力は取消しです

学習時間 30分

(1)意思能力～泥酔した状態で契約しても無効？

意思能力とは、**自分の行っていることの意味を理解できる能力**をいいます。

私たち人間(法律上は自然人といいます。)は、意思能力をもっていればこそきちんとした契約を結ぶことができます。**意思能力がない者が結んだ契約は無効となります。**

契約したら守らないといけないな。

(2)制限行為能力者制度～社会的弱者を保護するには？

意思能力があるかないかは一見分からない場合があります。また、契約を結んだとき飲酒酩酊して意識がなかったということを後の裁判で証明することは困難です。そこで、民法は、一般的に判断能力が不十分であろう者(制限行為能力者)をそれぞれのグループにして、これに保護者をつけて判断能力不足を補わせる仕組みを用意しています。これが制限行為能力者制度です。

制限行為能力者には、未成年者、成年被後見人、被保佐人、被補助人の4種類があります。

(3)制限行為能力者の保護

制限行為能力者制度では、保護者が代わりに契約を結んできたり(代理権)、事前に同意を与えたり(同意権)、事後に契約を取り消したり(取消権)、事後に同意を与えたり(追認権)することで、制限行為能力者を保護しています。ただ、一律ではなく、未成年者、成年被後見人、被保佐人、被補助人でその保護の程度が異なります。

それはなぜ？

たとえば、年端のいかない子供(12～13歳程度まで)や重度の精神障害者や飲酒などによる酩酊者などが典型例です。このような人がたとえ契約などを結んできたとしても、自己の意思によって契約を締結したとは普通いえないため、法律上は無効となるわけです。

ワンポイントアドバイス

制限行為能力は頻出分野なのでしっかりと理解して暗記しておきましょう。意思無能力については、取り消すことができず当初から無効であるという点がよく出題されています。

ここでは、代理権？取消権？…と悩まないで下さい。それぞれ別のセクションで勉強しますので、わからない部分はどんどん飛ばして読み進めましょう。

ここではコレを覚える　過去問　08-3　12-3　21-5

□意思能力のない者がした意思表示は無効となり、取り消すことはできない。

3 未成年者

未成年者は親権者等の同意がないと原則として取り消せます　学習時間 30分

未成年者とは、18歳未満の者をいいます。令和4年4月1日改正前までは20歳未満を未成年者として、未成年者が婚姻すると成年に達したものとみなされていました。改正後は成人年齢も婚姻可能年齢も男女ともに18歳となり、この制度自体がなくなりました。

(1)未成年者の行為能力～未成年者が契約を締結するには？

未成年者が不動産を売買する等の法律行為をするには、原則として**法定代理人の同意**を得なければなりません。

ただし、①**単に権利を得または義務を免れる法律行為**（負担のない贈与を受ける等）、②**処分を許された財産の処分行為**（小遣い銭等）、③**法定代理人が許した一種または数種の営業に関する行為**については、法定代理人の同意は不要です。

付け足し　未成年者は婚姻できないの？

男女ともに 18 歳にならなければ婚姻できません。もし、これに違反して婚姻した場合、各当事者、その親族または検察官は、その取消しを家庭裁判所に請求できます。18 未満で婚姻した者が 18 歳に達した場合、その取消しを請求することができません。なお、18 歳に達した後、3か月間は、その婚姻の取消しを請求することができます。ただし、18 歳に達した後に追認をした場合は取消しを請求することができません。

(2)法定代理人～誰が未成年者を保護するの？

法定代理人とは、法律に基づいて本人の意思によらないで決まる代理人をいいます。未成年者の法定代理人には、**親権者**と**未成年後見人**の2つがあります。

《親権者》

未成年者に父母がある場合には、原則として**父母が共同して親権者**となり、親権は、父母の婚姻中は、父母が共同して行います。父母双方との間に密接な関係を維持していくのが子の最善の利益にかない、父母双方ともにこの養育について同等の責任を負うべきだからです。ただし、父母の一方が親権を行うことができないときは、他の一方が行います。

《未成年後見人》

親権者がいないとき、または親権を行う者が管理権を有しないときは、未成年後見人が法定代理人になります。これを未成年後見といいます。次に説明する精神的な判断能力を欠く者のために開始される成年後見とは

具体例
父母の一方が親権喪失、辞任、成年後見の開始など法律上の原因がある場合のほか、病気等で意思を表示することができないとき、服役中や海外渡航中（通信可能の場合は除く）など事実上親権を行使できない場合も含まれます。

異なり、親権の延長上にある制度といえます。

未成年者に対して**最後に親権を行う者**は、**遺言**で、未成年後見人を指定することができます。親権者が管理権を喪失した場合も同様です。この指定後見人がいないときは、家庭裁判所が、未成年被後見人（未成年者本人）またはその親族その他の利害関係人の請求によって、未成年後見人を選任します。

(3)法定代理権の内容～親だからといって何でもできる訳じゃない？

親権を行う者は、**子の財産を管理し、かつ、その財産に関する法律行為についてその子を代表（代理）**します。ただし、その子の行為を目的とする債務を生ずべき場合には、本人の同意を得なければなりません。親権者は、その際、自己のためにするのと同一の注意をもって、その管理権を行わなければなりません。

それに対して、未成年後見人も財産管理・法定代理権について親権者と同様の権限を有しますが、親権者とは異なり、善良なる管理者としての注意義務を負い、後見監督人と家庭裁判所による監督を受けます。

また、法定代理人である親権者とその子との**利益が相反する行為**、または、子が複数いる場合で、その一人と他の子との利益が相反する行為については、親権者は、その子のために**特別代理人を選任することを家庭裁判所に請求しなければなりません**。これに違反すると**無権代理**となります。「利益が相反する行為」とは、親権者にとっては利益となるが、未成年の子にとっては不利益となる行為、あるいは、同一の親権に服する子の一方にとっては利益となるが、他方にとっては不利益となる行為をいいます。なお、未成年後見人については、後見監督人がある場合を除き、親権者と同様です。

付け足し

養育費は、子が未成熟であって経済的に自立することを期待することができない場合に支払われるものなので、子が成年に達したとしても、経済的に未成熟である場合には、養育費を支払う義務を負うことになります。

(4)取消権～同意を得ないとどうなるの？

法定代理人の同意を得なければならないにもかかわらず、同意を得ずに、未成年者が単独で契約等を行った場合、**未成年者または法定代理人はその契約等を取り消すことができます**。未成年者自身が取り消す場合でも、そのために法定代理人の同意を要するわけではありません。もし同意を得ない取消しを取り消すことができるものとすると、法律関係が複雑になるからです。

取り消すと、その契約等ははじめから無効だったということになります。

具体例

現在では労働基準法上、親権者は、未成年者に代わって労働契約を締結してはならないし、未成年者の賃金を代わって受け取ってはならないものとされています。

具体例

親権者が子の名において金員を借り受け子の不動産に抵当権を設定することは、仮に借受金を親権者自身の用途に充当する意図であっても、利益相反行為とはいえないが、親権者自身が金員を借り受けるに当たり子の不動産に抵当権を設定することは、仮に借受金を子の養育費に充当する意図であったとしても、利益相反行為に当たる（判例）。

(5)追認権～取り消さないといけないの？

取消権者は取り消さずに追認することもできます。追認は相手方に対して行います。**追認すると取り消すことができなくなります。**なお、未成年者は法定代理人の同意がなければ追認できません。

付け足し　未成年後見制度

未成年者に対して親権を行う者がないとき、または、親権者が管理権を有しないときには、いわゆる親代わりとして、未成年後見人が選任されます。未成年者に対して最後に親権を行う者は、遺言により未成年後見人を指定することができます（原則）。それがない場合等は、親族等の利害関係人の請求によって、家庭裁判所が選任することになります。未成年後見人の在職中の職務には、身上についての監護教育する義務と、居所指定権・懲戒権・職業許可権があります。

また、家庭裁判所は、必要があると認めるときは、被後見人、その親族もしくは後見人の請求によりまたは職権で、後見監督人を選任することができ、①後見人の事務の監督、②後見人が欠けた場合の選任請求、③急迫時の必要な処分、④利益相反行為についての被後見人の代表の職務を遂行します（未成年後見も成年後見も同様）。

ここではコレを覚える　過去問　13-2　16-2　21-5　22-3　23-8

□未成年者とは18歳未満の者をいう。

□未成年者が法定代理人の同意を得ずに行った契約等は取り消すことができる。

□①単に権利を得または義務を免れる法律行為、②処分を許された財産の処分行為、③**法定代理人が許した一種または数種の営業に関する行為**については、法定代理人の同意は不要である。

□法定代理人である親権者とその子との利益が相反する行為、または、子が複数いる場合で、その1人と他の子との利益が相反する行為については、親権者は、その子のために**特別代理人を選任**することを家庭裁判所に請求しなければならない。これに違反すると無権代理となる。

□取消権者は追認することができ、追認すると取り消すことができなくなる。

4 成年被後見人

4 成年被後見人

頻出度 **A**

成年被後見人への同意は法的効果がありません

学習時間 **30分**

成年被後見人とは、<u>精神上の障害により事理を弁識する能力を欠く常況にある者</u>として、家庭裁判所による後見開始の審判を受けた者をいいます。

重度の精神障害者や高齢による認知症患者等です。

この審判は、本人、配偶者、四親等内の親族、**未成年後見人**、未成年後見監督人、保佐人、保佐監督人、補助人、補助監督人または検察官の請求により、することができます。

(1)成年後見人の選任

成年被後見人の面倒をみる成年後見人は、家庭裁判所が後見開始の審判をする際に、一切の事情を考慮して職権で選任します。配偶者などの身内が当然に後見人になるわけではなく、適任者を選任できます。

ただし、次の者は後見人にはなれません。

①未成年者(18歳未満の者)、②家庭裁判所で免ぜられた法定代理人、③保佐人または補助人、④破産者、⑤被後見人に対して訴訟をし、またはした者並びにその配偶者および直系血族、⑥行方の知れない者

(2)成年後見人の役割〜成年後見人は何をするの?

成年後見人は、成年被後見人の財産を管理し、かつ、その財産に関する契約等を成年被後見人に代わって行います(法定代理)。ただし、成年被後見人に代わって、**その居住用の建物またはその敷地の売却・賃貸・抵当権の設定等をするには、家庭裁判所の許可が必要**です。

また、成年後見人と成年被後見人との利益が相反する行為については、成年後見人は、特別代理人を選任することを家庭裁判所に請求しなければなりません(後見監督人がいる場合は請求不要です)。

(3)取消権〜成年被後見人は1人で契約ができるの?

成年被後見人が行った契約等は、成年被後見人本人や成年後見人等が取り消すことができます。他の制限行為能力者と異なり、成年被後見人は、事前に保護者の同意があっても、その同意どおりの行動が取れない可能性が高いので、成年被後見人が行った契約等は取り消すことができます。

事理弁識能力のある状態で行われた契約等も取り消すことができます。ただし、日用品の購入その他の日常生活に関する行為(たとえば、コンビニエンスストアで弁当を買う行為など)は、取り消すことができません。

なぜなら、このような行為まで取消が可能とすれば、成年被後見人自身

用語

事理を弁識する能力…契約等の結果(代金を支払ったり、賃料を支払ったり等)を判断するに足るだけの精神能力のことです。事理弁識能力と略すのが普通です。

常況…ときどき普通の精神状態に戻ることがあっても、大体において事理弁識能力を喪失した状態にある者を含む意味です。

具体例

亡父の相続人が、母(被後見人)と子(後見人)の場合に、遺産分割協議をしたり、子(後見人)が母(被後見人)を代理して、相続放棄したりすること等が典型例です。ただし、相続人全員が放棄している場合や、全員同時にする場合には利益相反にあたらないとする判例があります(最判昭和53年2月24日)。

2 権利の主体

の「身の回りのことは自分でしたい」という意思を無視することになるからです。なお、成年被後見人が婚姻をするには、その成年後見人の同意を必要としません。

(4)追認権〜取り消さないといけないの？

成年後見人は取り消さずに追認することもできます。追認は相手方に対して行います。追認すると取り消すことができなくなります。なお、成年被後見人本人は追認できません。

ここではコレを覚える　過去問　14-9　16-2　22-3

□成年被後見人の契約等は、事理弁識能力があっても、成年後見人の同意を得ていても、取り消すことができる。ただし、日用品の購入その他日常生活に関する行為については取り消すことができない。
□成年後見人は、成年被後見人に代わって、その居住の用に供する建物またはその敷地について、売却、賃貸、賃貸借の解除または抵当権の設定等をするには、家庭裁判所の許可を得なければならない。

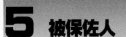

5 被保佐人

被保佐人は法定の重要な行為のみが同意の対象になります　学習時間 20分

被保佐人とは、精神上の障害により事理を弁識する能力が**著しく不十分な者**として、家庭裁判所による保佐開始の審判を受けた者をいいます。成年被後見人よりも精神上の障害が軽い状態にある人です。

この審判は、本人、配偶者、四親等内の親族、後見人、後見監督人、補助人、補助監督人または検察官の請求により、することができます。

(1)重要な契約等～被保佐人は自由に契約ができるの？

被保佐人は、不動産の売買や保証などの法律に定められた次表の重要な契約等を行う場合に限り、保佐人の同意またはそれに代わる家庭裁判所の許可が必要です。ただし、**日用品の購入その他の日常生活に関する行為は同意が不要**です。

1 元本を領収し、または利用すること

元本とは賃料等の法定果実を生じさせるような財産をいいます。賃貸した不動産が典型例です。これを領収したり利用したりすることができません。ただし、**それから生ずる賃料等の法定果実を受領することはできます**（後掲9の例外はあります）。

2 借財または保証をすること

判例上、約束手形の振出し、時効完成後の債務の承認等がその例です。

3 不動産その他重要な財産に関する権利の得喪を目的とする行為をすること

不動産等の売買はもちろん、判例上、**抵当権の設定行為や土地賃貸借の合意解除**もその例です。

4 訴訟行為をすること

訴訟行為とは、民事訴訟において原告となり訴訟を遂行する一切の行為をいいます。相手方の提起した訴えまたは上訴について訴訟行為をする場合は含まれません。

5 贈与、和解または仲裁合意をすること

贈与をすることを意味し、贈与を受けることは同意不要です。

6 相続の承認もしくは放棄または遺産の分割をすること

相続の承認には、単純承認・法定単純承認・限定承認のいずれもが含まれます。

7 贈与の申込みを拒絶し、遺贈を放棄し、負担付贈与の申込みを承諾し、または負担付遺贈を承認すること

贈与を拒絶したり、遺贈を放棄したりすることは、財産獲得の機会を失

参考資料

保佐人が必要もないのに同意を拒んだ場合に、被保佐人のための救済措置として、家庭裁判所が、保佐人の同意に代えて、被保佐人の行為に許可を与えることができるとしたものです。

付け足し

家庭裁判所は、本人、配偶者、四親等内の親族、後見人、後見監督人、補助人、補助監督人、検察官、または保佐人もしくは保佐監督人の請求によって、被保佐人のために特定の法律行為について保佐人に代理権を付与する旨の審判をすることができます。その際、本人以外の者の請求によってその審判をするには、本人の同意が必要です。

い、負担付贈与・負担付遺贈を受諾することは義務を負担することになるからです。

8 新築、改築、増築または大修繕をすること

建物に関しこれらの行為をなすについて他人と契約を締結することを意味します。

9 一定期間(土地5年、建物3年)を超える賃貸借をすること

長期にわたる賃貸借は、長期に拘束する法律関係となるからです。上記期間を超えない賃貸借であれば保佐人の同意なく契約できます。これは前掲1の例外にあたります。

10 上記 1～9 に掲げる行為を制限行為能力者(未成年者・成年被後見人・被保佐人・被補助人)の法定代理人としてすること

未成年者の親権者が被保佐人になった場合で、未成年者の親権者として一定期間を超える期間の建物賃貸借契約を代理して締結する等が典型例です。

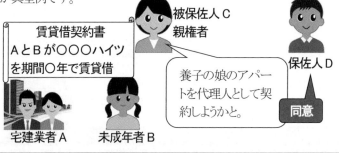

(2)取消権～同意を得ないとどうなるの？

保佐人の同意が必要な行為であるにもかかわらず、同意も、それに代わる家庭裁判所の許可も得ずに行われた被保佐人の行為は、被保佐人本人や保佐人が**取り消すことができます**。被保佐人自身が取り消す場合でも、未成年者と同様に、そのために保佐人の同意を要するわけではありません。

(3)追認権～取り消さないといけないの？

取消権者は取り消さずに追認することもできます。追認は相手方に対して行います。**追認すると取り消すことができなくなります**。なお、被保佐人は保佐人の同意がなければ追認できません。

ここではコレを覚える 過去問 16-2

□不動産の売買等、保佐人の同意が必要な行為を、被保佐人が同意を得ずに行った場合、その行為を取り消すことができる。
□被保佐人は、日用品の購入その他日常生活に関する行為については、保佐人の同意を必要としない。

6 被補助人

被補助人は家庭裁判所が決めた行為のみが同意の対象です

学習時間 10分

被補助人とは、精神上の障害により事理を弁識する能力が不十分な者として、家庭裁判所による補助開始の審判を受けた者をいいます。被保佐人よりも精神上の障害が軽い状態にある人です。

この審判は、本人、配偶者、四親等内の親族、後見人、後見監督人、保佐人、保佐監督人または検察官の請求により、することができます。

ただし、**成年後見や保佐と異なり、本人以外の者の請求で開始するときは、本人の同意が必要となります。**

(1)補助人の同意を要する行為

家庭裁判所は、特定の行為(**被保佐人が同意を要する行為の一部**)について、補助人の同意を必要とする旨の審判をすることができます。ただし、**本人以外の者の請求によりこの審判をするには、本人の同意が必要です。**

(2)取消権～同意を得ないとどうなるの？

補助人の同意が必要な行為であるにもかかわらず、同意も、それに代わる家庭裁判所の許可も得ずに行われた被補助人の行為は、被補助人本人や補助人が**取り消すことができます。**被補助人自身が取り消す場合でも、未成年者と同様に、そのために補助人の同意を要するわけではありません。

(3)追認権～取り消さないといけないの？

取消権者は取り消さずに追認することもできます。追認は相手方に対して行います。**追認すると取り消すことができなくなります。**なお、被補助人は補助人の同意がなければ追認できません。

付け足し

家庭裁判所は、本人、配偶者、四親等内の親族、後見人、後見監督人、保佐人、保佐監督人、検察官、または補助人もしくは補助監督人の請求によって、被補助人のために特定の法律行為について補助人に代理権を付与する旨の審判をすることができます。その際、本人以外の者の請求によってその審判をするには、本人の同意が必要です。

ワンポイントアドバイス

被保佐人と被補助人については、近年よく出題されています。同意が必要な行為と同意を得ずに行った場合の効果からの出題がほとんどです。学習の順序としては、頻出分野の未成年者と成年被後見人をしっかりと理解・暗記した後で、被保佐人・被補助人を学ぶのがベターです。

ここではコレを覚える

□本人以外の者の請求により補助開始の審判をするには、本人の同意がなければならない。

□家庭裁判所の審判によって補助人の同意が必要とされた行為を、被補助人が勝手に行った場合、その行為を取り消すことができる。

7 制限行為能力者の相手方の保護

相手方は催告することで取消しの呪縛から解放されます　学習時間 60分

それはなぜ？

追認してもらえれば、もう取り消されなくなるので、相手方は安心です。つまり、相手方が追認する権限をもっている人（法定代理人・保佐人・補助人）に対して、「追認してもらえますか？」と伝える（催告）というわけです。

特別の方式を要する場合…法定代理人、保佐人または補助人が単独で同意を与え、または代理することのできない行為の意味です。後見人が後見監督人の同意を必要とする範囲内の行為などがこれにあたります。

意思能力・制限行為能力は宅建士試験では頻出分野です。また、民法という法律を理解する上でとても重要な知識となるので、正確に理解しましょう。

制限行為能力者の行った契約は後で取り消される可能性があります。いつ取り消されるかわからない状態では、相手方は安心して転売できなくなります。そこで、この**不安定な状態から相手方を救済する制度**が催告権です。

(1)催告～どのような催告ができるの？

相手方は、1か月以上の期間を定めて取り消すことのできる行為を追認するか否かを催告することができます。

(2)返答がなかった場合

もし催告したのに何の返答もなかった場合は、追認したものとみなされます。ただし、**特別の方式を要する場合**には、その期間内にその方式をとったという通知がない限り、逆に取り消したものとみなされます。

(3)被保佐人または被補助人との契約等の場合

相手方は、**被保佐人または被補助人**に対しては、1か月以上の期間を定めてその保佐人または補助人の追認を得るべき旨の催告をすることができます。その被保佐人または被補助人がその期間内にその追認を得た旨の**通知を発しない**ときは、その行為を**取り消した**ものとみなされます。

(4)制限行為能力者が詐術を用いた場合

契約にあたって制限行為能力者が詐術（さじゅつ）を用いた場合は、制限行為能力を理由に契約を取り消すことができません。未成年者が免許証を偽造して年齢を偽り成年者として契約を結んだ場合や、同意を得ていないのに同意を得たと信じさせる場合などがその例です。

ここではコレを覚える　過去問 16-2

□制限行為能力者と契約等をした相手方は、取消権者に対して追認するか否かを確答するように催告することができる。

□所定の期間内に取消権者からの確答がない場合、追認したものとみなされるのが原則である。

□制限行為能力者が詐術を用いるとその行為を取り消すことができなくなる。

ここを押さえる過去問 1・2・3

問1 令和4年4月1日からは、成年年齢が18歳となったため、18歳の者は、年齢を理由とする後見人の欠格事由に該当しない。(2022)

問2 未成年者Aが、法定代理人Bの同意を得ずに、Cから甲建物を買い受ける契約を締結した。AがBの同意を得ずに制限行為能力を理由として本件売買契約を取り消した場合、Bは、自己が本件売買契約の取消しに同意していないことを理由に、Aの当該取消しの意思表示を取り消すことができる。(2023)

問3 未成年者Aが、法定代理人Bの同意を得ずに、Cから甲建物を買い受ける契約を締結した。本件売買契約締結時にAが未成年者であることにつきCが善意無過失であった場合、BはAの制限行為能力を理由として、本件売買契約を取り消すことはできない。(2023)

問4 成年被後見人が第三者との間で建物の贈与を受ける契約をした場合には、成年後見人は、当該法律行為を取り消すことができない。(2014)

問5 成年後見人は、後見監督人がいる場合には、後見監督人の同意を得なければ、成年被後見人の法律行為を取り消すことができない。(2022)

問6 被保佐人が、不動産を売却する場合には、保佐人の同意が必要であるが、贈与の申出を拒絶する場合には、保佐人の同意は不要である。(2016)

問7 被保佐人が保佐人の事前の同意を得て土地を売却する意思表示を行った場合、保佐人は、当該意思表示を取り消すことができる。(2003)

問8 買主Bが被保佐人であり、保佐人の同意を得ずにAとの間でA所有の土地の売買契約を締結した場合、当該売買契約は当初から無効である。(2005)

問9 被補助人が法律行為を行うためには、常に補助人の同意が必要である。(2010)

問 10 被補助人が、補助人の同意を得なければならない行為について、同意を得ていないにもかかわらず、詐術を用いて相手方に補助人の同意を得たと信じさせていたときは、被補助人は当該行為を取り消すことができない。(2016)

問 1:(○) 問 2:(×)法定代理人または保佐人の同意がなくても取消しの効果は完全に生じます。 問 3:(×)取消しについては善意無過失の相手方に対しても主張できます。 問 4:(×)日常生活に関する行為とはいえないので取り消すことができます。 問 5:(×)後見監督人の同意は不要です。 問 6:(×)同意が必要です。 問 7:(×)保佐人も同意をした以上、取り消せません。 問8:(×)当初から無効となるのではなく、取り消すことで無効となります。 問 9:(×)家庭裁判所の審判で定められた行為についてのみ同意が必要です。 問 10:(○)

第 3 章
法的効果が有効に発生する流れ

過去10年の出題分析

テキスト項目＼出題年	14	15	16	17	18	19	20	21	22	23
第3章全体	●	●	●	●	●	●	●	●	●	
1 契約とは何か										
2 契約の成立要件										
3 契約の有効要件		●	●	●	●	●	●	●	●	
1 取消しと無効				●				●	●	
2 心裡留保										
3 虚偽表示		●			●					
4 錯誤			●		●	●	●			
5 詐欺・強迫			●		●	●				
6 契約内容の有効性										
4 効果帰属要件（代理）	●			●	●	●			●	
5 条件・期限（効力発生要件）					●				●	

※出題されている年度に●を記入しています。

1 契約とは何か

民法よりも契約が優先することが多いです

頻出度 **C**

学習時間 **10分**

これまで、法律行為のことを、本書ではあえて「契約等」と表現していました。理由は、法律行為という言葉が少し難しく感じられるからです。ただ、避けては通れないので、ここで法律行為についてしっかりと理解しておきましょう。

(1)法律行為とは～契約は法律行為の一種？

法律行為とは、人が法的な効果を発生させようとする行為で、意思表示を要素とするものをいいます。その中には単独行為、契約、合同行為の3種類があります。法律行為の中でも最も重要な契約についてさらに詳しく解説します。

法律行為 ┤
- ・単独行為
- ・契約
- ・合同行為

用語

単独行為…単一の意思表示により構成される法律行為のことをいいます。たとえば、追認、取消し、解除、遺言などです。
契約…2つ以上の意思表示の合致により成立する法律行為のことをいいます。
合同行為…2つ以上の意思表示が、相対立せずに同一の目的に向けられた形で合致することにより成立する法律行為のことをいいます。たとえば、法人設立行為などです。

(2)契約自由の原則～どんな契約でも自由に結べるの？

今、勉強している民法という法律にはある特徴があります。それは、「守らなくてもよい」ということです。何を突然！と思われるかもしれません。法律なのに守らなくてもよいとは論理矛盾なのではと思われるでしょう。しかし、本当なのです。私たちの住む社会のルールは、250年ほど前の近代革命でその土台が作られました。そのときのキャッチフレーズは**自由**でした。自分の人生を自分の自由な意思で自由に決められるというのが近代革命で私たちが勝ち取ったものなのです。この自由というキャッチフレーズから、**私たちは、誰と契約をしようが、どのような内容で契約を結ぼうが自由だ！**という結論が導かれます。したがって、民法などという国が作ったルールよりも、互いに話し合った結果結ばれた契約が優先するのです。これを**契約自由の原則**といいます。

しかし、たとえば「○○さんを殺してきてくれたら、成功報酬として500万円支払う」という内容の契約なども、有効だと考えるととても恐ろしい世の中になります。どんな内容の契約でも許されるのかといえば、そうではなく、**社会秩序を乱すような内容の契約は許されません。**これを**公序良俗に反するため無効**と言うことがあります。

ここではコレを覚える

☐原則として、誰とどのような内容の契約を締結するかは自由である(契約自由の原則)。
☐公序良俗に反する契約は無効である。

▶ 174 ◀

2 契約の成立要件

口約束だけでも契約は成立するのが原則です

売買契約を結ぶと、買主は代金を支払い、売主は品物を引き渡し、その品物は売主から買主の物になります。このような契約の結果として生じることを、法律の世界では効果と呼びます。世の中で行われる契約の大半は何の問題もなく契約が結ばれると法的な効果が生じます。ただ、もし、契約の際に詐欺が行われたら、金額を間違えてしまったら、他人に契約することをお願いしていたら、契約に条件を付けていたらどうなるのでしょうか。

この章では契約が有効に効力を発生するまでを 4 つの段階に分けて検討します。

契約が成立して有効に効力を発生させるためには、**①成立要件**、**②有効要件**、**③効果帰属要件(代理)**、**④効力発生要件(条件・期限)**の4つのハードルをクリアーする必要があります。

(1)契約の成立要件～契約は見た目で一致すれば成立するの？

契約が有効に成立すると債権が発生します。ただ、債権が発生するまでにはいくつかのハードルを越える必要があります。

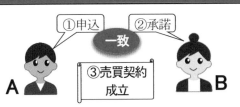

①申込 ②承諾 一致
③売買契約成立
A B

用語

債権…特定の相手方にある一定の行為を要求する権利のこと。また、債権をもつ者を債権者といいます。

債務…債権に対応する相手方の義務のこと。また、債務を負担する者を債務者といいます。

まずは、契約の内容を示してその締結を申し入れる意思表示(申込)に対して相手方が承諾をしたときに成立します。**申込と承諾が一致しなければなりません**。この申込と承諾の意思表示は、**外形で一致すればよい**とされています。たとえば、Aが本当は甲という土地を購入したいのにもかかわらず、「乙地を下さい」と申込みをして、それに対して、Bが「乙地ですね。お買い上げありがとう」と承諾した場合、内面(本当の意思)では意思が一致していないのですが、外形(見かけ)では一致しているので、契約は成立することになります。

また、契約の成立に書面や引渡しなどは必要なく、原則として口約束でも成立します。ちなみに、契約書などは後に争いが生じたときの証拠となります。

(2)意思表示の効力発生時期等～契約はいつ成立するの？

申込や承諾の意思表示は、その通知が相手方に到達した時に効力が生じます。

もし、相手方が正当な理由なく意思表示の通知が到達することを妨げたときは、その通知は、通常到達すべきであった時に到達したものとみなされます。

具体例

賃料等を滞納する賃借人に、賃料支払いの催告をしたり、債務不履行による契約解除の通知をしたりしたにもかかわらず、その書面を故意に受け取らない場合等。なお、相手方を知ることができず、またはその所在を知ることができないときは、裁判所の掲示板等で公示する方法によって意思表示することができます。

付け足し

意思表示は、表意者が通知を発した後に死亡したり、意思能力を失ったり、行為能力の制限を受けたりした場合でも、効力は妨げられません。その逆に、意思表示の相手方がその意思表示を受けた時に、意思能力を失っていたり、未成年者または成年被後見人であったりした場合は、その意思表示をもってその相手方に対抗することができません。ただし、相手方の法定代理人や意思能力を回復し、または行為能力者となった相手方がその意思表示を知った後は対抗できます。

3-1 取消しと無効＜契約の有効要件

取り消すと無効になりますが、無効のものは取り消せません

頻出度 **B**

学習時間 20分

これまで、特に詳しい説明もなく、「取り消す」とか「無効」という言葉を使ってきました。これらも法律用語なので、ここでしっかりとその意味を理解しておきましょう。

無効	法律効果を当初からまったく生じないものとして取り扱うもの
取消	いったん法律効果を発生させた後に、これを消滅させる余地を認めるもの

(1)取消しと無効～どこが違うの？

取消しと無効は、結果は同じなのですが、その内容が異なります。

無効	いつでも・誰でも、主張できるのが原則です。つまり、時効にかからず、利害関係があれば誰でも主張できます。また、無効の場合は、はじめからそのような契約が存在しないので、追認することもできません。
取消	一定期間それを主張しなければ時効によって主張できなくなり、取消の主張ができる者が限られています。また、取消しの場合は追認することができます。

(2)取消しの主張①～時間制限がある？

無効の主張には時間制限がありませんが、取消しの主張には時間制限があります。取り消すことができる権利（取消権といいます）は、追認することができる時から5年間行使しないときは、時効によって消滅します。また、行為の時から20年経過したときも消滅します。

 付け足し

5年と20年とする取消権の時効の規定は、制限行為能力と意思表示以外の規定には適用されません。たとえば、詐害行為取消権や書面によらない贈与の取消し（解除）、無権代理行為の取消しには適用されません。

(3)取消しの主張②～限られた者しかできない？

制限行為能力を理由に取り消すことができる行為は、**制限行為能力者(他の制限行為能力者の法定代理人としてした行為にあっては、当該他の制限行為能力者を含みます)またはその代理人、承継人**もしくは同意をすることができる者に限り、取り消すことができます。また、錯誤や詐欺・強迫を理由に取り消すことができる行為は、**錯誤して意思表示をした者や詐欺・強迫を受けて意思表示をした者**またはその代理人もしくは承

 用語

追認することができる時…原則として取消しの原因となっていた状況が消滅した時をいいます。未成年者は成年になった時、成年被後見人は後見開始の審判が取り消された時、詐欺や強迫を受けた者は詐欺や強迫の情況を脱した時をいいます。

行為の時…問題の行為、たとえば未成年の法律行為、詐欺による意思表示などが行われた時をいいます。

 用語

承継人…承継人には包括承継人(たとえば、相続人のように、前主の権利義務を包括的に承継した者)と特定承継人(たとえば、不動産の譲受人のように、個別の権利だけを承継した者)の2種類があり、取消権者の承継人は両者を含みます。

継人に限り、取り消すことができます。

括弧内の「他の制限行為能力者の法定代理人としてした行為」というのは、2020年の民法改正で付け足されたものです。たとえば、制限行為能力者Bが法定代理人となる場合、代理される本人Aも制限行為能力者であれば、Aを保護するため、Aにも取消権を認めたものです。

(4)取り消された行為～取消しをした後はどうなるの？

取り消された行為は、はじめから無効だったということになります。 一応生じた効果は、取消しの主張により、一度も生じなかったことになります。ちなみに、これを遡及効(そきゅうこう)と呼びます。したがって、法的な効果は、取消しの場合も無効の場合も同じです。

(5)追認～取り消すことができる行為は追認できる？

追認とは、一応有効に成立している法律行為を確定的に有効とする意思表示をいいます。 追認するには、法律行為を取り消すことができるものであることを知っていることと、取消しの原因となっている状況が消滅した後であることの要件を満たす必要があります。

ただし、次の場合には、取消しの原因となっていた状況が消滅した後でなくても、取消権があることを知っていれば追認できます。

> ①法定代理人や制限行為能力者の保佐人または補助人が追認をするとき
>
> ②制限行為能力者(成年被後見人を除く)が法定代理人、保佐人または補助人の同意を得て追認をするとき

付け足し

法律上の一定の事実があれば、取り消すことができる法律行為が取り消すことができなくなり確定的に有効になります(法定追認)。一定の事実とは、①全部または一部の履行、②履行の請求、③更改、④担保の供与、⑤取り消すことができる行為によって取得した権利の全部または一部の譲渡、⑥強制執行をいいます。

ここではコレを覚える　過去問　17-2　21-5　22-3

□**無効な行為**は、追認によっても、その効力を生じない。

□**取消権**は、追認をすることができる時から5年間行使しないときは、時効によって消滅する。また、行為の時から20年を経過したときも消滅する。

□**取消しの主張ができる者**は、制限行為能力者(他の制限行為能力者の法定代理人としてした行為にあっては、当該他の制限行為能力者を含む。)またはその代理人・承継人もしくは同意をすることができる者、または、錯誤や詐欺・強迫を理由に取り消すことができる行為は、錯誤して意思表示をした者や詐欺・強迫を受けて意思表示をした者またはその代理人・承継人に限られる。

参考資料

たとえば、不動産の売買契約が取り消された場合、一応生じた代金支払債務や不動産引渡債務は、履行する必要がなくなります。また、すでに履行されている場合は、代金や不動産の返還請求をすることになります(原状回復と呼びます)。

3-2 心裡留保く契約の有効要件

冗談でも相手方が過失なく信じると契約は有効になります

学習時間 20分

(1)心裡留保①～心裡留保ってなに?

心裡留保とは、意思表示の<u>表意者</u>が表示行為に対応する真意(本当の気持ち)のないことを知りながらする単独の意思表示をいいます。わかっていながら嘘をつくこと、冗談のことです。たとえば、本当は売るつもりなんかないのに「売りますよ!」と意思表示するような場合です。

用語
表意者…意思表示をした者をいいます。
善意…ある事実を知らないこと。
悪意…ある事実を知っていること。

(2)心裡留保②～心裡留保の場合、契約は有効?

心裡留保は原則として有効です。ただし、相手がその意思表示が真意ではないことを知っていたり知ることができたりした場合には無効となります。たとえば、表意者が冗談で言っていると相手がわかっていて結んだ契約は無効になります。

A の冗談について
B が善意かつ無過失
⇒有効
B が悪意または有過失
⇒無効

(3)心裡留保③～後から第三者が取引関係に入ってきたら?

心裡留保で契約等が無効であるにもかかわらず、それを知らずに取引関係に入ってしまった善意の<u>第三者</u>がいた場合、心裡留保の表意者はその第三者に対して無効の主張ができません。

AB の契約が心裡留保により無効であっても、善意で取引関係に入ったC に無効を主張できない。

付け足し
第三者は、善意であればよく、無過失であることも登記を備えている必要もありません。これは、**虚偽の外形を信頼して取引関係に入った第三者を保護するため**に規定されたものです(取引の安全)。

ここではコレを覚える

□心裡留保は、原則として有効であるが、悪意または過失のある相手方との関係では無効である。ただし、その無効は、善意の第三者に主張できない。

3-3 虚偽表示＜契約の有効要件

財産隠しの目的で結託して契約しても無効となります

学習時間 40分

虚偽表示とは、**表意者が相手方と通謀（結託）して行った真意と異なる意思表示**をいいます。お互いわかっていながら嘘をつくことです。

たとえば、借金取りに追われている人が、自分の土地を借金取りに持っていかれるのを防ぐために、知人にお願いしてその土地を売ったということにしておくなどです。もちろん、犯罪にもなります。

（1）虚偽表示の効果～虚偽表示による契約はどうなるの？

虚偽表示による意思表示の効果は無効となります。

（2）第三者～虚偽表示の後にが取引関係に入ってきたら？

虚偽表示で無効となった場合、**善意の第三者に主張できません**。第三者は、善意であればよく、無過失であることも登記を備えている必要もありません。これは、**虚偽の外形を信頼して取引関係に入った第三者を保護する**ために規定されたものです（**取引の安全**）。

ABの契約が虚偽表示により無効であっても、善意で取引関係に入ったCに無効を主張できない。

（3）善意の第三者～どんな人？

①第三者の定義

一般承継人…他人の権利義務を一括して承継する人のことで、包括承継人ともいいます。たとえば被相続人の財産等を包括的に承継する場合の相続人がこれに当たります。

ここでいう第三者とは、**虚偽の意思表示の当事者またはその一般承継人以外の者であって、その表示の目的につき法律上利害関係を有するにいたった者**をいいます。

事情を知らずに、仮装譲渡（虚偽表示による譲渡のこと）された土地を買った人やその転得者、その土地に抵当権の設定を受けた人が善意の第三者の典型です。

▶ 180 ◀

②転得者は第三者に当たるのか？

虚偽表示による契約の無効は、第三者から善意で目的物を取得した者
(転得者)に対しても、原則として対抗することができません。

一度、善意の第三者が現れた場合には、その後目的物を取得した者に
対しては、その者の善意・悪意を問わず、虚偽表示による契約の無効を
対抗することができないのです。

③土地売買が虚偽表示、その上の建物の賃借人

仮装譲渡された土地上に建てられた建物の賃借人は、独立した利益が
なく、第三者ではありません。

ワンポイントアドバイス

虚偽表示は頻出分野です。特に、善意の第三者については多くの判例
があります。過去問や模擬試験を通じて判例を覚えましょう。

付け足し

仮装譲渡の譲受人に
対して単に債権をもっ
ているだけの**一般債権
者**は、**新たな関係を作
ったわけではないた
め、第三者ではありま
せん**。しかし、その債
権者が仮装譲渡された
目的物を差し押さえる
と第三者になります。

ここではコレを覚える　過去問　12-1　15-2　18-1

□善意の第三者に対しては虚偽表示による無効を主張できない。
□第三者は善意であればよく、無過失であることや登記のあることまでは要求されない。

3-4 錯誤＜契約の有効要件

錯誤によって契約した場合は取り消せます

学習時間 40分

錯誤とは、**表示に対応する意思がないか**（表示内容の錯誤）、または、**法律行為の基礎とした事情についてのその認識が真実に反すること**（基礎事情の錯誤）をいいます。つまり、勘違いのことです。

たとえば、乙地を売るつもりで契約書にサインしたつもりが、甲地の売買契約書にサインしてしまったような場合が表示の内容の錯誤で、鉄道が開通して地価が上がるという噂を信じて価値の低い土地を高額で買い受けたが噂は事実無根であった場合が基礎事情の錯誤です。

(1) 錯誤による意思表示の効果〜錯誤で契約するとどうなるの？

錯誤で契約した場合、その錯誤が**法律行為の目的及び取引上の社会通念に照らして重要なもの**であるときは、原則として、**取り消すことができます**。ただし、基礎事情の錯誤の場合は、その事情が法律行為の基礎とされていることが表示（**契約書に明記されている等**）されていたときに限り、取り消すことができます。

(2)取消し①～取消しを主張できない場合がある？

錯誤は、表意者を保護するためのものです。表意者に重大な落ち度（重過失）があったときまで保護する必要がありません。したがって、**錯誤が、表意者の重大な過失によるものであった場合**には、**原則として、取り消すことができません。**

ただし、①相手方が表意者に錯誤があることを知り、または重大な過失によって知らなかったときや、②相手方が表意者と同一の錯誤に陥っていたときは、相手方を保護する必要性も低くなるので、錯誤による取消しを主張することができます。

**保護する
必要なし**

地下鉄が開通
して地価が上
がるはず

重過失

表意者A

地下鉄が開通
して地価が上
がるはず

重過失
同一錯誤

相手方B

(3)取消し②～第三者が取引関係に入ってきたら？

例えば、Aが、錯誤で自己所有の不動産をBに売却し、それに気づき契約を取り消しましたが、すでにその不動産がCに転売されていたような場合、AはCに対しても取消しを主張して、不動産を取り戻すことができるでしょうか。

錯誤した表意者を保護するのも大切ですが、第三者の利益を無視するわけにもいきません。したがって、**錯誤による意思表示の取消しは、善意でかつ過失がない第三者に主張することができません。**

前記の例で、CがBから購入する際に、Aが錯誤で売却したことを知らず、知らないことに落ち度がなかった場合は、Cのほうが保護され、Aに不動産を返還しなくてもよくなります。

ワンポイントアドバイス

契約の有効要件は超頻出分野なのでとても重要です。特に、虚偽表示と錯誤は条文に書かれている要件だけを覚えていても得点に繋がりません。出題の中心は最高裁判例です。最高裁判例については、過去問と模擬試験等で補充しておきましょう。

契約の有効要件の勉強が一通り終わった後は、物権変動と契約の解除との違いを理解することも重要になります。

ここではコレを覚える 過去問 11-1 13-1 16-3 18-1 19-2 20-6

□意思表示は、①表示に対応する意思を欠く錯誤（表示内容の錯誤）や、②表意者が法律
　行為の基礎とした事情についてのその認識が真実に反する錯誤（動機の錯誤）に基づくも
　のであり、その錯誤が法律行為の目的及び取引上の社会通念に照らして重要なものであ
　るときは、取り消すことができる。
□基礎事情の錯誤による意思表示は、その事情が法律行為の基礎とされていることが表示
　されていたときに限り、取り消すことができる。
□錯誤が表意者の重大な過失によるものであった場合には、原則として、取消しを主張で
　きない。ただし、①相手方が表意者に錯誤があることを知り、または重大な過失によって
　知らなかったときや、②相手方が表意者と同一の錯誤に陥っていたときは、取消しを主張
　できる。
□錯誤による取消しは、善意で、かつ過失がない第三者に主張できない。

3-5 詐欺・強迫＜契約の有効要件

頻出度 **A**

だまされ脅されても契約は無効ではなく取り消せるだけです

学習時間 **30分**

3 法的効果が有効に発生する流れ

だまされたり、脅されたりして、契約を結ばされてしまったような場合、その被害者（表意者といいます）は、後にその**契約を取り消す**ことができます。

(1)第三者①〜詐欺をしたのが第三者だったら？

たとえば、AがBからお金を借りているCにだまされて、Cの債務の保証人となるためにBと保証契約を結んだような場合（第三者詐欺といいます）にも詐欺を理由に取り消せるでしょうか。第三者の詐欺の場合は、**相手方が詐欺の事実を知り、または知ることができた場合に限り（悪意・有過失）、取り消す**ことができます。

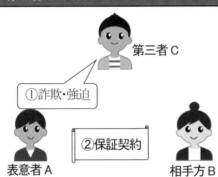

①詐欺・強迫

第三者C

②保証契約

表意者A　　　　相手方B

それはなぜ？

だまされた人よりも**強迫された人をより厚く保護**しようとする趣旨です。

なお、詐欺と異なり、強迫による意思表示は、たとえ**第三者が強迫した場合**でも、常に取り消すことができます。相手方の善意・悪意・過失の有無を問いません。

(2)第三者②〜詐欺・強迫の後に第三者が取引関係に入ってきたら？

詐欺や強迫によって建物を売却してしまい、契約を取り消す前にその建物が他の人（<u>第三者</u>）に売り渡されてしまった場合、だまされた人・強迫された人はその建物を取り戻すことができるでしょうか。

参考資料

保護を受ける**第三者**は、取り消す前に利害関係を有するに至った者をいいます。取り消した後に利害関係を有するに至った者は含みません。

①詐欺・強迫

②売買契約

③売買契約

表意者A　　　　相手方B　　　　第三者C

詐欺による取消は、その第三者が詐欺の事実を知らず、そのことに過失がない状態で（善意・無過失）、取引関係に入った場合は、取り戻すことができません。それに対して、強迫による取消は、第三者による強迫と同様に、その第三者が強迫の事実を知っていても知らなくても、取り戻すことができます。

ここではコレを覚える 過去問 11-1 16-3 18-1 19-2

□相手方の詐欺や強迫による意思表示は、取り消すことができる。

□第三者の詐欺による意思表示は、相手方が詐欺の事実を知り、または知ることができた場合に限り、取り消すことができる。強迫の場合は善意・悪意・過失の有無を問わず取り消すことができる。

□詐欺による意思表示を取り消す前に現われた善意・無過失の第三者に対しては、取消しの効果を主張することができない。強迫の場合は善意・悪意・過失の有無を問わず取消しの効果を主張することができる。

3-6 契約内容の有効性＜契約の有効要件

無謀な契約や犯罪に加担する契約は保護しません　　　学習時間 **5分**

(1)何をいくらで売るかを決めずにとりあえず契約だけしたら？

契約が有効であるためにはその重要部分が解釈などによって確定できることが必要です(確定性)。「何か売って下さい」「はいわかりました」では、まったく法的な効力を与えることができないし、その必要もないからです。

(2)実現不可能な売買契約は有効？

契約は実現可能性がなければ無効です。たとえば、木星にある土地の賃貸借契約など、実現可能性がない契約を保護する意味はありません。

(3)違法な薬物の売買契約や賭博資金を借りる契約は有効？

そもそも法律に違反するような契約は、いくら契約自由の原則といえども、認めるわけにはいきません。また、賭博資金の貸付契約も、公序良俗に反する契約も認めるわけにはいかないので無効です。

付け足し

公序良俗に反して無効となった判例は多数あります。2011年12月16日の最高裁判決では、建築基準法等の法令の規定に適合しない悪質な計画に基づく建物の建築を目的とする請負契約が公序良俗に反し無効とされています。また、1963年1月18日の最高裁判決では、債務者の経済的困窮に乗じて締結された、**債務不履行のときには債権額の約8倍の価格の不動産を債権者が確定的に取得する旨の契約**が公序良俗に反し無効とされています。

ここではコレを覚える

□不確定な契約は無効である。
□実現不可能な契約は無効である。
□違法な契約、**公序良俗**に反する契約は無効である。

4-1 代理制度＜効果帰属要件

他人に契約する権限を与えるには代理権です

学習時間 20分

民法は、他人に契約する上で必要な意思表示をすることを依頼し、契約に基づく効果が本人に帰属する制度を定めています。これを代理といいます。

(1)代理とは～代理の仕組みと用語を覚えよう

それはなぜ？

自分の意思で所有する土地や建物を売ると意思表示し、買主がそれを承諾し、その契約が有効ならば、買主に代金を請求し、土地や建物を引き渡し契約は終了します。ただ、売主や買主本人が未成年者だったり、成年者であっても不動産取引に関する専門知識がなく不安だったりする場合は、他人に契約することを任せた方が、本人の利益になり、実質的に契約自由の原則も拡充します。

代理とは、ある人のした**意思表示の効果が、直接他の人に帰属する法律制度**をいいます。

たとえば、図のように、Aが所有している不動産を売り渡すことをBにお願いして、お願いされたBがAに頼まれた範囲でCと売買契約を結び、AがCに不動産を引き渡し、CがAにその代金を支払うといった場合です。この場

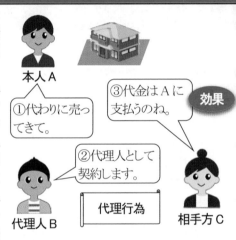

合、売るという意思表示をする者が代理人(B)で、効果の帰属者を本人(A)と呼び、買主(C)を相手方と呼びます。

(2)顕名等～代理人が締結した契約の効果が本人に帰属するには？

用語

代理権…代理人の地位。
顕名(けんめい)…代理人が、本人のために代理行為を行うことを示すこと。
代理行為…代理人が、本人のためにすることを示してする行為。のこと。

どのような場合に、代理人のした行為の効果が、代理人ではなく本人に帰属するのでしょうか。厳密にいえば、誰のした、どのような範囲の、どういう形式でなされた契約などによって、本人にその効果が帰属するのでしょうか。一般には、①**代理権が存在すること**、および、②**代理人が、本人に効果を帰属させることを明らかにして(顕名)意思表示を行い、または、本人に効果を帰属させる旨の相手方の意思表示を受領すること(代理行為)**が必要です。

ここではコレを覚える

□代理人がその権限内において本人のためにすることを示して(顕名)した意思表示は、本人に対して直接にその効力を生じる。

4-2 代理人＜効果帰属要件

制限行為能力者を代理人にしてもそれを理由に取り消せません 学習時間 20分

(1)代理人の選任～代理人を選ぶには？

代理人は、どのようにして代理権が与えられるのでしょうか。

未成年者に対する親権者などの**法定代理**と、不動産の売買を宅建業者に委託するなどの**任意代理**があり、代理人になるための要件が異なります。両者の特長を表にまとめます。

法定代理	本人と一定の関係にある者が法律上当然に代理人になる場合(未成年者の父母など)、一定の者の協議または指定によって代理人に選ばれる場合(父母の協議による親権者など)、裁判所によって選任される場合(後見人など)などがあります。
任意代理	本人の代理権を与える行為(代理権授与行為と呼ぶことがあります)によって発生します。委任契約や雇用契約、請負契約、組合契約などに伴って代理権が与えられるのが普通です。

(2)代理人の資格～誰でも代理人になれるの？

代理人は、意思能力さえあれば、制限行為能力者(未成年者など)でもかまいません。ただし、本人は代理人が制限行為能力者であるという理由で、代理人の行った契約等を取り消すことはできません。

(3)制限行為能力者が、他の制限行為能力者の法定代理人だった場合

制限行為能力者が、他の制限行為能力者の法定代理人だった場合には、その制限行為能力者が、他の制限行為能力者を本人としてした行為(法定代理人としてした行為に限ります)について取り消すことができます。

たとえば、未成年者Aの親権者の父Bが後に保佐開始の審判を受けた後で、Aを本人として、Cとの間でAの不動産を保佐人の同意なく売却した場合には、B及びその承継人や保佐人、その他A及びその承継人や母(代理人)は、この売買契約を取り消すことができます。

付け足し

未成年者が法定代理人の同意を得ずに、代理人になる契約を結んだような場合は、制限行為能力を理由にその代理人になる契約を取り消すことができます。

用語

法定代理…本人の意思とは無関係に法律の規定を根拠として発生する代理。未成年者や成年被後見人の所有する不動産を法定代理人が代わりに売却する場合等が典型です。

任意代理…本人の意思に基づく代理。不動産の所有者が宅建業者にその売却を依頼する場合等が典型です。

それはなぜ？

代理人の行った契約等の効果は、すべて本人に帰属するので、代理人に不利益が生ずることがないからです。本人があえて制限行為能力者を代理人に選んで、本人自身が不利益を受けたとしても、自己責任ということです。

それはなぜ？

法定代理の場合には本人が制限行為能力者を選任したわけではないので、代理人のした法律行為のリスクを本人に負わせることは妥当でないからです。

(4)代理権の消滅～どんな場合に代理権が消滅するの？

代理権は、**本人や代理人が死亡**した場合などに消滅します。本人の地位や代理人の地位は相続しません。その他、信頼関係がなくなるような事情が発生した場合に代理権は消滅します。

		死亡	破産	後見開始	解約告知※1
任意代理	本人	消滅する		消滅しない	消滅する
	代理人			消滅する ※2	
法定代理	本人	消滅する	消滅しない	消滅しない	―
	代理人		消滅する	消滅する	

- ※1 委任契約は、委任者と受任者との間の信頼関係に基づいて成立するものであるため、特に理由は必要とせず、いつでも、どちらからでも解除することができる。
- ※2 新たに代理権を与える場合は、代理人が制限行為能力者や破産者でもかまわないが、代理人になってから、こうした事情が発生した場合には代理権は自動的に消滅する。

ここではコレを覚える 過去問 12-2 14-2 18-2 22-3

□制限行為能力者が代理人としてした行為は、行為能力の制限によっては取り消すことができない。ただし、制限行為能力者が他の制限行為能力者の法定代理人としてした行為については取り消すことができる。

□行為能力の制限によって取り消すことができる行為は、制限行為能力者(他の制限行為能力者の法定代理人としてした行為にあっては、当該他の制限行為能力者を含む)、またはその代理人、承継人もしくは同意をすることができる者に限り、取り消すことができる。

4-3 復代理人く効果帰属要件

任意代理は原則として復代理人を選任できません

学習時間 20分

たとえば、不動産の売買において、買主が遠方に住んでいた場合、売主から依頼を受けた代理業者が何度も足を運ぶとコストがかかるので、現地の宅建業者に任せた方がよい場合があります。このように、**代理人がさらに代理人を選任すること**を**復代理**といいます。

代理人によって選任される代理人を**復代理人**といい、復代理人を選任する代理人の権限を**復任権**といいます。

(1)復代理①～自由に復代理人を選任してもよいの？

任意代理の場合は、本人の委託を受けて代理人とされたので、本人が許諾した場合、または、やむを得ない事情がある場合に限られます。

法定代理の場合は、代理人の意思に関わりなく、また多くの場合本人の意思にもよらずに選ばれるものなので、法定代理人の責任をもって自由に復代理人を選任することができます。

(2)復代理②～復代理人が選任されると代理人はどうなるの？

復代理人の権限は、代理人の代理権を基礎として成立しています。したがって、**復代理権は代理人の代理権の範囲を超えることができません**。もし、復代理人が復代理権の範囲外の行為をした場合には、その行為がたとえ代理人の代理権の範囲内であっても**無権代理**となります。

また、**復代理人を選任しても代理人の代理権は消滅しません**。そして、代理人と復代理人は同等の立場で本人を代理します。なお、代理人の代理権が消滅すると復代理権も消滅します。

さらに、復代理人は、**本人の名で代理行為を行い**、その**効果は本人に帰属します**。一度代理人に帰属した上で本人に帰属するわけではありません。

(3)復代理③～復代理人の行為について、代理人は責任を負うの？

任意代理の場合、代理人は、復代理人の代理行為により本人に損害を生じさせたとき、**債務不履行責任**を負います。実際には、本人と代理人との間で締結された委任契約に従い、**善管注意義務違反等の有無で債務不履行責任があるかどうかを判断**します。

法定代理の場合は、復代理人に過失があれば、法定代理人に過失がなくても責任を負うのが原則です。ただし、やむを得ない事由があるときは、選任と監督責任のみを負います。

ここではコレを覚える 過去問　12-2　17-1

□復代理人は、本人の代理人である。代理人の代理人ではない。

□任意代理人が復代理人を選任できるのは、本人の許諾を得た場合、またはやむを得な
　い事情のある場合だけである。

□復代理人を選任しても、代理人の代理権は消滅しない。

□任意代理人は、復代理人の代理行為について本人に対して**債務不履行責任を負う**。

□復代理人は、本人に対して直接権利と義務を有する。

4-4 代理権の範囲＜効果帰属要件

自己契約や双方代理・利益相反行為は無権代理となります

学習時間 20分

法定代理の場合は、法律により代理権の範囲が定められています。それに対して、任意代理の場合は、代理権を与える契約によってその範囲が定まります。もし、代理権の範囲が不明な場合であっても、保存行為・利用行為・改良行為はできます。

(1)自己契約・双方代理～当事者双方の代理人になれるの？

たとえば、売買契約において、売主の代理人が買主の立場を兼ねたり（自己契約）、売主の代理人が買主の代理人も兼ねたり（双方代理）することは、代理権を有しない者がした行為とみなされます（無権代理）。本人の利益が不当に害されるからです。

したがって、本人があらかじめ許諾した場合は、このような代理も許されます。

また、後から追認することもできます。さらに、債務の履行も、すでに確定した契約内容を決済するだけで、これによって契約当事者間に新しく利害関係が生じるわけではなく、本人の利益を不当に侵害する心配がないので、自己契約も双方代理も許されます。

用語

保存行為…財産の現状を維持する行為をいいます。家屋修繕のための請負契約、時効更新、弁済期後の債務の弁済など。

利用行為…収益をはかる行為をいいます。物または権利の性質を変えない限りでできます。金銭を利息付きで貸し付けるなど。

改良行為…物または権利の価値を増加させる行為をいいます。家屋に造作をつけることの請負契約、無利息消費貸借を利息付に改める契約をするなど。

具体例

売買契約における当事者の一方が相手方の代理人となり、または1人で双方の当事者の代理人となり、不動産の移転登記の申請を行うことなどが典型例です。

《自己契約》

本人

代わりに売ってきて

自分で購入して転売したいな。

代理人＆相手方

《双方代理》

本人

代わりに売ってきて

代わりに買ってきて

双方の代理人　　　相手方

用語

利益相反行為…代理人の利益が本人の不利益になるというように両者の利益が相反する行為をいいます。たとえば、金融機関Cから融資を受けたいと思っているAが、Bの所有する不動産に自己の貸金債務を担保するための抵当権設定契約を、Bの代理人としてCとの間で締結する行為や、貸金の債務者Aが、自己の貸金債務の弁済に代えてBの所有する不動産を給付する代物弁済契約を、Bの代理人として債権者Cとの間で締結する行為は、形式的には自己契約および双方代理に該当しませんが、代理人Aと本人Bとの利益が相反する行為となります。

(2)利益相反行為～自己契約や双方代理以外にも制限がある？

自己契約・双方代理に当たらない場合であっても、代理人と本人との利益が相反する行為については、代理権を有しない者がした行為とみなされます（**無権代理**）。これも、自己契約・双方代理と同じく、本人があらかじめ許諾したような場合は許されます。

なお、債務の履行については、自己契約・双方代理と異なり、除外されていません。利益相反行為であるという判断がなされた上では、本人の利益を害さない債務の履行はあり得ないからです。

(3)代理権の濫用～代理人が代金を着服したら？

たとえば、不動産の販売代理を委託された代理人Bが、買主Cから預かった代金を着服して逃げてしまった場合において、この売買契約はどうなるのかという問題を解決する制度が「代理権の濫用」です。

民法は、代理人が自己または第三者の利益を図る目的で代理権の範囲内の行為をした場合において、相手方がその目的を知り、または知ることができたときは、その行為は、**代理権を有しない者がした行為とみなし**（**無権代理**）、本人と相手方との調整を図っています。

つまり、相手方Cが、Bの着服の目的を知っていたか、知ることができたときは、無権代理となるので、原則として、本人Aに対して不動産の引渡しを請求できないことになります。

もちろん、無権代理ということになるので、無権代理人に対して責任追及したり、本人に対して表見代理の成立を主張することはできます。

本人A
3,000万円以上で売ってきてください。

代金を着服しちゃうぞ

売買契約書
A所有の建物を代理人BがCに3,000万円で売却

代理人B

相手方C

ここではコレを覚える 過去問 12-2 17-1 18-2

□同一の法律行為について、相手方の代理人として（自己契約）、または当事者双方の代理人としてした行為（双方代理）は、代理権を有しない者がした行為とみなす（無権代理）。ただし、**債務の履行および本人が許諾した行為**については許される。

□上記のほか、代理人と本人との利益が相反する行為（利益相反行為）については、代理権を有しない者がした行為とみなす（無権代理）。ただし、本人が許諾した行為については許される。

4-5 代理行為く効果帰属要件

代理人と名乗らないで契約すると代理ではなくなります

学習時間 20分

代理人が行う契約の効果を直接本人に帰属させるためには、代理人が**本人のためにする意思とその表示をする**ことが必要です。これを**顕名**といいます。たとえば、「Aの代理人B」というように、本人と代理人の名前と代理人として契約する旨を示す文句を記載した書面を交付するのが普通です。

(1)本人のためにすることを示す～顕名がないと効果帰属しない?

代理人が本人のためにすることを示さないで行った意思表示の効果は、**原則として本人ではなく代理人に帰属**します。

ただし、**相手方が、代理人が本人のためにすることを知り、または知ることができたときは、その意思表示は直接本人に対して効力を生じます。**

それはなぜ?

代理人が本人のためにすることを示すことは、相手方を保護するためだからです。

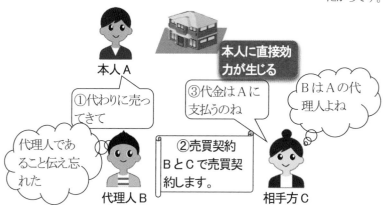

付け足し

代理人が本人の氏名を秘して代理行為をした場合でも、代理人以外の誰かが本人であることを知りながら、相手方が代理人と契約したときは、本人との間に法的効果が生じます。

①代理人がした意思表示の効力が、意思の不存在、詐欺、強迫によって影響を受けるべき場合、②代理人がした意思表示の効力が、ある事情を知っていたことまたは知らなかったことにつき過失があったことによって影響を受けるべき場合（代理人が錯誤に基づいて意思表示をしたが重大な過失があった場合など）、③相手方がした意思表示の効力が、意思表示を受けた者がある事情を知っていたことまたは知らなかったことにつき過失があったことによって影響を受けるべき場合（心裡留保に基づいて相手方がした意思表示について相手方の真意を知りまたは知ることができた場合や、第三者詐欺に基づいて相手方がした意思表示について第三者による詐欺の事実を知っていた場合など）です。

(2)代理行為の効力に問題が生じた場合

代理行為の効力に問題が生じた場合、まず考慮すべきは、**代理人の事情**です。代理行為の瑕疵や善意・悪意などの判断は代理人について行います。現実に契約をするにあたって意思表示をするのは代理人だからです。しかし、特定の契約等をすることを委託された代理人がその行為をした場合は、本人は、自ら知っていた事情、または過失によって知らなかった事情について、代理人が知らなかったことを主張することができません。

付け足し

たとえば、ある地域に近々鉄道の駅が新設される計画があったので、その地域に所在する土地を購入することを委託した本人が、その後にその計画が頓挫したことを知ったが、そのことを知らなかった代理人が土地を購入してしまった場合、**特定の契約等をすることを委託された代理人がその行為をしたとき**に当たるので、本人は、代理人の意思表示が錯誤や詐欺に基づくものである旨の主張をすることができなくなります。

(3)代理人がだまされ、または強迫された場合

代理人がだまされたり、強迫されたりした場合は、代理行為を取り消すことができます。ただし、代理行為の効果は本人に帰属するので、**取り消すことができるのは本人**です。
なお、代理権を与える契約で取消権をも代理人に与えていた場合は代理人が取り消すことができます。

付け足し

代理人が相手方をだまして契約させたような場合には、ここの代理の規定が適用されません。だまされた相手方は、詐欺の要件が備わっていれば、代理人と行った契約を取り消すことができます。

ここではコレを覚える 過去問 12-2 14-2

□顕名のない代理行為は、原則として本人ではなく代理人自身に帰属する。
□相手方が、代理人が本人のためにすることを知り、または知ることができたときは、その意思表示は直接本人に対して効力を生じる。
□代理行為の瑕疵は原則として代理人で判断する。代理人が詐欺・強迫を受けたような場合は原則として本人が取消権を行使することができる。

4-6 無権代理く効果帰属要件

無権代理人と契約した相手方を救う制度です

学習時間 30分

無権代理とは、**代理権がないにもかかわらず**、代理人であるとして行われた行為をいいます。与えられた代理権の範囲外の行為をする場合も無権代理となります。なお、その逆に、正式な代理権を有して行為することを**有権代理**といいます。

それはなぜ？

無権代理人に無過失責任を負わせ相手方を保護しています。

(1)無権代理行為〜勝手に代理人のふりをするとどうなる？

代理権がない者(無権代理人)が、代理人のふりをして契約をした場合、本人がその<u>追認</u>をしなければ、本人に対してその効力が生じません。
この追認(または<u>その拒絶</u>)は、原則として本人から相手方に対してするものですが、無権代理人に対してした場合でもそれを相手方が知ったときは効果が生じます。
また、追認すると(別段の意思表示がなければ)契約の時にさかのぼってその効力が生じます。ただし、第三者の権利を侵害できません。

用語

追認…取り消すことができる行為の追認と異なり、本人にとってまったく効果のない行為を有効にするものです。
追認の拒絶…無権代理行為について、それが本人の追認によって有権代理行為として有効となる可能性を消滅させ、無権代理行為として確定させる本人の意思表示をいいます。これによって、相手方が取消権を行使したのと同じ効果を生じます。

(2)催告と追認〜無権代理行為の相手方は追認を求められる？

無権代理行為の相手方は、相当な期間を提示した上で、**本人に追認をするよう促す**ことができます(催告)。その期間内に本人が返答(確答)しなかった場合は追認を拒絶したものとみなされます。
なお、相手方は、無権代理の事実を知っていた場合であっても催告できます。

本人A

○月○日までに、追認するかしないのかご返答下さい(催告)。

無権代理人B

売買契約
(無権代理行為)

相手方C

(3)取消権〜無権代理行為の相手方は取り消すこともできるの？

本人が追認しない間であれば、無権代理行為の相手方は、無権代理人との間で締結した契約を**取り消すことができ**ます。
ただし、**相手方は無権代理について善意**でなければなりません。無過失までは要求されていません。

本人A

無権代理人B

この契約はなかったことに(取消し)

売買契約
(無権代理行為)

相手方C

善意

(4)無権代理人の責任～無権代理人に責任追及できるの？

無権代理行為の相手方は、無権代理人に対して、履行の請求（契約を果たさせること）または損害賠償の請求をすることができます。どちらを選択するかは、相手方が決めます。もちろん、無権代理人が自己に代理権があることや本人の追認があったことを証明すれば履行または損害賠償の責任は負いません。また、無権代理人が制限行為能力者であった場合も責任を負いません。

上記の**無権代理人の責任は無過失責任**という重いものとなっています。そこで、民法は、それとのバランスをはかり、**相手方に無過失を要求して**います。もっとも、**無権代理人が自分に代理権がないことを知っていた場合**については、無過失の無権代理人の責任を追及しているわけではないので、**相手方は、過失があったとしても無権代理人に責任追及できます**。

付け足し

法定代理人その他の同意を得て無権代理行為をした場合には責任を負います（通説）。

具体例

代理権を与えられた者が代理行為をする直前に本人が死亡してその代理権を失った場合において、代理人が本人の死亡により代理権を失ったことを知らずに無権代理行為をした場合には相手方に無過失まで要求されるのに対して、代理人が本人の死亡により代理権を失ったことを知りながら無権代理行為をした場合には、相手方は過失があったとしても、無権代理人の責任を追及できるということです。

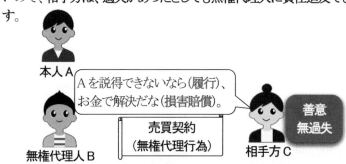

本人A

無権代理人B

Aを説得できないなら（履行）、お金で解決だな（損害賠償）。

売買契約
（無権代理行為）

相手方C

善意
無過失

無権代理人＼相手方	悪 意	善意有過失	善意無過失
悪 意	責任×	責任○	責任○
善 意	責任×	責任×	責任○

ここではコレを覚える 過去問 12-4 14-2 18-2

□本人が追認すると、無権代理行為は、その行為時にさかのぼり本人に効果が帰属していたことになる。

□相手方は、無権代理について悪意であっても、本人に催告することができ、本人が確答しないときは追認を拒絶したものとみなされる。

□相手方は、無権代理について善意である場合、本人の追認がない間であれば、無権代理人が結んだ契約を取り消すことができる。

□相手方は、無権代理について善意かつ無過失である場合、無権代理人が自己の代理権や本人の追認があったことを証明できなければ、無権代理人に対し、履行または損害賠償の請求をすることができる。

□相手方は、無権代理について善意かつ有過失である場合でも、無権代理人が悪意のときは、無権代理人に対し、履行または損害賠償の請求をすることができる。

4-7 無権代理と相続＜効果帰属要件

本人や無権代理人が死亡した場合はその立場も相続します

学習時間 30分

(1)無権代理の後に本人が死亡した場合

本人が、追認や追認拒絶をしないまま死亡し、無権代理人が本人を単独相続したときは、**無権代理人の行った契約は当然に有効となり**、本人から相続した**追認拒絶権を行使することは、信義則に反するため許されません。**
したがって、図の無権代理人Bの相手方Cは不動産の所有権を当然に取得することになります。

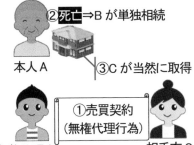

②死亡⇒B が単独相続

本人 A

③C が当然に取得

①売買契約
（無権代理行為）

無権代理人 B

相手方 C

(2)無権代理の後に無権代理人が死亡した場合

本人が追認や追認拒絶をしないうちに無権代理人が死亡し、本人が無権代理人を相続したときは、**本人は、無権代理人が死ななければ普通に行使できた追認拒絶権を主張することができます。**図の本人Aが追認拒絶権を行使すれば、Cは不動産を取得できません。しかし、相手方Cが無権代理行為について

本人 A

③損害賠償請求

②死亡⇒A が単独相続

①売買契約
（無権代理行為）

無権代理人 B

相手方 C

善意・無過失であった場合で、無権代理人Bに対して、損害賠償請求を主張していた場合は話が別です。この状態で、無権代理人Bが死亡した場合、本人Aはこの無権代理人Bの相手方Cに対する責任を相続したことになります。この場合、**本人Aは追認拒絶できる立場にあったことを理由に、この損害賠償責任を免れることができません。**

付け足し

本人が無権代理行為の追認を拒絶した場合には、その後相続によって本人の地位と無権代理人の地位が同一人に帰属することになっても、無権代理行為が有効にはなりません。

ここではコレを覚える 過去問 12-4 18-10 19-5

□本人が、追認や追認拒絶をしないまま死亡し、無権代理人が本人を単独相続したときは、無権代理人の行った契約は当然に有効となる。

□本人が追認や追認拒絶をしないうちに無権代理人が死亡し、本人が無権代理人を相続したときは、本人は、追認拒絶権を主張することができるが、損害賠償責任を負うことはある。

4-8 表見代理く効果帰属要件

無権代理行為について本人にも責任があった場合は？

学習時間 30分

表見代理は、代理権がないにもかかわらず、あたかも代理権があるかのように見える場合に、信頼して取引関係に入った者を保護するため、代理の効果を認める制度をいいます。

(1)表見代理の種類～本人の責任には3つある？

表見代理には次の3種類があります。

①本人が代理権を与えたといいながら実際には与えていなかった場合(**代理権授与の表示による表見代理**)

②代理権の範囲を越えた場合(**権限外の行為の表見代理**)

③前に存在した代理権が消滅した場合(**代理権消滅後の表見代理**)

表見代理が成立すると、本人は代理行為の効果帰属を拒めなくなります。

(2)代理権授与の表示による表見代理～白紙委任状はリスクあり？

代理権を与えていないにもかかわらず、第三者Cに対して、ある特定の人Bに**代理権を与えたことを表示**した場合、それを**過失なく信じた**第三者Cと特定の人Bとの間で行われた契約は表見代理となり、Bに代理権を与えた旨をCに表示した者Aは、Bが無権代理人であることを主張できなくなります(つまり、BCの契約等の効果がAに生じることになります)。

《代理権授与の表示による表見代理の成立要件》

①他人に代理権を与えた旨の表示をしたこと

②代理権を授与された旨表示された人が、表示を受けた第三者と表示された代理権の範囲内で代理行為をしたこと

③相手方が代理権のないことを**知らず**かつそのことに過失がないこと

 用語

代理権を与えた旨の表示…ある人が自分の代理人であることを一般に信頼させるような行為をすることを許容する場合をすべて含みます。たとえば、AからBに「白紙委任状」を交付することは、その目的がどうであっても、Bからその白紙委任状を見せられたCに対しては、AはBを自分の代理人とする旨を表示したことになります。

表示した者A
(本人)

①Bに白紙委任状と実印渡しておきます(表示)。

③Aが責任とってね。

特定の人B
(無権代理人)

②売買契約
委任状にあるとおり売買する権限があります。

第三者
(相手方)

善意
無過失

(3)権限外の行為の表見代理～代理権の範囲を越えた場合は？

代理人Bがその**権限外の行為をした**場合に、第三者Cがその権限があると信じてしまうような**正当な理由**があるときは、本人Aは、表見代理人の行為について、その責任を負います（つまり、BCの契約等の効果がAに生じることになります）。

《権限外の行為の表見代理の成立要件》

①代理人に何らかの代理権（**基本代理権**）があること
②**基本代理権**を越えた行為がなされたこと
③相手方が権限内と信じる<u>正当な理由</u>があること

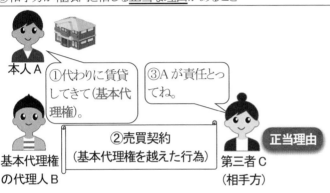

本人A

①代わりに賃貸してきて（基本代理権）。

③Aが責任とってね。

基本代理権の代理人B

②売買契約（基本代理権を越えた行為）

第三者C（相手方）

正当理由

付け足し

代理人が直接本人の名で権限外の行為をした場合、相手方がその行為を本人自身の行為であると信じたことにつき正当な理由がある場合に限り、表見代理の規定を類推適用して本人が責任を負います。

付け足し　代理権授与の表示＆権限外の行為の表見代理

（基本）代理権があるかのような表示がなされた場合に、これを基本代理権として表示された基本代理権の範囲外の行為をしたことについて、相手方が、代理権があると信じたことに**正当な理由**がある場合にも、本人は表見代理として責任を負います。たとえば、AがBに甲建物に抵当権を設定する代理権を与える旨の虚偽の表示をし、Bが代理人として甲建物をCに売却したような場合です。この場合、Cが、Bに売却する代理権があると信じ、そう信じることに正当事由があれば、Aに売買契約の効力が及びます。

(4)代理権消滅後の表見代理～前に存在した代理権が消滅したのに？

代理権消滅後に、もと代理人であった者が代理行為をし、これに対し、相手方が**善意で過失がない**場合には、表見代理として相手方は代理の効果を本人に対して主張することができます（つまり、代理権が消滅しなか

用語

基本代理権…私法上の法律行為を行う権限をいいます。公法上の行為や事実上の行為は原則として基本代理権に含まれません。ただし、公法上の行為といっても、印鑑証明書の交付申請をする代理権のように、交付された印鑑証明書が私法上の取引に使われるものであって、それを予定している場合は、例外として、基本代理権に当たる場合もあります。また、事実行為といえども、たとえば、ビラまきなどの事実行為ならまだしも、手形の発行などの場合は基本代理権となり得ます。

正当な理由…無権代理行為がなされた当時存した諸般の事情を客観的に観察して、通常人においてその行為が代理権に基づいてされたと信ずるのがもっともだと思われる場合、つまり、第三者が、代理権があると信じたことが過失とはいえない場合をいうとされています（最判昭和44年6月24日 判時570・48頁）。

ったのと同様に扱われます)。

《代理権消滅後の表見代理の成立要件》

①代理権が消滅したこと

②相手方が代理権の消滅について**善意かつ無過失**であること

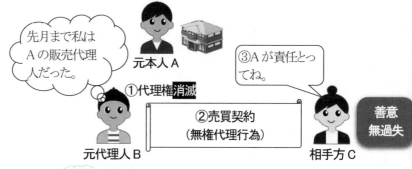

先月まで私は
Aの販売代理
人だった。

元本人A

③Aが責任とっ
てね。

①代理権 消滅

②売買契約
（無権代理行為）

元代理人B

相手方C

善意
無過失

付け足し 代理権消滅後＆権限外の行為の表見代理

代理権消滅後に、もと代理人であった者Bが、消滅前の代理権の範囲外の契約等をした場合は、その契約等の相手方 C が、その契約等についてBに代理権があると信ずべき**正当な理由**があれば、元本人Aは、その契約等についての責任を負います。

たとえば、AがBに甲建物を賃貸する代理権を与えていて(すでに消滅)、元代理人Bが代理人と偽り甲建物をCに売却したような場合、Cは、Bに売却する代理権があると信じ、そう信じることに正当事由があれば、A に売買契約の効力が及びます。

(5)無権代理人に対する責任追及と表見代理の主張が競合したら？

表見代理の要件と、無権代理人に対する責任追及の要件の両方を満たす場合、相手方は表見代理の主張をしないで、無権代理人の責任を追及することができます。

ここではコレを覚える 過去問 14-2 17-1

□第三者に対して他人に代理権を与えた旨を表示した者は、その代理権の範囲内においてその他人が第三者との間でした行為について、責任を負う。ただし、第三者が、その他人が代理権を与えられていないことを知り、または過失によって知らなかったときは責任を負わない。

□代理人がその権限外の行為をした場合において、第三者が代理人の権限があると信ずべき正当な理由があるときも本人は責任を負う。

□代理権の消滅は、善意かつ無過失の第三者に対抗することができない。

5 条件・期限（効力発生要件）と期間の計算

頻出度 C

試験に合格したら昇進する条件は停止条件です

学習時間 20分

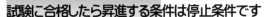

3
法的効果が有効に発生する流れ

条件とは、成否不確実な事実に関するものをいいます。条件には停止条件と解除条件があります。

(1)停止条件と解除条件〜条件には種類がある？

停止条件とは、契約等の効力の発生が将来の不確定な事実の成否にかかっている条件をいいます。住宅ローンの融資が受けられたらこの不動産売買の契約を有効なものにするなどです。原則として、条件が成就したときに契約等の効果が生じます。ただし、特約でその効果をさかのぼらせることもできます。

甲建物

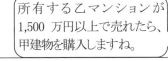
所有する乙マンションが1,500万円以上で売れたら、甲建物を購入しますね。

乙マンション

売主A

売買契約書
甲建物をAがBに売却する。
条件：乙マンションが〇〇円で売れたら

買主B

解除条件とは、契約等の効力の消滅が将来の不確定な事実の成否にかかっている条件をいいます。住宅ローンの融資が受けられなかったら不動産の売買契約を白紙に戻すような条件です。

(2)相手方の利益の侵害の禁止〜相手方の期待を裏切ったら？

各当事者は、条件の成否が未定である間は、条件が成就した場合にその契約等による相手方の利益を侵害できません。

たとえば、親が子に大学を卒業すれば住宅を与えるという約束をしたときは（停止条件付贈与）、子は「条件が成就すれば住宅を取得する」という期待を抱きます。この期待を一種の権利として保護しようとするものです。この期待権の効果として相手方（親）は期待権を侵害しないという義務を負います。この義務に違反して、たとえば上記の例で住宅を損傷した場合は、条件が成就したときに、損害賠償の義務を負うことになります。また、違反して住宅を第三者に譲渡したような場合は、譲渡行為自体が無効となります。

(3)条件の成就の妨害等～条件の成就を妨害した場合は？

条件が成就することによって不利益を受ける当事者が**故意に**その条件の成就を妨げてはなりません。たとえば、土地の買受人が宅建業者に仲介を依頼し、売買契約の成立を停止条件として報酬を支払う内容の契約をしたにもかかわらず、買受人が宅建業者を介さずに直接第三者との契約を成立させたような場合です。

もし、故意に妨げた場合は、**相手方はその条件が成就したものとみなすことができます。**逆に、条件が成就することによって利益を受ける当事者が不正にその条件を成就させたときは、相手方は、その条件が成就しなかったものとみなすことができます。

甲建物の敷地が値上がりしたし、乙マンション売れないことにして甲建物売買契約をやめようかな。

甲建物

乙マンション

売買契約書
甲建物をAがBに売却する。
条件：乙マンションが〇〇円で売れたら（Aが仲介する）

売主A　　買主B

(4)条件の成否未定の間における権利の処分等～条件付きの債権は？

条件の成否が未定である間における当事者の権利義務は、一般の規定に従い、**処分し、相続し、もしくは保存し、**またはそのために**担保を供することができます。**たとえば、住宅ローンの融資が受けられたら不動産売買の契約を有効とする停止条件付きの不動産の所有権の移転を仮登記しておく場合です。

①所有する乙マンションが1,500万円以上で売れたら、甲建物を購入しますね。

売買契約書
甲建物をAがBに売却する。
条件：乙マンションが〇〇円で売れたら

売主A

②**死亡**⇒Cが相続

買主B

③私がBに代わって同じ主張します。

相続人C

(5)期限

期限とは、成否確実な事実に関するものをいいます。期限には確定期限と不確定期限があります。

到来することが確実でその時期が確定しているものを確定期限といいます。来年の4月1日に車を引き渡します、というのが確定期限です。

不確定期限とは到来することは確実ですが、いつくるかわからないものをいいます。次に雨が降ったら、この傘を売ってあげよう、というのが不確定期限です。

(6)期間の計算～初日は算入しないで計算するの？

契約の際、支払日や引渡日に期間を定めるのが普通です。何月何日の何時までと明記すればその通りになるのですが、「1か月後」「1年後」という表記にすると暦や休日の関係上、その満了日がわからなくなる可能性があります。そこで、民法では、これら期間の計算方法について規定を置いています。

①期間の起算～午前10時に契約した場合、初日は算入するの？

まず、時間によって期間を定めたときは、その期間は、即時から起算します。たとえば、今から48時間といった場合は、その瞬間が起算点となります。

次に、日、週、月または年によって期間を定めたときは、**期間の初日は、算入せずに計算**します。たとえば、2024年2月6日午前10時に、引渡日を契約締結日から1年後とする不動産の売買契約を締結した場合には、初日である2024年2月6日は期間に算入せず、翌日の2月7日が起算日となります。

ただし、その期間が午前零時から始まるときは初日を算入して計算します。

②暦による期間の計算～期間は時間で計算しない？

満了日について、週、月または年によって期間を定めたときは、その期間は、**暦に従って計算**します。暦に従うとは、1日は24時間、1週は7日、1か月は30日、1年は365日というように、時間や日に換算して計算するのではなく、週をもって定めた場合は、何週目かの同一曜日、月をもって定めた場合は、何か月目かの同日、年をもって定めた場合は、何年目かの同一月日が満了日となる(いずれも初日を算入しない場合)計算方法をいいます。

③期間の満了～満了日は起算日と同じ日付ではない？

週、月または年の初めから期間を起算しないときは、その期間は、最後の週、月または年においてその**起算日に応当する日の前日に満了**します。ただし、月または年によって期間を定めた場合において、最後の月に応当する日がないときは、その月の末日に満了します。

たとえば、2024年1月31日午前10時に、弁済期限を契約締結日から1か月後とする金銭消費貸借契約を締結した場合、起算日は2月1日となるので、末日は、翌月の3月1日の前日である2月29日になります。また、この場合の期間はその末日の終了をもって満了します。したがって、2月29日の終了をもって弁済期限となります。

④休日〜期間の末日が日曜日の場合は？

期間の末日が日曜日、国民の祝日に関する法律に規定する休日その他の休日に当たるときは、その日に取引をしない慣習がある場合に限り、期間はその翌日に満了します。

なお、当事者が何月何日と定めた日が休日であった場合も、このルールが類推適用されます。

⑤満了日の期限は何時まで？

日、週、月または年によって期間を定めた場合は、その末日の終了をもって満了します。末日の終了とは、末日の午後12時が経過することをいいます。ただし、債務の履行またはその請求に関して法令または慣習によって取引時間の定めがある場合には、その取引時間内に限り債務の履行をし、またはその履行の請求をすることができます。

ここではコレを覚える 過去問 11-2 18-3 22-5

□停止していた法律行為の効力を発生させる条件を停止条件といい、発生していた法律行為の効力を消滅させる条件を解除条件という。

□条件の成就によって不利益を受ける者が、信義則に反する方法で条件の成就を妨害した場合には、相手方は、その条件が成就したものとみなすことができる。

□条件の成否が未定である間における当事者の権利義務は、処分・相続・保存・担保に供することができる。

問1 A 所有の土地が、A→B→C と転売され、現在 C に所有権の登記がある。C が移転登記を受ける際に、AB 間の売買契約が公序良俗に反し無効であることを知らなかった場合、A に対して土地の所有権の取得を対抗できる。(1996)

問2 A が B に丁土地を売却したが、A が B の強迫を理由に売買契約を取り消した場合、丁土地の所有権は A に復帰し、初めから B に移転しなかったことになる。(2017)

問3 A 所有の甲土地についての AB 間の売買契約において、A は甲土地を「1,000 万円で売却する」という意思表示を行ったが当該意思表示は A の真意ではなく、B もその旨を知っていた。この場合、B が「1,000 万円で購入する」という意思表示をすれば、AB 間の売買契約は有効に成立する。(2007)

問4 A 所有の甲土地につき、A と B の間で売買契約が締結された。B は、甲土地は将来地価が高騰すると勝手に思い込んで売買契約を締結したところ、実際には高騰しなかった場合、基礎事情の錯誤を理由に本件売買契約を取り消すことができる。(2011)

問5 A から土地の売却に関する代理権を与えられた B は、自らが選任及び監督するのであれば、A の意向にかかわらず、いつでも C を復代理人として選任して売買契約を締結させることができる。(2009)

問6 A から土地の売却に関する代理権を与えられた B は、A に損失が発生しないのであれば、A の意向にかかわらず、買主 C の代理人にもなって、売買契約を締結することができる。(2009)

問7 A が B の代理人として B 所有の甲土地について売買契約を締結した。A が無権代理人であって C との間で売買契約を締結した後に、A の死亡により B が単独で A を相続した場合、C は甲土地の所有権を当然に取得する。(2008)

問8 A は B の代理人として、B 所有の甲土地を C に売り渡す売買契約を C と締結した。B が A に対し、甲土地に抵当権を設定する代理権を与えているが、A の売買契約締結行為は権限外の行為となる場合、甲土地を売り渡す具体的な代理権が A にあると C が信ずべき正当な理由があるときは、BC 間の本件売買契約は有効となる。(2006)

問9 Aは、Bとの間で、B所有の不動産を購入する売買契約を締結した。ただし、AがA所有の不動産を令和6年12月末日までに売却でき、その代金全額を受領することを停止条件とした。手付金の授受はなく、その他特段の合意もない。Aが、A所有の不動産の売買代金の受領を拒否して、故意に停止条件の成就を妨げた場合、Bは、その停止条件が成就したものとみなすことができる。(2003)

問10 Aは、Bとの間で、A所有の山林の売却について買主のあっせんを依頼し、その売買契約が締結され履行に至ったとき、売買代金の2%の報酬を支払う旨の停止条件付きの報酬契約を締結した。この契約において他に特段の合意はない。Bがあっせんした買主Cとの間でAが当該山林の売買契約を締結しても、売買代金が支払われる前にAが第三者Dとの間で当該山林の売買契約を締結して履行してしまえば、Bの報酬請求権は効力を生ずることはない。(2006)

問11 期間の末日が日曜日、国民の祝日に関する法律に規定する休日その他の休日に当たるときは、その日に取引をしない慣習がある場合に限り、期間はその前日に満了する。(2022)

問1:(×)公序良俗違反による無効は誰に対しても主張できます。 問2:(○)
問3:(×)Bは悪意なので売買契約は無効です。 問4:(×)Bは基礎事情をAに表示していたとはいえません。 問5:(×)本人の許諾を得たとき、またはやむを得ない事由があるときでなければ選任できません。 問6:(×)Aの許諾が必要です。 問7:(×)当然に取得するわけではありません。 問8:(○) 問9:(○) 問10:(×)Bの報酬請求権は効力を生じます。 問11:(×)前日ではなく翌日に満了します。

第４章
時　効

過去10年の出題分析

テキスト項目 \ 出題年	14	15	16	17	18	19	20	21	22	23
第4章全体	●	●		●	●	●	●	●	●	●
1 総則				●	●	●				
1 時効の効力				●						
2 時効の援用と放棄					●					
3 時効の完成猶予と更新				●		●				
2 取得時効	●	●					●		●	●
3 消滅時効	●	●					●	●		

※出題されている年度に●を記入しています。

1-1 時効の効力＜総則

消滅時効と取得時効の両方に適用される内容が総則です　学習時間 15分

それはなぜ？

長い時間の経過により、以前の権利を主張するよりも、現状のままにしておいた方が丸く収まる場合があるので、このような制度があります。

取得時効の基礎たる事実が法定の時効期間以上に継続した場合でも、時効完成の時期は、必ず時効の基礎たる事実の開始した時を起算点として決定すべきであって、**時効援用者において起算点を選択することはできません。**

時効には取得時効と消滅時効の2つがあります。**時間の経過によって、法律関係の効力が変化し、これまで持っていなかった権利を取得したりするものを取得時効**、逆に、**これまで存在していた権利が消滅するものを消滅時効**といいます。

両者に共通して適用される制度（総則）と、それぞれ個別に適用されるものがあります。まずは、総則から説明します。

時効の起算日～時効の効力はいつから生じるの？

時効が完成すると時効の効果は、その起算日（時効期間を数え始める日）**にさかのぼって生じます。**

たとえば、他人の土地を20年間占有して時効取得した者は、20年前からその所有者だったということになります。これを認めないと、20年間は他人の土地を占有していたということになり、その地代相当分を支払うなど面倒なことになるからです。また、お金を請求できる権利を一定期間行使せずに時効が完成した場合も、その起算日（請求できるようになった日）からその権利を有していなかったことになります。その結果、それまでの遅延損害金も支払う必要がなくなります。

ワンポイントアドバイス

時効制度は時効の効力・援用・放棄・完成猶予・更新といった取得時効と消滅時効に共通する概念をしっかり理解した上で、取得時効は物権との関係を、消滅時効は債権との関係を意識しましょう。

ここではコレを覚える 過去問 17-2

□時効の効力はその起算日にさかのぼる。

1-2 時効の援用と放棄＜総則

時効は援用しないと裁判できません

学習時間 30分

時効が完成すれば、借金を返さなくてよくなったり、他人の土地が自分の物になったりしますが、そういった利益を得ることを望まず、借金があるなら支払う、本当に自分の土地でないのなら返す、という意思を持っている人があれば、それは認められます。

その方法には時効の援用と時効利益の放棄の2つがあります。

(1)時効の援用～誰が時効を主張できるの？

時効は、当事者が援用しなければ、裁判所がこれによって裁判をすることができません。

時効の援用ができるのは、当事者と権利の取得・消滅について正当な利益を有する者です。

①援用できる者

主たる債務の消滅時効についての保証人、被担保債権の消滅時効についての物上保証人や抵当不動産の第三取得者(抵当権付きの不動産を取得した者)は、消滅時効を援用することができます。

債権者A

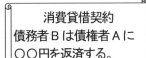
消費貸借契約
債務者Bは債権者Aに
〇〇円を返済する。

債務者B

Bの債務は時効により消滅しているので弁済しません。

保証人

私も同じく！

抵当権

物上保証人
第三取得者

用語

時効の援用…時効の利益を受けようとする意思表示をいいます。「お金借りてから10年以上経ったので、もう返済しませんよ。」「10年以上あなたの敷地を占有したので自分の土地として登記しますよ。」というような主張です。

それはなぜ？

時効制度は、長く続いた事実状態を尊重するとともに、個人の意思にも配慮して、両者の間の調和を図ろうとするものなので、当事者の援用を待って裁判するという法技術を用いています。

②援用できない者

後順位抵当権者は先順位抵当権の被担保債権の消滅時効を援用できません。また、消滅時効が完成した後に債務を承認した債務者は、承認した時点において時効完成の事実を知らなくても、消滅時効を援用できません。

付け足し

消滅時効が完成した後に債務を承認した債務者は、承認以後再び時効が完成すれば、その時効を援用できます。

①6年前だけどお金借りていましたね。ちゃんと返すよ。

消費貸借契約
BはAに〇月〇日に〇〇万円を返済する。

債権者A

②あっ時効期間が満了していた。

債務者B

③やっぱり消滅時効だからお金返さないよ(とは言えない)。

(2)時効の利益の放棄〜時効の利益はあらかじめ放棄できるの？

時効の援用は「できる」だけなので、もちろん、時効を援用しないという判断も有効です。これを時効の利益の放棄といいます。

ただし、この時効の利益の放棄は時効完成前にすることができません。つまり、お金を貸す際に、「私はこの貸金債務について一切時効の主張をしません」と一筆書かせても無効となります。

用語

時効の利益の放棄…利益を受けないという表示です。たとえば、「15年前に借りたお金で、もう時効期間が過ぎているけど、あの時貸してもらえたおかげで、商売成功しました。ぜひ、お返ししたい。」というような場合です。

(3) 援用・放棄の効果～他には影響しない?

時効の援用やその利益の放棄の効果は相対的です。

たとえば、数人の相続人のうち1人が被相続人の時効取得を援用しても、その効果は、**その者が相続した部分に限り**、他の者の相続した部分に影響しません。

①**死亡**⇒CDが相続

③私はそんな土地いらない。

所有者A

占有者B
（被相続人）

②私はBの時効取得を援用します。

相続人C

相続人D

また、消滅時効完成後に**主たる債務者**が時効の利益を**放棄**した場合であっても、**保証人は時効を援用することができます**。

①時効期間が経過しているが、消滅時効は援用しません（**時効利益の放棄**）。

債権者A

消費貸借契約
BはAに〇月〇日に〇〇万円を返済する。

主たる債務者B

②AのBに対する債権はもう時効なので、私は保証人から抜けますよ（**援用**）。

保証人C

ここではコレを覚える 過去問 18-4 20-5

□時効による効果は、時効が援用されたときにはじめて確定的に生じる。

□時効の完成前に、時効の利益を放棄することはできない。

□時効は、当事者（消滅時効にあっては、保証人、物上保証人、第三取得者その他権利の消滅について正当な利益を有する者を含む）が援用しなければ、裁判所がこれによって裁判をすることができない。

□消滅時効が完成した後に債務を承認した債務者は、承認した時点において時効完成の事実を知らなくても、消滅時効を援用できない。

1-3 時効の完成猶予と更新 < 総則

訴えると完成猶予し、裁判が確定すると更新します

学習時間 30分

数か月後に時効が迫っているので、やむなく相手方を訴えた場合、時効のカウントダウンは、裁判が終わるまで一時停止します。これを時効の完成猶予といいます。裁判が終わり、判決が確定すると、そこからまた新たな時効のカウントダウンがスタートします。これを時効の更新といいます。

(1)時効の完成猶予①〜猶予だけでなく更新もされるものがある？

時効の完成猶予には、更新事由と一体になっているものと、そうでないものがあります。まずは、更新事由一体型から紹介します。

完成猶予事由	更新
①裁判上の請求※1	判決が確定した時に更新の効力が生じ、新たにその進行を始める。
②支払督促※1 ③民事訴訟法275条1項による訴え提起前の和解・民事調停法による調停・家事事件手続法による調停※1 ④破産手続参加・再生手続参加・更生手続参加※1	権利関係が調書に記載される等して確定すると確定判決と同一の効力を有し、更新の効力が生じ、新たにその進行を始める。
⑤強制執行※2 ⑥担保権の実行※2 ⑦民事執行法195条の競売※2 ⑧民事執行法196条による財産開示手続※2	未回収の債権が残る限り、強制執行等のたびに、その手続きが終了した時に更新の効力が生じ、新たにその進行を始める。

※1　確定判決等を得ることなく手続きが終了した場合(訴えの却下・取下げ等)も、手続終了後 **6か月** を経過するまでは時効は完成しません。

※2　申立ての取下げ等によってその手続きが終了した場合も、手続終了後6か月を経過するまでは時効は完成しません。

付け足し

支払督促とは？

家賃を払ってもらえないような場合に、オーナー(申立人)の申立てにより、簡易裁判所の書記官が相手方に金銭の支払いを命じる制度です。債務者が支払督促を受け取ってから2週間以内に異議の申立てをしなければ、裁判所は、債権者の申立てにより、支払督促に仮執行宣言を付さなければならず、債権者はこれに基づいて強制執行の申立てをすることができます。この支払督促も時効完成猶予事由ですが、支払督促をした債権者が30日以内に仮執行の宣言の申立てをしなかった場合は、時効は完成猶予しません。

(2)時効の完成猶予②〜猶予の効果だけが認められるものがある？

更新事由と一体になっておらず、完成猶予の効果だけが認められるものに、仮差押え・仮処分、催告、協議を行う旨の書面による合意があります。

完成猶予事由	完成猶予の効果等
仮差押え・仮処分	その事由が終了した時から6か月を経過するまでの間は、時効は、完成しない。
催告※1	・催告時から6か月を経過するまでの間は、時効は、完成しない。 ・催告によって時効の完成が猶予されている間にされた再度の催告は、時効の完成猶予の効力を有しない。

※1　催告とは、債務者に対して履行を請求する債権者の意思の通知をいいます。たとえば、家賃を滞納する賃借人に郵便で早く払うように通知するような場合です。

協議を行う旨の書面による合意※2	次に掲げる時のいずれか早い時までの間は、時効は、完成しない。 ・その合意があった時から1年を経過した時 ・その合意において当事者が協議を行う期間（1年に満たないものに限る)を定めたときは、その期間を経過した時 ・当事者の一方から相手方に対して協議の続行を拒絶する旨の通知が書面でされたときは、その通知の時から6か月を経過した時

※2　催告と異なり、協議を行う旨の書面による合意で時効の完成が猶予されている間にされた再度の合意にも、時効の完成猶予の効力が認められます。ただし、その効力は、時効の完成が猶予されなかったとすれば時効が完成すべき時から通じて5年を超えることができません。

付け足し

上記以外にも、権利行使が困難なため、時効の完成が猶予される事由があります。時効期間の満了前6か月以内に法定代理人がいない未成年者や成年被後見人の場合は、新たな法定代理人が決まる等してから6か月を経過しないと時効が完成しません。また、天災その他避けることのできない事変のため時効を完成猶予することができないときも、その障害が消滅した時から3か月を経過するまでの間は、時効は完成しません。

参考資料

紛争が生じている当事者間で協議を重ねている途中で時効の完成時期が近づく場合があります。そこで、時効を完成させないために裁判所に訴えなければならないとすると本末転倒となります。そのために作られたのが、当事者が協議を行い書面で合意が得られた場合には、当事者が定めた協議期間(1年未満)は時効が完成しないということの制度です。

参考資料

承認は、単に権利があることを認めるだけのことなので、更新される権利を処分する能力や権限をもたない者でもできます。ただし、管理の能力や権限をもたない者は承認をすることができません。したがって、成年被後見人のした承認、法定代理人の同意なしに未成年者のした承認は有効な承認とはなりません。

(3)権利の承認〜完成猶予せずに更新するもの？

時効は、**権利の承認**があったときは、その時から新たにその進行を始めます。

承認とは、取得時効の場合は、時効によって権利を失う者が権利を取得する者に対して、自分の権利の確認を求めて、これを認めさせることをいいます。他人に土地を占有されている人が、「ここは私の土地ですよね？」「はい。あなたの土地です。」と占有者に認めさせるような場合です。それに対して、消滅時効の場合は、時効の利益を受ける当事者が時効によって権利を失う者に対し、その権利が存在することを知っている旨を表示することをいいます。お金を借りた人が、「確かにあなたからお金を借りました」と債権者に認めるような場合です。

なお、物上保証人が、債権者に対して被担保債権の存在を承認しても、承認には当たらず、その物上保証人に対する関係においても時効更新の効力を生じません。

(4)時効の完成猶予または更新の効力が及ぶ者の範囲

前記の(1)〜(3)による時効の完成猶予や更新は、当事者とその承継人の間についてだけ効力が及びます。ここにいう「当事者」とは完成猶予や更新をした者とその相手方です。

なお、強制執行等や仮差押え・仮処分の手続は、時効の利益を受ける者に対してしない場合、その者に通知をした後でなければ、時効の完成猶予または更新の効力を生じません。

ここではコレを覚える 過去問 17-4 19-9

□裁判上の請求は判決が確定した時に更新の効力が生じ、新たにその進行を始める。

□催告は、催告時から6か月を経過するまでの間は、時効は、完成しない。

□催告によって時効の完成が猶予されている間にされた再度の催告は、時効の完成猶予の効力を有しない。

2 取得時効

頻出度 A

学習時間 30分

平穏・公然・善意・無過失で10年占有すると時効取得できます

4 時効

取得時効とは、一定期間の経過によって権利が取得される制度をいいます。

(1)所有権の取得時効～どうすれば時効によって取得するの？

他人の物(動産・不動産の両方を含む)を所有の意思をもって平穏かつ公然に占有する必要があります。

そして、占有の開始の時に、善意で、かつ過失がなかったときは10年間、そうでない場合は20年間占有することによって、その所有権を取得することができます。

なお、時効による所有権の取得は、前主からの承継取得ではなく、新しい所有権の取得である原始取得となります(ただし、登記実務は移転登記)。したがって、農地所有権の時効取得の場合、農地法3条による知事の許可は必要ありません。

占有の態様	占有開始時の主観	期　間
所有の意思をもって平穏かつ公然に他人の物の占有を継続すること	善意かつ無過失	10年間
	限定なし	20年間

付け足し

自分の物でも時効取得できる

民法の条文上は「他人の物」となっていますが、判例上、「自己の物」であってもよいとされています。たとえば、かつての権利取得原因(売買・贈与など)の立証に困難があるときや、不動産を取得したが登記を怠ったために第2の譲受人に対抗できないとき、単独で相続したと思っていたが実は他に共同相続人があったとき等、自分の物だとの裁判上の主張が認められないときに備えて予備的に時効取得するということがあります。

道路は時効取得できない

道路のような公共用財産については、原則として取得時効の対象とはなりません。ただし、長年の間公の目的に共用されることなく放置された公共用財産について、黙示的に公用が廃止されたものとして取得時効の成立が認められた判例があります。

代理占有(間接占有)でも時効取得できる

賃借人Aが賃貸人Bの物を占有している場合のように、他人(占有代理人)の所持を通じて本人が占有する関係を代理占有(間接占有)といいま

用語

所有の意思…所有者として占有する意思をいいます。この意思をもってする占有を自主占有と呼びます。自主占有かどうかは、占有取得の原因となった事実の客観的性質で決まります。したがって、買主や受贈者、盗人などには所有の意思が認められますが、賃借人や他人の物を預かっている人は(たとえ内心で所有者となる意思をいだいていても)それだけでは所有の意思があるとは認められません。

平穏…占有を取得または保持するために法律上許されない強暴な行為をしないことをいいます。単に不法の占有であることで平穏の要件を欠くものではありません。なお、占有が平穏であることは推定されます。

公然…占有を取得または保持するために、とくにこれを秘密にして世人の目に触れないようにしないことをいいます。占有が公然であることは推定されます。

す。この場合、AB 共に占有の各種の効果が帰属します。つまり、A に賃貸しても B にも占有が残り、B が時効取得できるわけです。

善意は推定されるが無過失は推定されない

善意とは自己の物であると信じることです。この善意は推定されるので挙証(裁判において自分の主張した内容を証拠で証明すること)する必要がありません。

無過失とは自己の物であると信じるについて、過失がないことです。この無過失は推定されないので、10 年の時効取得を主張する者が挙証しなければなりません。

(2)所有権以外の財産権の取得時効〜賃借権も時効取得できるの?

所有権以外の財産権(地上権・永小作権・地役権・鉱業権・漁業権・著作権・特許権など)であっても、**自己のためにする意思**をもって、平穏に、かつ、公然と行使する者は、所有権と同様に、行使の時に、善意で、かつ過失がなかったときは 10 年間、そうでない場合は 20 年間行使することによって、その財産権を取得することができます。

付け足し

継続的給付を目的とする債権(不動産賃借権など)についても時効取得できます。判例は、**土地の継続的な用益という外形的事実が存在**し、それが**賃借の意思に基づくことが客観的に表現されているとき**(たとえば、外形上賃料の支払いがされているような場合)は、不動産賃借権自体を時効取得することも可能としています。

(3)占有期間の合算〜自分が占有し続けないと時効取得できない?

占有期間中に、譲渡等により占有者が代わった場合、占有を引き継いだ者は、自分で占有した期間に、**前の占有者(前主)の占有期間を合算して主張することができます。**その際、**占有者の善意かつ無過失という要件は、前主の占有開始の時点で判断**します。

ただし、前主の占有に所有の意思がないとか、平穏公然でないとかの事情があれば、承継人自身の占有が平穏公然で所有の意思があっても、合算の主張はできません。

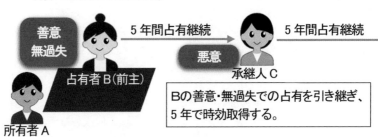

5 年間占有継続 / 5 年間占有継続

善意無過失 / 占有者 B(前主) / 悪意 / 承継人 C

Bの善意・無過失での占有を引き継ぎ、5 年で時効取得する。

所有者 A

付け足し 承継人には相続人も含まれる

承継人の中に、買主のような特定承継人が含まれることについては疑いがありませんが、相続人のような包括承継人が含まれるかについては、これを否定する古い判例がありましたが、現在はそれを変更し、包括承継人も含まれるとしています。

ここではコレを覚える 過去問 14-3 15-4,10 20-10 22-10

□所有の意思をもって、平穏・公然に、他人の物を占有した者は、占有の開始時に善意・無過失であれば10年間、悪意・有過失の場合は20年間で、所有権を取得する。
□占有を引き継いだ者は、自分の占有期間と前主の占有期間を合算して主張することができる。

3 消滅時効

知った時から 5 年経つと消滅時効にかかります

(1)権利の消滅～消滅時効ってなに？

BがAから 100 万円を借りていて、期限を過ぎても返済しておらず、AもBに何も言わなかったとします。この場合、この借金はどうなるのでしょうか。実は、債権は一定期間が経過すると時効にかかって消えてしまいます。このように時が経過すると権利が消滅してしまうことを消滅時効といいます。

(2)所有権～所有権も消滅時効にかかるの？

消滅時効にかかる権利の代表例は**債権**です。また、地上権(物権)なども消滅時効にかかります。しかし、**所有権は消滅時効にかかりません**。自分の土地や建物を定期的に「自分のものです！」と承認する等して時効の完成猶予をしておかなくても大丈夫です。

(3)期間①～債権はどの時点から何年間放置すると消滅時効に？

債権は、原則として、「債権者が権利を行使することができることを知った時」(主観的起算点)から 5 年間行使しないとき、及び「権利を行使することができる時」(客観的起算点)から 10 年間行使しないときに、時効により消滅します。債権または所有権以外の財産権は、権利を行使することができる時から 20 年間行使しないときに時効によって消滅します。

付け足し 典型的な適用事例

債権の種類	具体例	起算点
確定期限付き債権	10 月 1 日に代金を支払う	客観的起算点:10 月 1 日 主観的起算点:10 月 1 日※
不確定期限付き債権	A が死亡したときに B が C に 100 万円を支払う	客観的起算点:A が死亡した日 主観的起算点:A の死亡をC が知る時
期限の定めのない債権	契約を取り消し、原状回復として代金を返還する	客観的起算点:債権成立の時 主観的起算点:債権者が債権の存在を知った時

※ 暦日で定められる確定期限の到来は公知の事実なので、債権者もその到来の時に知ることになるから、主観的起算点も期限到来の時の10 月 1 日となります。

(4)期間②〜不法行為による損害賠償請求権には特例が？

不法行為による損害賠償の請求権は、原則として、**被害者またはその法定代理人が損害及び加害者を知った時**から 3 年間行使しないとき、または、**不法行為の時**から 20 年間行使しないときに、時効によって消滅します。ただし、人の生命・身体の侵害による損害賠償請求権は、**被害者またはその法定代理人が損害及び加害者を知った時**から 5 年間が時効期間となり、これと**不法行為の時**から 20 年間という客観的起算点からの時効期間の規定とが併用されます。

また、**債務不履行による損害賠償請求権**であって人の生命・身体の侵害によるものは、**債権者が権利を行使することができることを知った時**から 5 年間という時効期間に加え、**権利を行使することができる時**から 20 年間という客観的起算点からの時効期間の特例が適用されます。

被害	法的根拠	起算点・時効期間
人の生命・身体の侵害	不法行為	主観的起算点：被害者またはその法定代理人が損害および加害者を知った時から 5 年間 客観的起算点：不法行為の時から 20 年間
	債務不履行	主観的起算点：債権者が権利を行使することができることを知った時から 5 年間 客観的起算点：債権者が権利を行使することができる時から 20 年間
上記以外の侵害	不法行為	主観的起算点：被害者またはその法定代理人が損害および加害者を知った時から 3 年間 客観的起算点：不法行為の時から 20 年間
	債務不履行	主観的起算点：債権者が権利を行使することができることを知った時から 5 年間 客観的起算点：債権者が権利を行使することができる時から 10 年間

ここではコレを覚える　過去問　14-3　15-1　20-10　21-8

□所有権は消滅時効にかからない。

□債権は、原則として、債権者が権利を行使することができることを知った時（主観的起算点）から 5 年間行使しないとき、および権利を行使することができる時（客観的起算点）から 10 年間行使しないときに、時効により消滅する。

□人の生命・身体の侵害における不法行為に基づく損害賠償請求権は、被害者またはその法定代理人が損害および加害者を知った時から 5 年間、不法行為の時から 20 年間で時効により消滅する。

第 5 章

物に対する権利（物権）

過去10年の出題分析

テキスト項目	出題年 14	15	16	17	18	19	20	21	22	23
第5章全体	●	●	●	●	●	●	●	●	●	●
1 物権										
2 占有権	●	●		●					●	
3 所有権				●			●			●
4 区分所有法	●	●	●	●	●	●	●	●		
5 物権変動	●		●	●	●	●			●	
6 用益物権										
7 不動産登記法	●	●	●	●	●	●	●	●	●	●

※出題されている年度に●を記入しています。

1 物権

頻出度 C

民法には物に対する権利と人に対する権利があります

学習時間 5分

(1)物権と債権～財産法上の権利は2つに分けられる?

民法の財産に関するルールを理解するには物権と債権の2つを理解する必要があります。

	内容	特徴
物権	人の物に対する権利	誰に対しても主張できる権利※1
債権	特定の相手方にある一定の行為を要求する権利	特定の人に対してのみ主張できる権利※2

※1 マンションを購入した場合、そのマンションが自分の物であると、売主以外にも当然に主張できます。

※2 購入したマンションの内装をリフォーム業者に依頼したが、その業者の不手際で壁紙が剥がれる等の問題があった場合、そのリフォーム業者に連絡して修理なり損害賠償なりを要求すると思います。この時、建築士の資格をもっている友人にクレームを言っても同情されるだけです。これはリフォーム業者との間で、依頼どおりに内装工事を行う代わりに報酬を支払うという契約(請負契約)をしたことによって、「その業者」に対してだけ一定の権利を主張できるようになったからです。

(2)物とは～物には2種類あるの?

参考資料

建物以外の土地の定着物には庭石や樹木、その花や果実なども土地の定着物として不動産となります。もちろん、樹木が伐採されたり、果実が収穫されたりすれば、それらは独立の動産ということになります。

民法上の「物」は大きく動産と不動産に分けられます。

不動産とは、土地とその定着物をいいます。なお、民法にはっきりとは書かれていないのですが、**建物は土地とは別個の不動産**といわれています。

物	固体、液体、気体の有体物	不動産	土地とその定着物
		動産	不動産以外の物

(3)物権法定主義～物権の内容は契約で自由に変えられない?

物権という権利は原則として法律で定めたものだけが効力を持ちます。
田中権とか吉田権なる物権を勝手に作っても自己満足に過ぎません。
それに対して債権は、舞台で演技してもらう債権など公序良俗に反しない限り契約で自由に作り出すことができます。
なお、民法には10種類の物権が定められています。

2-1 占有く占有権

所持しているだけでも保護される占有権

占有とは、自分が利益を受ける意思で物を現実的に支配している事実状態をいいます。また、占有権とは、<u>本権</u>の有無と無関係に、占有に基づいて認められる権利をいいます。

(1)占有の要件～法律上保護される占有といえるためには？

占有として保護されるには、所持と占有意思の 2 つの要件を備える必要があります。所持とは物に対する実質的な支配をいいます。占有意思とは、<u>自分のためにする意思</u>をいいます。これは、客観的な判断で、占有するに至った原因(権原といいます。)の性質によって決まります。

付け足し 家屋について占有回収の訴えを認めた例

《家屋の隣家に居住する者に、家屋について占有回収の訴えを認めた例》
家屋の隣家に居住する者が、その家屋の裏口を常に監視して容易に侵入を制止し得る状況にあり、現にその家屋への侵入を右の者の妻女が制止した事実があるときは、その家屋に錠をかけてその鍵を所持したり、標札貼紙等によって自分が占有していることを第三者にもわかるようにしたりしていなくても、その者は、その家屋を所持するものということができ、また、仮にその者がその家屋を他人に賃貸していたとしても、そのことから「自己のためにする意思」をもたないとはいえないとする判例があります(最判昭和 27 年 2 月 19 日)。

(2)自主占有と他主占有

自主占有とは、権原の性質上所有の意思がある占有をいいます。それに対して、他主占有とは、所有の意思がない占有をいいます。
所有の意思とは、所有者として占有する意思をいいます。これがあるかどうかは、権原の性質(または占有に関する事情)によって外形的客観的に判断されます。

過去問 15-5 22-10

それはなぜ？ 5
物権

占有権は、本権と異なり物の事実的支配のみを保護するものです。

用語

本権…占有することを事実上正当化する権利のことをいいます。所有権、賃借権、質権などがその例です。

具体例

所有権者や盗人などは自分のためにする意思があると判断されます。

2-2 占有権の効力 < 占有権

占有権を根拠に訴訟できます

学習時間 20分

それはなぜ？

たとえば、A が、X から土地を借りて、そこに建物を建て始めたとします。しかし、X は、同じ土地を B にも貸してしまい、その B が、「その土地は自分が借りている土地だから、勝手に家を建てるな！」と主張し建築工事を妨害してきた場合、A は B の妨害行為を阻止できるでしょうか。このような場合に役立つのが占有訴権です。

占有権の効力として占有訴権があります。占有回収の訴え、占有保持の訴え、占有保全の訴えの権利の総称です。

(1)占有回収の訴え〜占有を奪われたら、返せと言える？

占有者が占有を自己の意思に基づかないで全面的に奪われたときは、占有者は占有の回復と損害賠償を請求できます。これを**占有回収の訴え**といいます。ただし、占有が善意の特定承継人（直接の侵奪者からの買主など）にすでに移転したときは、その者に対して**占有の回復を請求できません**。

また、この訴えは、侵奪の時から1年以内に行使しなければなりません。

(2)占有保持の訴え〜占有している建物の使用を妨害されたら？

占有を部分的に妨害されているときは、占有者は妨害者に対し妨害の除去と損害賠償を請求できます。これを**占有保持の訴え**といいます。

この訴えは、妨害の存在する間またはその止んだ後1年以内に行使しなければなりません。また、損害賠償は相手方に故意・過失があるときだけ請求できます。

(3)占有保全の訴え〜隣の家の木が倒れてきそうな場合は？

占有に対する妨害が発生する危険があるときは、占有者は将来に向けて妨害予防措置または損害賠償の担保を請求できます。これを**占有保全の訴え**といいます。

この訴えは、**危険が存する間はいつでも行使できます**。

(4)果実収取権

たとえば、X から土地の管理を任されていたAが勝手にその土地をBに売ってしまい（他人物売買）、後にBがXに土地を返還する際に、Bが一定期間その土地を使用した果実（地代相当額）も返還しなければならないのでしょうか。

Bが善意の占有者ならば土地を使うことによって得た果実（利得）はXに返還する必要はありません。しかし、Bが悪意の占有者であったならば返還しなければなりません。

(5)必要費・有益費～必要費や有益費を請求できるの？

占有者が占有物について**必要費や有益費**を費やした場合、その返還を所有権者に請求できます。前記の例で B が固定資産税や造成工事をした場合、その費用をXに請求できます。**この費用償還請求権は占有者の善意・悪意を問わず認められます。**

ただし、悪意の占有者は、有益費に関しては裁判所からの期限の許与がなされる場合があります。

(6)滅失・毀損～占有していた土地を掘削してしまった場合は？

占有者が占有中に故意または過失によって占有物を滅失・毀損した場合には、他人の物を壊したので不法行為責任を負います。しかし、**善意の占有者は壊れた現物が残っている限りでそれを返還すればよい**とされています。

前記の例で、B が土地を掘削した場合は、善意であれば、掘削された状態の土地をXに返還すればよいことになります。

過去問 15-5 22-10

 用語

必要費…物の保存と管理に必要な費用をいいます。自動車の車検の費用や建物の維持費、公租公課（税金）などがこれにあたります。

有益費…占有物の改良のために費やした費用をいいます。自動車につけたエアコン、建物の壁紙の貼り替え、雨戸の新調の費用などがこれにあたります。

5
物権

2-3 即時取得＜占有権

善意・無過失で他人の不動産を購入しても即時取得できません 学習時間 10分

即時取得（善意取得ともいいます）とは、実はXの所有に属する動産をそれと知らずにAからBが譲り受けようとする場合に、その動産に対する譲渡人Aの占有を信用して、その物について取引をした者、すなわちBを保護しようとする制度です。

(1)即時取得の対象～不動産は即時取得できないの？

即時取得の対象となるのは動産に限られます。「占有」を権利の表象とする物の取引を保護するのが即時取得制度の趣旨だからです。したがって、「登記」や「登録」を権利の表象とする不動産や自動車などは、即時取得の対象から外されます。なお、金銭も即時取得の対象にはなりません。

(2)即時取得のその他の要件～悪意では即時取得できないの？

その他の要件としては、①**有効な取引による取得であること**（制限行為能力者や無権代理人が動産を売ったような場合、詐欺・強迫・錯誤などを理由に取消しできるような場合は、即時取得できません。ただし、転得者は即時取得できます）と、②**平穏・公然・善意・無過失に占有を取得したこと**があります。

付け足し 権利外観法理

たとえばA所有の物についてBがCに売却した場合で、Cが取得時に善意かつ無過失だったとき、動産であればAの事情を考慮することなく（BがAから盗んだ場合等は除く）、Cは即時取得により保護されます。それに対して、不動産の場合は、即時取得はできませんが、Aに帰責事由があるときは、虚偽表示の規定（民法94条）や表見代理の規定（民法110条）等を類推適用してCが不動産を取得できる場合があります。

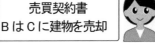
A所有の不動産（B名義）

帰責事由　所有者A　名義上では　売買契約書 BはCに建物を売却　買主C　善意 無過失
所有者B

ここではコレを覚える 過去問 14-3 17-2

□動産の占有者を権利者と過失なく信頼し、取引行為によって動産の占有を取得した者は、その動産の所有権または質権を即時取得できる。

3-1 物権的請求権＜所有権

所有権を有すると物権的請求権を行使できます

頻出度 **C**

学習時間 **10分**

5 物権

所有権とは法律の範囲内において特定の物を自由に使用・収益・処分をすることができる権利をいいます。つまり、自分のものだという権利が所有権で、所有権をもっていたら法律に違反しない範囲で、自由に使ったり他人に売ったりすることができるということです。

(1)物権的請求権～所有権は強力な権利?

物権的請求権とは、物権の内容である直接支配が侵害され、または侵害されるおそれがあるときに、その回復または保全のため、物権より生ずる請求権をいいます。

付け足し

民法には物権的請求権に関する条文はありません。単に占有権に基づく占有訴権だけを規定しています(197条以下)。しかし、物を直接・排他的に支配することを内容とする物権の性質から当然に認められると解されています。

(2)物権的返還請求権～盗まれたものを返せと主張するには?

法的に何ら正当な根拠(権原)がないにもかかわらず無権利者が物を支配する場合に、その物の占有を全面的に失っている物権者が、その物権に基づいて物の返還を請求することのできる権利を物権的返還請求権といいます。占有回収の訴えに似ていますが以下の点で異なります。

	物権的返還請求権	占有回収の訴え
要件	現に無権利者が違法に物を全面的に占有している場合に一般的に成立	侵奪された場合のみに成立
効果	誰に対しても行使できる	侵奪者からの善意の特定承継人には行使できない
期間	制限なし(消滅時効にもかからない)	侵奪の時から1年以内に行使

参考資料

物権的請求権は、所有権に基づくものに限らない点に注意して下さい。「物権」的請求権であり、「所有権」的請求権とはなっていません。地上権その他の用益物権だけでなく、不動産質権や抵当権についても一定限度で物権的請求権が認められます。また、判例は、対抗力のある不動産賃借権には一定の場合に物権的請求権(特に妨害排除請求権)を認めています。

(3)物権的妨害除去請求権～所有権を邪魔する物は撤去できる？

物権の行使が部分的に妨害されている場合に、物権者が、その妨害を現に生じさせている者に対して妨害の除去を請求する権利を、物権的妨害除去請求権といいます。

(4)物権的妨害予防請求権～隣家の大木が倒れてきそうな場合は？

物権の行使に対する妨害が現在は生じていないが、そのおそれがある場合に、物権者が、妨害の危険を生じさせている者に対して、妨害発生を予防すべき措置を請求できる権利を、物権的予防請求権といいます。朽ちて倒れてきそうな隣家の木が倒れてこないよう措置を要求する等です。

3-2 相隣関係く所有権

隣近所ともめないための工夫です

学習時間 **40分**

(1)隣地の使用〜空き地の場合は裁判を経なくとも隣地を使用できる?

土地の所有者は、次の表にある目的のため必要な範囲内で、隣地を使用することができます。もちろん、勝手に隣地に立ち入ることはできません。<u>住家については、その居住者の承諾が必要です。</u>この承諾が得られない場合は、妨害禁止の判決を得る必要があります。

1.境界やその付近における障壁、建物その他の工作物の築造・収去・修繕
2.境界標の調査または境界に関する測量
3.隣地の竹木の枝の切取り

また、その使用の日時、場所及び方法は、隣地の所有者および隣地を現に使用している者(隣地使用者)のために**損害が最も少ないもの**を選ばなければなりません。

隣地を使用する者は、あらかじめ、その目的、日時、場所および方法を隣地の所有者及び隣地使用者に通知しなければなりません。実際には、通知の相手方が準備をするに足りる合理的な期間を置く必要があるので、緊急性がない場合は通常は2週間程度となります。

ただし、あらかじめ通知することが<u>困難なとき</u>は、使用を開始した後、遅滞なく、通知することができます。

なお、その使用により、隣地の所有者または隣地使用者が損害を受けたときは、その償金を請求することができます。

(2)公道に至るための他の土地の通行権〜隣地を通るにはお金が?

土地の所有者は、他の土地に囲まれて公道に出ることができないような場合は、公道に出るためその土地を囲んでいる他の土地を通行することができます。これを通行権といいます。

ただ、通行権を有する者(通行権者)は、その土地を囲んでいる他の土地のどこを通行しても、またどんな方法で通行してもよいというのではなく、**通行権者にとって必要な限度で、か**

Bの土地を必要最小限で通ります。通行料も払います。

参考資料

2023年改正前は「隣人の承諾」となっていました。改正により、隣地が空き地となっていて実際に使用している者がおらず、隣地の使用を妨害しようとする者もいないケースでは、土地の所有者は裁判を経なくとも適法に隣地を使用できると考えられます。

具体例

急迫の事情がある場合(建物の外壁が剥落する危険があるとき等)や、隣地所有者が不特定または所在不明である場合(現地や不動産登記簿・住民票等の公的記録を調査しても所在が判明しないとき)等です。

つ、土地を囲んでいる他の土地のために損害がもっとも少ない場所や方法を選ばなければなりません。

通行権者はその通行する他の土地の損害に対して償金を支払わなければなりません。通行する場所を提供した所有者に大なり小なり影響を与えているからです。

 付け足し

袋地の所有権を取得した者は、その所有権の登記を経由していなくても通行権を主張できます。また、通行権者は必要に応じて障害物を除いたり、舗装するなどの方法で通路を開設したりすることができます。その費用は通行者が負担します。

自動車による通行を前提とする通行権の成否およびその具体的内容は、他の土地について自動車による通行を認める必要性、周辺の土地の状況、自動車による通行を前提とする通行権が認められることにより他の土地の所有者が被る不利益等の諸事情を総合考慮して判断されます。

(3)無償通行権～隣地を無償で通行することもできる？

土地の分割なり**一部譲渡**によって袋地が生じた場合にも、袋地の所有者にその土地を囲んでいる他の土地を通行する権利があります。

ただし、次の2点で(2)で説明した通行権と異なります。

①通行者の通行できる土地が限定されていること

②通行に際して**償金を支払う必要がないこと**(無償通行権)。

参考資料

分割ならば他の分割者の土地を、一部譲渡ならばその譲渡人か譲受人の土地を通行できるにすぎません。

(4)ライフラインの設備の設置・使用権～配管を設置したり使ったり？

①設置権と使用権

土地の所有者は、他の土地に設備を設置し、または他人が所有する設備を使用しなければ電気・ガス・水道水の供給その他これらに類する継続的給付(継続的給付)を受けることができないときは、継続的給付を受けるため必要な範囲内で、他の土地に設備を設置し(設置権)、または他人が所有する設備を使用する(使用権)ことができます。

設備設置・使用権がある場合も、それを拒まれた場合には、妨害禁止の判決を得る必要があります。

また、「他の土地」「他人が所有する設備」であればよいので、隣接していない土地についても、必要な範囲内で設備を設置することができます。たとえば、図の X 土地の所有者は、Z 土地での給水管の設置も可能です。

ただし、設備の設置または使用の場所および方法は、他の土地または他人が所有する設備(他の土地等)のために損害が最も少ないものを選ばなければなりません。

給水管を引き込みたいが承諾が得られない。

X土地（土地の所有者）
Y土地（他の土地）
Z土地（他の土地）
給水管
配水管

なお、土地の分割や一部譲渡によって継続的給付を受けることができなくなった場合は、分割者または譲渡者の所有地のみに設備を設置することができます。また、その際は償金を支払う必要がありません。

②事前の通知

他の土地に設備を設置し、または他人が所有する設備を使用する者は、あらかじめ、その目的、場所および方法を他の土地等の所有者および他の土地を現に使用している者(賃借人等)に通知しなければなりません。他人の設備に所有者とは別の使用者がいたとしても、通知は不要です。なお、通知の相手方が不特定または所在不明である場合にも、例外なく通知が必要です。

③他の土地を利用するための手続

他の土地に設備を設置し、または他人が所有する設備を使用する者が、その設備の設置工事等のために一時的に他の土地を使用する場合には、前記(1)の隣地の使用のルールも守る必要があります。

したがって、他の土地の使用についても併せて通知が必要となります。ただし、この場合の通知は、前記②の通知と異なり、あらかじめ通知することが困難な場合における事後通知が認められます。

参考資料

「その他これらに類する継続的給付」には、電話・インターネット等の電気通信が含まれます。

参考資料

他の土地が実際に使用している者のいない空き地で、設備の設置等が妨害されるおそれがない場合には、裁判を経なくても適法に設備の設置等を行うことができる場合もあり得ます。

5
物権

参考資料

通知の相手方が、設備設置・使用権の行使に対する準備をするに足りる合理的な期間を置く必要があります。通常は 2 週間～1 か月程度です。また、隣地使用の場合のように事後の通知は認められていません。ただし、簡易裁判所の公示による意思表示が活用できます。

④償金・費用負担
《他の土地に設備を設置する場合》
土地の所有者は、他の土地に設備を設置する際に次の損害が生じた場合には、償金を支払う必要があります。

参考資料
償金の支払を要する「損害」は、1.については実損害で、2.については設備設置部分の使用料相当額です。たとえば、導管などの設備を地下に設置し、地上の利用自体は制限しないケースでは、損害が認められない可能性もあります。

1.設備設置工事のために一時的に他の土地を使用する際に、その土地の所有者・使用者に生じた損害(他の土地上の工作物や竹木を除去したために生じた損害等)	償金は一括払い
2.設備の設置により土地が継続的に使用することができなくなることによって他の土地に生じた損害(給水管等の設備が地上に設置され、その場所の使用が継続的に制限されることに伴う損害等)	償金は1年ごとの定期払が可能

他の土地の所有者等から設備の設置を承諾することに対するいわゆる**承諾料を求められても、応ずる義務はありません。**

なお、土地の分割または一部譲渡に伴い、分割者または譲渡者の所有地のみに設備の設置をしなければならない場合には、2.の償金を支払う必要はありません。

《他人が所有する設備を使用する場合》
土地の所有者は、その設備の使用開始の際に損害が生じた場合に、償金を支払う必要があります。この場合の償金は一括払いとなります。

具体例
設備の接続工事の際に一時的に設備を使用停止したことに伴って生じた損害等です。

また、土地の所有者は、その利益を受ける割合に応じて、設備の修繕・維持等の費用を負担しなければなりません。

(5)竹木の枝の切除及び根の切取り～隣地の空き地の枝は切れる？

①土地の所有者による枝の切取り

それはなぜ？
2023年改正前は、竹木の所有者が枝を切除しない場合には、越境する都度、常に訴えを提起し切除を命ずる判決を得て強制執行の手続をとる必要があり煩雑でした。

土地の所有者は、隣地の竹木の枝が境界線を越えるときは、その竹木の所有者に、その**枝を切除させる**ことができます。ただし、次のいずれかの場合には、**枝を自ら切り取ること**ができます。

催告しても枝を切らないなら、切っちゃうよ！

1.竹木の所有者に越境した枝を切除するよう**催告**※1したが、竹木の所有者が相当の期間内※2に切除しないとき
2.竹木の所有者を知ることができず、またはその所在を知ることができないとき
3.急迫の事情があるとき

※1 共有物である竹木の枝を切り取るに当たっては、基本的に、竹木の共有者全員に枝を切除するよう催告する必要があります。もっとも、

一部の共有者を知ることができず、またはその所在を知ることができないときには、その者との関係では上記2.の場合に該当し、催告は不要です。

※2 「相当の期間」とは、枝を切除するために必要な時間的猶予を与える趣旨で、事案によりますが、基本的には2週間程度となります。

付け足し

道路を所有する国や地方公共団体も、隣接地の竹木が道路に越境してきたときは、この規律によって枝を切り取ることができます。また、越境された土地所有者が自ら枝を切り取る場合の費用については、枝が越境して土地所有権を侵害していることや、土地所有者が枝を切り取ることにより竹木の所有者が本来負っている枝の切除義務を免れることを踏まえ、基本的には、竹木の所有者に請求できると考えられます。

②竹木の共有者各自による枝の切除
竹木が共有物である場合には、各共有者が越境している枝を切り取ることができます。
越境された土地の所有者は、竹木の共有者の一人に対しその枝の切除を求めることができ、その切除を命ずる判決を得れば、代替執行が可能です。また、竹木の共有者の一人から承諾を得れば、越境された土地の所有者などの他人がその共有者に代わって枝を切り取ることができます。

③土地の所有者による根の切取り
隣地の竹木の根が境界線を越えるときは、その**根**を切り取ることができます。

それはなぜ？
2023年改正前は、竹木が共有されている場合に、竹木の共有者が越境した枝を切除しようとしても、基本的には、変更行為として共有者全員の同意が必要と考えられており、竹木の円滑な管理を阻害していました。

根は催告なく切除することができるね。

(6)目隠し～窓には目隠しを？

境界線から**1m未満**の距離において他人の宅地を見通すことができる窓を設ける者は、原則として、目隠しを付けなければなりません。

付け足し その他の相隣関係

・土地の所有者は、隣地から水が自然に流れて来るのを妨げてはなりません。また、直接に雨水を隣地に注ぐ構造の屋根その他の工作物を設けてはなりません。

・高地の所有者は、その高地が浸水した場合にこれを乾かすため、または自家用もしくは農工業用の余水を排出するため、公の水流または下水道に至るまで、低地に水を通過させることができます。この場合は、低地のために損害が最も少ない場所および方法を選ばなければなりません。

・隣地の所有者と共同の費用で、境界標を設けることができます。境界標の設置および保存の費用は、相隣者が等しい割合で負担しますが、測量の費用は、その土地の広狭に応じて分担します。

・境界線上に設けた境界標、囲障、障壁、溝および堀は、相隣者の共有に属するものと推定されます。

ここではコレを覚える 過去問 13-3 17-4 20-1 23-2

□隣地の竹木の枝が境界線を越えて侵入してきた場合、その所有者に対して**切り取るように請求できる**。竹木の所有者不明等の場合は自ら切除できる。**根は自ら切り取ることができる**。

□土地の所有者は、境界やその付近における障壁等の修繕、境界標の調査や測量、枝の切取り等の目的のため必要な範囲内で、隣地の使用を請求できる。ただし、**住家は居住者の承諾が必要**である。

□袋地の所有者は、公道に出るために、**償金を払って**、周囲の土地(囲繞地)を通ることができる。

□分割によって公道に通じない土地が生じた場合や、土地の所有者がその土地の一部を譲り渡したことで袋地になった場合、その土地の所有者は、公道に至るため、他の分割者や譲受人の所有地のみを通行することができる。この場合においては、**償金を支払うことを要しない**。

3-3 共有（共同所有）＜所有権

共有する建物を増改築するには全員の同意が必要です

学習時間 **120分**

共有とは、**複数の人が1つの物を所有すること**をいいます。1つの建物を家族全員の名義で購入するような場合です。

(1)共有物の使用〜共有物は持分に応じて使用できる？

各共有者は、共有物の**全部**について、その**持分に応じた使用**をすることができます。

具体的な使用方法については、共有者の協議で決めます。共有物から生じる収益についても、持分の割合で取得します。

また、共有物を使用する共有者は、別段の合意がある場合を除いて、他の共有者に対し、自己の持分を超える使用の対価を償還する義務を負います。上記の例で、Aが単独で共有物を使用しているような場合には、BとCに対価を支払う義務があるということです。

共有者は、自分に持分があるからといって、自己の物と同様の軽い注意義務で使用できるものではありません。他人の物を扱うのと同様の重い**善良なる管理者の注意義務**で使用しなければなりません。

持分の割合は、相続の場面のように法律で定まる場合を除いて、共有者間の話し合いで決まります。**法律や共有者間の取り決めがない場合には、各共有者の持分は相等しいものと推定されます。**

付け足し

他の共有者との協議に基づかないで、自己の持分に基づいて現に共有物を占有する共有者に対して、他の共有者は当然には共有物の明渡しを請求することはできません。

(2)持分の譲渡〜持分を譲渡できるの？

持分には、譲渡性があり、各共有者はその持分を**自由に譲渡すること**ができます。

(3)共有者が死亡したり持分を放棄したりするとどうなる？

共有者の1人が、その**持分を放棄**したときは、その共有持分は、**他の共有者に帰属**します。

それに対して、共有者の1人が死亡し、相続人の不存在が確定したときは、その共有持分は他の相続財産とともに特別縁故者への財産分与の対象となり、なお相続財産が残存することが確定したときにはじめて、他の共有者に帰属します。

他の共有者に帰属する割合は他の共有者の持分の割合に応じます。国

それはなぜ？ 5

物権

共有は争いの母とも呼ばれ、法律上はなるべくこのような関係を早期に解消しようとする趣旨で規定されています。

具体例

A・B・Cの3名が土地を共有し、各自の持分が等しい場合にも、各自が当然に3分の1の面積の土地を使用する権利があるのではなく、各自が全部の土地を3分の1の割合で受益するように使用する権利を有します。

用語

特別縁故者への財産分与…家庭裁判所は、相当と認めるときは、被相続人と生計を同じくしていた者、被相続人の療養看護に努めた者その他被相続人と特別の縁故があった者の請求によって、これら特別縁故者に、清算後残存すべき相続財産の全部または一部を与えることができます。

庫に帰属するわけではありません。

(4) 共有物の分割～いつでも分割できるの？

各共有者は、いつでも**共有物の分割を請求することができます**。ただし、**5年を超えない期間内**は分割をしない旨の契約をすることができます。この契約は、更新することができますが、その期間は、更新の時から5年を超えることができません。

なお、上記のルールは、相隣者の共有物と推定された境界線上に設けた境界標、囲障、障壁、溝および堀については適用されません。

(5) 裁判所への分割請求～分割の協議がうまくいかなかったら？

共有物の分割について共有者間に協議が調わないとき、または**協議をすることができないとき**は、その分割を裁判所に請求することができます。裁判所は、次のいずれかの方法により、共有物の分割を命ずることができます。

①共有物の現物を分割する方法（**現物分割**）

②共有者に債務を負担させて、他の共有者の持分の全部または一部を取得させる方法（**賠償分割**）

上記の方法により共有物を分割することができないとき、または分割によってその価格を著しく減少させるおそれがあるときは、裁判所は、その競売を命ずることができます（**競売分割**）。

裁判所は、共有物の分割の裁判で、当事者に対して、金銭の支払、物の引渡し、登記義務の履行その他の給付を命ずることができます。なお、給付命令の内容として登記義務の履行が命じられた場合、共有不動産を取得した共有者は、単独で登記申請することができます。

(6) 遺産分割との競合～遺産の場合は扱いが異なる？

共有物の全部またはその持分が相続により得た財産だった場合は、上記の分割手続（以下、**共有物分割**といいます。）によるのか、遺産分割手続によるのかが問題となります。ちなみに、遺産分割によらずに共有物分割を行うと、相続人は、具体的相続分による分割や民法906条に従って分割等を受けることができる権利（**遺産分割上の権利**）を失うことになり、配偶者居住権の設定もできなくなります。

そこで、共有物の全部またはその持分が相続財産に属する場合において、共同相続人の間でその共有物の全部またはその持分について遺産の分割をすべきときは、原則として、共有物分割訴訟の手続をとることができません。

それはなぜ？

民法は、争いの母となるような共有関係はなるべく早く解消するようにしており、単独所有を原則とし、共有は暫定的な状態と扱っています。

具体例

共有者の一部が不特定・所在不明である場合など。2023年改正で追加された要件です。

付け足し

共有者間の実質的に公平な分割を実現するために、賠償金の給付と移転登記の引換給付を命ずる判決も可能です。

参考資料

具体的相続分とは、法定・指定相続分を前提に個別具体的な要素を加味して修正した相続分のことをいいます。相続人が被相続人から生前に受けた多額の贈与金や相続人による遺産の維持・増加に対する特別の寄与等を加味します。

民法906条は、遺産に属する物や権利の種類および性質、各相続人の年齢、職業、心身の状態および生活の状況その他一切の事情を考慮して分割する旨を定めています。

ただし、<u>例外として</u>、相続開始の時から 10 年を経過した場合、遺産共有持分について共有物分割訴訟の手続をとることができます。10 年という期限があるのは、もし無制限にしてしまうと、相続人に認められている前記の遺産分割上の権利が害されてしまうからです。

(7)共有物の管理・変更〜軽微変更であれば過半数の賛成でよい?

家族で購入した家屋が古くなって改築するような場合、どのような手続きが必要でしょうか。法律上は、保存行為、管理行為、変更行為の３つに分けてそれぞれ要件を定めています。

①保存行為

保存行為とは、共有物の現状を維持する行為をいい、各共有者は他の共有者の同意を得ることなく単独で行えます。たとえば、共有物の**不法占拠者へ明け渡しを請求すること**や**無権限で登記簿上所有名義を有する者に対する抹消請求**等が典型例です。なお、不法占拠者に損害賠償を請求する場合、持分の割合を超えて請求することはできません。

②管理行為

管理行為とは、共有物の利用改良行為をいい、各共有者の持分の価格に従い、その過半数で決した上で行えます。たとえば、共有物の**利用者を決めること**や**管理者を選任すること**等が典型例です。

1.共有物を使用する共有者がいる場合

共有物を使用する共有者がいる場合でも、持分の過半数で管理に関する事項を決定することができます。たとえば、共有者間の定めがないまま共有物を使用する共有者がいた場合でも、その者の同意なく、持分の過半数でそれ以外の共有者に使用させる旨を決定することができます。

付け足し

配偶者居住権が成立している場合には、他の共有者は、持分の過半数により使用者を決定しても、別途消滅の要件を満たさない限り配偶者居住権は存続し、配偶者居住権を消滅させることはできません。
また、共有者間の決定に基づき第三者に短期の賃借権等を設定している場合に、持分の過半数でその賃貸借契約等の解約を決定したとしても、別途解除等の消滅の要件を満たさない限り賃借権等は存続します。

2.所在等不明共有者がいる場合

所在等不明共有者がいる場合(共有者が他の共有者を知ることができず、またはその所在を知ることができない場合)には、裁判所の決定を得て、所在等不明共有者以外の共有者の持分の過半数により、管理に関する事項を決定することができます。
所在等不明共有者の持分が、所在等不明共有者以外の共有者の持分を

付け足し

この例外には、さらに例外があります。相続開始から10年を経過した場合でも、遺産分割の請求があり、かつ、相続人が異議を申し出たときは、遺産分割手続によることになります。なお、相続人が異議の申出をする場合、共有物分割訴訟が係属する裁判所から通知を受けた日から 2 か月以内に異議の申出をしなければなりません。これは、共有物分割請求訴訟の中で相続人間の分割もすることを前提に審理が進められていたような場合に、結審間際に相続人から異議の申出がされると、それまでの審理が無駄となってしまう可能性もあるので、相続人が異議の申出をすることができる期間を短く設定したものです。

それはなぜ?

所在等不明共有者(必要な調査を尽くしても氏名等や所在が不明な共有者)がいる場合には、管理に関する事項について、所在等不明共有者以外の共有者の持分が過半数に及ばないケースなどでは、決定ができませんでした。2023 年改正によりそれが可能となりました。

超えている場合や、複数の共有者が所在不明の場合であっても利用できます。

また、所在等不明共有者が共有持分を失うことになる行為（抵当権の設定等）には利用できません。

たとえば、A、B、C、D、E共有（持分各5分の1）の建物につき、必要な調査を尽くしてもD、Eの所在が不明である場合には、裁判所の決定を得た上で、AとBは、第三者に対し、賃借期間3年以下の定期建物賃貸借（管理行為）ができます（A、B、Cの持分の過半数である3分の2の決定）。

それはなぜ？

共有者が共有物から遠く離れて居住・活動していることや共有者間の人的関係が希薄化しており、共有物の管理に関心を持たず、連絡をとっても明確な返答をしない共有者がいる場合に、共有物の管理が困難でした。そこで、2023年に改正されました。

3.賛否を明らかにしない共有者がいる場合の管理

賛否を明らかにしない共有者がいる場合（共有者が他の共有者に対し相当の期間を定めて共有物の管理に関する事項を決することについて賛否を明らかにすべき旨を催告したにもかかわらず、その期間内に賛否を明らかにしない場合）には、裁判所の決定を得て、その共有者以外の共有者の持分の過半数により、管理に関する事項を決定することができます。

賛否を明らかにしない共有者の持分が、他の共有者の持分を超えている場合や、複数の共有者が賛否を明らかにしない場合であっても、利用できます。

また、後述の**変更行為**や賛否を明らかにしない共有者が共有持分を失うことになる行為（抵当権の設定等）には**利用できません**。

たとえば、A、B、C、D、E共有(持分各5分の1)の砂利道につき、A・Bがアスファルト舗装をすること(軽微変更=管理行為)について他の共有者に事前催告したが、D・Eは賛否を明らかにせず、Cは反対した場合には、裁判所の決定を得た上で、AとBは、アスファルト舗装をすることができます(A、B、Cの持分の過半数である3分の2の決定)。

4.共有者の承諾

前記 1.2.3.で解説した管理に関する事項の決定が、共有者間の決定に基づいて共有物を使用する共有者に<u>特別の影響</u>を及ぼすべきときは、その共有者の承諾を得なければなりません。

たとえば、A、BおよびCが各3分の1の持分で建物を共有し、過半数の決定に基づいてAがその建物を住居として使用している場合において、Aが他に住居を探すのが容易ではなく、Bが他の建物を利用することも可能であるにもかかわらず、BおよびCの賛成によって、Bにその建物を事務所として使用させる旨を決定するような場合には、Aの承諾が必要です。

 参考資料

特別の影響とは、対象となる共有物の性質に応じて、決定を変更する必要性と、その変更によって共有物を使用する共有者に生ずる不利益とを比較して、共有物を使用する共有者に受忍すべき程度を超えて不利益を生じさせることをいい、その有無は、具体的事案に応じて判断されます。

5.短期賃借権等の設定についての管理行為

以下の表の右欄の**期間を超えない**短期の賃借権等の設定は、**持分の価格の過半数**で決定することができます。**超える場合は変更行為となり、全員の同意が必要**です。

樹木の植栽または伐採を目的とする山林の賃借権等	10年
上記に掲げる賃借権等以外の土地の賃借権等	5年
建物の賃借権等	3年
動産の賃借権等	6か月

借地借家法の適用のある通常の賃借権の設定は、約定された期間内での終了が確保されないため(正当事由の有無等で更新されます。)、基本的に**共有者全員の同意がなければ無効**となります。

ただし、一時使用目的や存続期間が3年以内の定期建物賃貸借については、持分の価格の過半数の決定により可能です。

③変更行為

変更行為とは、共有物の形状もしくは効用またはその両方を変更する行為をいい、その形状または効用の著しい変更を伴う場合は、各共有者は、他の共有者の同意を得なければすることができませんが、著しい変更を伴わないもの(軽微変更)であれば、共有物に変更を加える行為であっても、持分の価格の過半数で決定した上ですることができます。

たとえば、砂利道のアスファルト舗装や、建物の外壁・屋上防水等の大規模修繕工事は軽微変更に当たります(規模により例外はあります)。

 用語

形状の変更・・・その外観、構造等を変更すること。

効用の変更・・・その機能や用途を変更すること。

付け足し

なお、所在等不明共有者(必要な調査を尽くしても氏名等や所在が不明な共有者)がいる場合には、裁判所の決定を得て、所在等不明共有者以外の共有者全員の同意により、共有物に変更を加えることができます。管理行為(軽微変更含む)は前記のとおり、所在等不明共有者以外の共有者の持分の過半数の決定ですることができます。

それに対して、賛否を明らかにしない共有者がいる場合には、前記のとおり、裁判所の決定を得て、その共有者以外の共有者の持分の過半数の決定の上、管理行為をすることができます。しかし、変更行為はこの方法ですることができません。

それはなぜ？

共有物に軽微な変更を加える場合でも、共有者全員の同意が必要となると、円滑な利用・管理を阻害することになるので、2023 年に改正されました。

《共有物の変更・管理・保存概念の整理》

種　類		同意要件
変更(軽微以外)		共同者全員
管理(広義)	変更(軽微)	持分の価格の過半数
	管理(狭義)	
保存		共有者単独

(8)共有物の管理者～過半数の賛成で管理者を選任できる？

共有物に管理者を選任して、日々の管理をお願いできれば、円滑な管理が可能となります。

①管理者の選任と解任

管理者の選任および解任は、共有物の管理のルールに従い、共有者の持分の価格の過半数で決定します。なお、**共有者以外を管理者とすることもできます。**

②管理者の権限

管理者は、管理に関する行為(軽微変更含む)をすることができます。軽微でない変更を加えるには、共有者全員の同意を得なければなりません。なお、所在等不明共有者がいる場合には、管理者の申立てにより裁判所の決定を得た上で、所在等不明共有者以外の共有者の同意を得て、変更を加えることができます。

③管理者の義務

管理者は、共有者が共有物の管理に関する事項を決定した場合には、これに従ってその職務を行わなければなりません。この義務に違反すると、共有者に対して効力を生じませんが、<u>善意(決定に反することを知らない)の第三者には無効を主張することができません。</u>

具体例

共有物の建物について、共有者間で使用者を決めていたにもかかわらず、管理者がその事情を知らない第三者と短期の定期建物賃貸借契約を締結したような場合等。

(9) 所在等不明共有者の持分の取得～共有者が見つからない場合は？

共有者は、裁判所の決定を得て、**所在等不明共有者**(氏名等不特定を含む)の**不動産**の**持分を取得**することができます。

ただし、所在等不明といえるためには、申立人において、登記簿のほかに、住民票等の調査など必要な調査をし、裁判所において、その所在等が不明であると認められることが必要です。

遺産共有の場合は、相続開始から 10 年を経過しなければ、この制度を利用することができません。

(10) 所在等不明共有者の持分の譲渡～売却したほうが良い場合が？

共有者は、裁判所の決定を得て、**所在等不明共有者**(氏名等不特定を含む)の**不動産**の**持分を譲渡**することができます。その譲渡権限は、所在等不明共有者以外の共有者全員が持分の**全部を譲渡することを停止条件**とするもので、不動産全体を特定の第三者に譲渡するケースでのみ行使できます。したがって、一部の共有者が持分の譲渡を拒む場合には、条件が成就せず、譲渡をすることができません。

譲渡行為は、裁判の効力発生時(即時抗告期間の経過などにより裁判が確定した時)から**原則 2 か月以内**(裁判所が伸長することは可能)にしなければなりません。

遺産共有のケースでは、相続開始から 10 年を経過しなければ、この制度を利用することができません。

それはなぜ？

所在等不明共有者がいると不動産全体を売却することは不可能でした。また、所在等不明共有者の持分を他の共有者に移転し、共有物全体を売却するのは、共有者に持分を一旦移転する分、手間や費用を要していました。

(11) 所有者不明土地・建物の管理制度

調査をつくしても所有者やその所在を知ることができない土地や建物について、利害関係人が地方裁判所に申し立てることによって、その土地・建物の管理を行う管理人を選任してもらうことができます。

①管理人による管理の対象となる財産

所有者不明土地・建物のほか、土地・建物にある所有者の動産、管理人が得た金銭等の財産(売却代金等)、建物の場合はその敷地利用権(借地権等)にも及びます。ただし、その他の財産には及びません。

なお、区分所有建物については、所有者不明建物管理制度は適用され

ません。

②管理人の権限・義務等

管理人は次のような権限・義務等を有します。

| 1.管理人は、保存・利用・改良行為を行うほか、裁判所の許可を得て、対象財産の処分(売却、建物の取壊し等)をすることもできます。 |
| 2.管理処分権は管理人に専属し、所有者不明土地・建物等に関する訴訟においても、管理人が原告または被告となります。 |
| 3.管理人は、所有者に対して善管注意義務を負い、共有の土地・建物を管理する場合は、共有者全員のために誠実公平義務を負います。 |
| 4.管理人は、所有者不明土地等(予納金を含む)から、費用の前払・報酬を受けることができます(費用・報酬は所有者の負担)。 |

(12)管理不全状態にある土地・建物の管理制度

それはなぜ？

所有者による管理が適切に行われず、荒廃・老朽化等によって危険な状態にある土地・建物は近隣に悪影響を与えることがあるので、所有者に代わって管理を行う仕組みが必要となり、2023年改正で追加されました。

所有者による管理が不適当であることによって、他人の権利・法的利益が侵害され、またはそのおそれがある土地や建物について、利害関係人が地方裁判所に申し立てることによって、その土地・建物の管理を行う管理人を選任することができます。

管理の対象となる財産や管理人の権限・義務等は(11)所有者不明土地・建物の管理制度と同様になります。

ここではコレを覚える 過去問 11-3 17-3 23-5

□共有者の1人が持分を放棄し、または相続人や特別縁故者もなく死亡した場合、その持分は他の共有者に帰属する。

□5年以内の期間であれば、不分割特約を締結できる。

□共有物の分割について共有者間に協議が調わないとき、または協議をすることができないときは、その分割を裁判所に請求することができ、現物分割と賠償分割のいずれかが優先的に適用され、次いで競売分割が適用される。

□共有物の保存行為は各共有者が単独で行うことができ、管理行為(狭義)は持分価格の過半数で決し、変更行為は、その形状または効用の著しい変更を伴う場合は、各共有者は、他の共有者の同意を得なければならず、著しい変更を伴わないもの(軽微変更)であれば、持分の価格の過半数で決することができる。

□管理者の選任および解任は、共有物の管理のルールに従い、共有者の持分の価格の過半数で決定する。共有者以外を管理者とすることもできる。

4-1 用語の説明＜区分所有法

民法の共有の規定では解決できないので作られました

区分所有法(建物の区分所有等に関する法律)は、マンションのように一つの不動産を複数人が個別に所有し、かつ、通路などのみんなが使う部分を共有とする法律関係を調整するために作られた法律です。

まずは、この法律で使われる用語の意味を解説します。

(1)区分所有権～マンションの一室だけを所有する権利は？

一棟の建物に構造上区分された数個の部分で独立して住居、店舗、事務所または倉庫その他建物としての用途に供することができるものがあるときは、その各部分は、区分所有法の定めるところにより、それぞれ所有権の目的とすることができます。

この建物の部分(規約共用部分を除く)を目的とする所有権のことを区分所有権といいます。また、このような一棟の建物自体を区分所有建物といいます。

(2)区分所有者～区分所有権を持っている人は？

区分所有権を有する者を区分所有者といいます。

(3)議決権～民法の共有における持分の別名は？

区分所有者の持分を議決権といいます。この持分は区分所有建物が有する**専有部分の床面積の割合**によります。ただし、専有部分が数人の共有に属するときは、共有者は、議決権を行使すべき者1人を定めなければなりません。

【議決権】A…4/9、B…2/9、C・D・E…各1/9
【区分所有者】A・B・C・D・E

たとえば、AとBのみが賛成すると、議決権は過半数を満たしますが、区分所有者の過半数を満たしません。

付け足し 議決権と区分所有者の頭数の関係

「区分所有者および議決権の各過半数による集会の決議に基づく」という規定が多数存在します。区分所有者は頭数、議決権は専有部分の床面積となります。上図のように複数の専有部分を所有するA・Bといえども、議決権では優位に立ちますが、区分所有者ではABCDEは平等に扱われます。

民法にも、共有に関する規定はあります。しかし、作られたのが明治時代なので、今のような高層マンションが建ち並ぶ状況を想定して制定されていませんでした。具体的には、民法は、区分所有法制定前においては、1箇条(民法旧208条)しかおいていませんでした。だから、高層マンションが建ち並ぶ現代において、区分所有法が必要となりました。

具体例

購入したマンションの
各住戸やビル内の店
舗・事務所等が典型例
です。

(4)専有部分～パーテーションで区切るだけではだめ？

専有部分とは、**区分所有権の目的となる部分**をいいます。構造上独立し
ているとともに、利用上も独立性がなければなりません。

(5)共用部分

専有部分以外の部分で、区分所有者が共同で使う部分です。この共用
部分は、区分所有者全員の共有に属します。ただし、規約で別段の定め
をして、①共用部分または一部共用部分を特定の区分所有者の所有と
することで管理事務をさせたり、②一部共用部分を区分所有者全員の所
有として全員で管理させたり、③共用部分を一定の条件のもとに区分所
有者以外の者の所有としてその管理にあたらせたりすることができます。
なお、共用部分には**法定共用部分**と**規約共用部分**があります。

①法定共用部分

参考資料

法定共用部分は、構造
上区分所有者全員が
使うようにできている部
分なので、規約によっ
て専有部分とすること
はできません。

法律上当然に共用部分とされる部分です。基礎・土台部分、エレベータ
ー室など、構造上区分所有者全員が使うようにできている部分がこれに
あたります。

②規約共用部分

もともと専有部分や別棟の附属の建物であったものを、**規約によって共
用部分としたもの**をいいます。ある専有部分を集会室や管理人室、キッ
ズルーム等にした場合や付属の建物を管理棟にした場合などがこれに
あたります。

付け足し ―一部共用部分

一部共用部分とは、一部の区分所有者のみの共用に供されることが明ら
かな共用部分をいいます。たとえば、ABCDE が居住するマンションに 2
つの階段ないしエレベーターがあり、一方はABCだけが使用し、他方は
DE だけが使用するような構造だった場合には、それらはいずれも一部
共用部分となります。

一部共用部分は、これを共有すべき区分所有者の共有に属します。上
記の階段ないしエレベーターの一方はABC の共有となり、他方はDE の
共有となります。ただし、規約で別段の定めをすることもできます。

一部共用部分の管理は、区分所有者全員で行うものと、一部区分所有者
だけで行うものに分けられます。前者には、①区分所有者全員の利害に
関係する管理と、②区分所有者全員の利害に関係しない管理であっても
区分所有者全員の規約によって全員で行うこととした管理があります。後
者の場合は、その一部区分所有者だけで集会を開き、それらの者のみ
の規約を定め、それらの者のみの管理者を置くことができます。

4-2 共用部分の管理＜区分所有法

共用部分の重大変更は4分の3以上の多数で決議します　学習時間 20分

(1)共用部分の管理

共用部分に関して、民法の共有と同じく、保存、管理、変更するための要件が定められています。

		要件	規約による別段の定め
保存行為※1		各区分所有者が各自単独ですることができる	できる
管理行為※2		区分所有者および議決権の各過半数による集会の決議に基づく	
変更行為	軽微変更※3		
	重大変更※4	区分所有者および議決権の各4分の3以上の多数による集会の決議に基づく※5	区分所有者の定数のみ、過半数まで減ずることができる※6

※1 状態を維持する行為をいう。日々の点検・清掃や破損箇所の修理等。
※2 変更にあたらない範囲で利用したり（利用行為）、変更にあたらない範囲で価値を高めたり（改良行為）する行為をいう。駐車場を外部に貸し出したり、防犯灯を設置したりする等。
※3 軽微変更とは、その形状または効用の著しい変更を伴わない変更行為をいう。階段にスロープを併設する等。
※4 重大変更とは、変更行為（その形状または効用の著しい変更を伴わない変更行為を除く）をいう。増築を伴うエレベーターの設置等。
※5 耐震改修の必要性の認定を受けた建築物について、大規模な耐震改修を行おうとする場合の決議要件は過半数に緩和されている。
※6 区分所有者とは頭数のことである。これに対し、議決権は、規約に別段の定めがない限り、共用部分の共有持分すなわち専有部分の床面積の割合による。なお、専有部分の床面積は、壁その他の区画の内側線で囲まれた部分の水平投影面積による。

(2)規約共用部分～専有部分の1つを集会室にするには？

規約共用部分は、登記をしなければ共用部分である旨を第三者に対抗することができません。

それはなぜ？
外見上は共用部分であることがわからないからです。

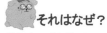

ここではコレを覚える　過去問 11-13 12-13 13-13 16-13 20-13 21-13 23-13

□共用部分の軽微変更は、区分所有者及び議決権の各過半数による集会の決議に基づく必要があるが、規約によって別段の定めが可能である。
□共用部分の重大変更は、区分所有者および議決権の各4分の3以上の多数による集会の決議に基づく必要があるが、区分所有者の定数のみ、過半数まで減ずることができる。

4-3 敷地利用権＜区分所有法

敷地だけを売却することは原則としてできません

頻出度 **C**

学習時間 **15分**

参考資料

規約敷地は、第三者の所有する土地であっても構いません。また、法定敷地に隣接している必要もありません。

分譲マンションなどの**区分所有建物の建っている土地を法定敷地**といいます。そして、区分所有建物及び法定敷地と一体として管理または使用する土地であって、**規約によって区分所有建物の敷地とされた土地を規約敷地**といいます。

区分所有建物の建っている土地だけでなく、それと一体として管理または使用する土地(たとえば、駐車場など)も、規約によって敷地とすることができます。

(1)敷地利用権

敷地利用権とは、**専有部分を所有するための建物の敷地に関する権利**をいいます。所有権、地上権、借地権等が典型例です。

敷地利用権は、各区分所有者が共有しています。各区分所有者の持分の割合は、その専有部分の床面積の割合によります。

(2)分離処分～敷地利用権だけを売却できるの？

敷地利用権は、専有部分を所有するための権利なので、**原則として、専有部分と敷地利用権を分離して処分することはできません。**つまり、専有部分を売却する場合は、原則として敷地利用権も一緒に売らなければならないということです。

しかし、専有部分と敷地利用権を分離して処分した方が都合のよい場合もあります。たとえば、敷地の一部が道路用地とされたような場合です。そのような場合は、規約に定めておけば、専有部分と敷地利用権を分離して売却などの処分をすることができます。

ここではコレを覚える 過去問 21-13

□敷地の所有権などの敷地利用権は、各区分所有者が専有部分の床面積の割合で共有する。
□規約に別段の定めがない限り、専有部分と敷地利用権を分離して処分することはできない。

▶ 248 ◀

4-4 管理組合と管理者＜区分所有法

管理者を選任するとマンションの管理が便利になります

学習時間 20分

分譲マンションなどの区分所有建物を管理するのは**管理組合**です。区分所有建物を購入し、区分所有者になると、自動的に管理組合の構成員となり、区分所有者である限り、脱退することはできません。

(1)管理者～区分所有者全員が集まらないと、管理できないの？

区分所有法では、集会の決議によって管理者を選任し共用部分、共有の敷地・付属施設の管理や集会の決議の実行を行わせることができるようになっています。

(2)管理者の選任～管理者を選ぶには？

区分所有者は、規約に別段の定めがない限り、**集会の決議**によって、管理者を選任し、または解任することができます。

集会で、その決議を行うには、規約に別段の定めがない限り、**区分所有者および議決権のそれぞれ過半数の賛成が必要**です。

なお、管理者の資格については、特に制限はなく、区分所有者以外の者を選任することもできます。また、管理者に**任期はありません**。

(3)管理者の権限～管理者は何ができるの？

管理者は、エレベーターの点検や階段室等の破損箇所の小修繕等の保存行為をしたり、集会や規約で定めたことを実行したりする権限と責務を負います。その際、管理者は、その職務に関し区分所有者を代理します。また、管理者は、**規約または集会の決議**により、**その職務に関し、区分所有者のために、原告または被告となることができます**。原告または被告となったときは、遅滞なく、区分所有者にその旨を通知しなければなりません。

(4)管理組合法人～管理組合を法人にするには？

管理組合を法人にすることができます。**区分所有者及び議決権のそれぞれ4分の3以上の賛成による集会の決議**と、事務所の所在地での登記によって、管理組合法人を設立することができます。

用語

5 物権

管理組合…建物・敷地・付属施設の管理を行うための団体であり、区分所有者全員を構成員とします。

それはなぜ？

マンションには、エレベーターの管理や共用の廊下の電灯の付け替えを業者に依頼する等、日常的に行わなければならない作業があります。共用部分の保守は、法律上は区分所有者全員のものなので、全員で行わなければなりません。しかし、実際には仕事などで忙しくて毎日そのようなことを行う暇がない人がほとんどだからです。

(5)理事と監事の設置〜管理組合が法人になるとどうなるの？

管理組合法人が設立されると、理事と監事が置かれ、理事が業務を執行し、監事が監督することになります。そのため、管理者は、不要となり、退任します。

ここではコレを覚える 過去問 12-13 14-13 15-13 16-13 22-13

□区分所有者になると自動的に管理組合の構成員となる。

□区分所有者は、規約に別段の定めがない限り、区分所有者および議決権のそれぞれ過半数の賛成による集会の決議によって、管理者を選任し、または解任することができる。

□区分所有者および議決権のそれぞれ4分の3以上の賛成による集会の決議と、事務所の所在地での登記によって、管理組合法人を設立できる。

4-5 規約＜区分所有法

マンション内での共同生活のルールです

区分所有者みんなで1つの建物(マンション)を使い、共同生活する以上、一定のルールが必要です。このルールを規約といい、区分所有法では多くの定めを置いています。

(1)規約の設定～規約を設定するには?

規約を設定するには、原則として、**区分所有者および議決権の各4分の3以上の多数による集会の決議**によって行います。
ただし、規約の設定が一部の区分所有者の権利に特別の影響を及ぼすときは、その承諾を得なければなりません。
規約の変更や廃止をする場合も同様です。

(2)公正証書による規約の設定～できる場合があるの?

規約は区分所有者が集まる集会の決議によって作るのが一般的です。ただ、ここで一つ問題があります。新築マンションの場合です。新築マンションを販売する時点では、まだ住人と呼べる区分所有者がいません。区分所有者がいないということは、集会が開けないことを意味します。
そこで、**最初に建物の専有部分の全部を所有する者(分譲業者のこと)は、一定の事項を規約として設定しておくことができます。**
ただ、とても重要な内容を定めた規約となるので、その内容を客観的に明らかにしておく必要があります。そこで、この**規約は公正証書によって作り、第三者に対抗するため登記しておく必要があります。**

付け足し

最初に建物の専有部分の全部を所有する者は、公正証書によって、以下のものに限って単独で規約を定めることができます。
① 規約共用部分を定める規約(管理人室、倉庫、集会所など)
② 規約敷地を定める規約(通路、駐車場、遊園地など)
③ 専有部分と敷地利用権の分離処分を許すことを定める規約
④ 各専有部分に対応する敷地利用権の割合を定める規約(専有部分の床面積割合を変えるため)

参考資料

たとえば、管理費や修繕積立金の負担割合について、専有部分の床面積や共用部分の共有持分の大小を問わずに、区分所有者間で同一である旨を定めるような場合は、専有部分の床面積や共用部分の共有持分が小さい区分所有者に実質上過度の負担を課すことになり、一部の区分所有者の権利に特別の影響を及ぼす可能性があります。

それはなぜ?

専有部分の購入者がある程度確定してから、初の集会を開いて規約を設定することはできます。しかし、それでは、集会室などの規約共用部分や敷地利用権の処分(土地だけ別売りできるなど)についてのルールなど、購入したマンションの価格を左右する重要な規約が、購入した段階でわからないということになります。これでは、安心して新築マンションを購入することができなくなります。

(3)閲覧請求～利害関係人から閲覧請求があったら？

マンションの購入希望者や賃借を希望する利害関係人から規約の閲覧請求があった場合、<u>正当な理由</u>がない限り、拒むことはできません。

(4)規約の保管～どこに保管するの？

用語

正当な理由…規約の閲覧を拒む正当な理由としては、区分所有者等にあらかじめ示されている管理者の管理業務の日時以外における請求、無用の重複請求等の閲覧請求権の濫用と認められる請求などをいいます。

規約は、**書面または電磁的記録（パソコンのデータ）により作成**し、原則として、**管理者が保管**しなければなりません。

ただし、管理者がいない場合は、建物を使用している区分所有者またはその代理人で規約または集会の決議で定めるものが保管します。

また、その**保管場所は、区分所有者やそれ以外の利害関係人が容易に閲覧できるように、建物内の見やすい場所に掲示**しなければなりません。

ただ、それを各区分所有者に通知する義務まではありません。

付け足し

管理者が規約の保管義務や閲覧義務に違反した場合は20万円以下の過料に処せられます。ただし、規約の保管場所の掲示義務に違反しても罰則はありません。

ここではコレを覚える 過去問 11-13 18-13

☐最初に建物の専有部分の全部を所有する者は、公正証書により、建物の共有部分を定める規約などを設定できる。第三者対抗力は登記である。

☐管理者がいなければ、建物を使用している区分所有者またはその代理人で、規約または集会の決議で定める者が、規約を保管する。

☐利害関係人から規約の閲覧請求があった場合、正当な理由がない限り、拒むことはできない。

☐規約の保管場所は、建物内の見やすい場所に掲示しなければならない。しかし、それを各区分所有者に通知する必要はない。

4-6 集会の招集＜区分所有法

集会を開くには区分所有者に通知する必要があります

学習時間 **10分**

専有部分（自分が自由に使えるマンションの一室）の壁紙を替えるとか、システムキッチンを導入するとかは、区分所有者それぞれで判断できます。しかし、マンションが古くなったので建て替えるとか、地震で壊れてしまったので復旧工事を行うなどは、区分所有者全員に影響を与えることになるので一人で判断できません。このような場合、区分所有者の話し合いで決める必要があります。この話し合いの場を<u>集会</u>と呼び、集会で決議された内容が区分所有者全員の最終意思決定となります。

(1)集会の招集権者～集会は、いつ誰が招集するの？

管理者が集会を招集するのが原則です。管理者は、**少なくとも毎年1回**集会を招集しなければなりません。管理組合が法人になっていれば、理事が招集します。

また、区分所有者の5分の1以上で議決権の5分の1以上を有するものは、管理者に対し、会議の目的たる事項を示して、集会の招集を請求することができます。ただし、この定数は、規約で減ずることができます。

(2)集会の招集方法～どうやって集会を招集するの？

集会の招集の通知は、**会日より少なくとも1週間前**に、会議の目的たる事項を示して、各区分所有者に発しなければなりません。ただし、この期間は、規約で伸縮することができます。また、区分所有者全員の同意があるときは、招集の手続を経ないで集会を開くことができます。

(3)集会の議事録～集会の議事録を作成したら？

集会の議事録が書面で作成されているときは、**議長および集会に出席した区分所有者の2人**がこれに署名しなければなりません。そして、議事録の**保管場所を建物の見やすい場所に掲示**しなければなりません。

参考資料

実務上は「総会」と呼びますが、区分所有法では「集会」と表記されているので、宅建士試験でも「集会」という言葉で出題されます。

付け足し

建替え決議を会議の目的とする集会を招集するときは、招集の通知は会日より少なくとも**2か月前**に発しなければなりません。ただし、この期間は、規約で伸長することができます。

ここではコレを覚える 過去問 14-13 15-13 17-13 22-13

□管理者は、**少なくとも毎年1回**集会を招集しなければならない。

□招集通知は、会日より少なくとも1週間前に、会議の目的たる事項を示して各区分所有者に発しなければならないのが原則である。

□集会の議事録を書面で作成した場合には、**議長および集会に出席した区分所有者の2人**が署名しなければならない。

4-7 集会の決議＜区分所有法

過半数では決められない事項があります

(1)決議事項の制限～集会では、何でも決議できるの？

集会は区分所有者で構成される団体の最高の意思決定機関です。各区分所有者の利益を守るために、自分の考えを発言できるように集会のルールを定めておく必要があります。そのためには、**集会で審議する内容をあらかじめ通知しなければなりません。**

ただし、次の場合はあらかじめ**通知**していなくても**審議**できます。

①普通決議事項であって規約に決議できる旨別段の定めがある場合
（特別決議事項については認められない）

②区分所有者全員の同意により招集手続を経ないで開かれる集会の場合

(2)議決権～区分所有者には、1人に1個の議決権があるの？

各区分所有者は、規約に別段の定めがなければ、**専有部分の床面積の割合によって議決権**を持ちます。専有部分を複数で共有しているときは、共有者は、議決権を行使すべき者を1名定めなければなりません。

なお、**区分所有者の承諾を得て専有部分を占有する者(賃借人等)には議決権がありません。**ただし、会議の目的たる事項につき利害関係を有する場合は、**集会に出席して意見を述べることはできます。**

(3)議事～決議をするためには？

決議は、区分所有法や規約に別段の定めがない限り、**区分所有者および議決権の各過半数の賛成**で行います。

付け足し 集会に直接参加すること以外の決議方法

内容	集会	要件
書面による議決権の行使	開催することが前提	規約または集会の決議は不要
代理人による議決権の行使		
電磁的方法(ネット回線を利用する方法)による議決権の行使		規約または集会の決議が必要
書面または電磁的方法による決議	開催しないことが前提	区分所有者全員の承諾

(4)議長～集会は誰がどのように進行するの？

規約に別段の定めがある場合および別段の決議をした場合を除いて、管理者または集会を招集した区分所有者の1人が集会の議長となります。議長は、集会の議事について、議事録を作成しなければなりません。その議事録が書面で作成されたときは、**議長と集会に出席した区分所有者の2人が署名**しなければなりません。議事録が正確であることを作成者以外の人に確認してもらうためです。

なお、管理者は、集会において、毎年1回一定の時期に、その事務に関する報告をしなければなりません。

付け足し　集会の定足数

集会の定足数とは、合議体が議事を進め議決をなすに必要とする最小限度の構成員の出席数のことをいいます。実は、区分所有法は決議成立要件を定めているだけであって、集会成立に関する定足数の定めを置いていません。したがって、もし決議に必要な区分所有者および議決権の過半数に出席数が達していない場合は、出席した全員が賛成しても決議は成立しませんので、後日改めて集会を開かざるを得ないことになります。

ただ、これはあくまでも法律上そうなっているだけで、実際に多く使用されている「マンション標準管理規約」（国土交通省発表）によれば、定足数を過半数の出席と定めて、現実的な対応をしています。

(5)共用部分の重大変更～増設を伴うエレベーターの設置工事を？

「共用部分の管理」の個所でも説明しましたが、共用部分について形状または効用の著しい変更を伴う**重大変更**を行う場合には、区分所有者および議決権の各4分の3以上の賛成による集会の決議が必要です。

共用部分の重大変更については、規約で区分所有者の定数を過半数まで減らすことができます。

付け足し

共用部分の管理行為や変更行為を行うには、集会の決議に加えて、**特別の影響を受ける者の承諾**が必要です。

(6)小規模滅失～マンションの一部が滅失したら？

建物の価格の半分程度が滅失（小規模滅失）した場合は、各区分所有者は、滅失した共用部分を復旧する旨の決議（集会で**区分所有者および議決権の各過半数の賛成**）、**建替え決議等**があるまでは、自ら単独で滅失した共用部分の復旧を行うことができます。ただし、建替え決議等があったときは各区分所有者が復旧することはできません。**この点について、規約で別段の定めをすることもできます。**

共用部分を復旧した者は、他の区分所有者に対し、復旧に要した金額を専有部分の床面積の割合に応じて償還すべきことを請求することができます。

(7)大規模滅失～マンションの大半が滅失したら？

建物の価格の半分を超える部分が滅失した場合（大規模滅失）は集会において、区分所有者および議決権の各4分の3以上の賛成で、滅失した共用部分を復旧する旨の決議をすることができます。**この点については、規約によっても別段の定めを設けることができません。**

(8)建替え決議～マンションが古くなって建て替えたいときは？

区分所有者および議決権の各5分の4以上の賛成で、建て替える旨の決議をすることができます。**この点については、規約によっても別段の定めを設けることができません。**

ここではコレを覚える

過去問 11-13 13-13 14-13 15-13 16-13 19-13 21-13

□集会で決議ができるのは、原則としてあらかじめ招集通知で示した事項だけである。
□あらかじめ区分所有者全員の承諾があれば、集会を開催せずに書面または電磁的方法による決議をすることができる。
□専有部分を占有する者（賃借人等）には議決権がないが、集会に出席して意見を述べることができる。

4-8 規約・集会の決議の効力＜区分所有法

頻出度 C

賃借人も規約や集会の決議を守ります　　学習時間 **15分**

5 物権

区分所有法では、規約の制定や決議の後で区分所有者の団体（管理組合）の構成員となり、組合運営や共用部分等の管理に参加するようになった者（区分所有者の特定承継人）に対し、すでにある規約や集会決議の効力が及ぶとしています。また、賃借人等の**占有者**は、建物またはその敷地もしくは附属施設の使用方法につき、**区分所有者が規約または集会の決議に基づいて負う義務と同一の義務を負います**。

それはなぜ？

規約および集会の決議は区分所有者およびその団体である管理組合の内部ルールなので、自治の主体である区分所有者以外には効力は及びません。しかし、規約を制定した時や、集会決議をしたその時の区分所有者だけにしかそれらの効力が及ばないとしたのでは、同じマンション内でそのルールを守らなければならない区分所有者とそうでない人とが混在する可能性があります。

規約等に違反する区分所有者等への措置

区分所有者が規約に違反して、建物の保存に有害な行為その他建物の管理・使用に関し、区分所有者の**共同の利益に反する行為**をする者がいる場合、管理組合（法人含む）は何ができるでしょうか。

まずは、「そのようなことはやめてください」と停止請求ができます。それでも言うことを聞かない場合は、裁判所に訴えて停止請求ができます。さらに言うことを聞かない場合は、「○か月間、その場所を使用してはいけません」と専有部分の使用を相当な期間禁止する訴えを裁判所に提起することができます。さらに言うことを聞かない場合は、「出て行け！」と訴えを提起して違反者の区分所有権および敷地利用権の競売を請求することができます。また、区分所有者から借りている人（占有者）が上記のようなことをした場合は、専有部分の賃貸借契約等の解除および目的物の引渡しを請求する訴えを提起することができます。

請求等の内容	措置の要件等
行為の停止等の請求	区分所有者の 1 人、数人または全員もしくは管理組合法人が可能
行為の停止等の請求の訴訟	区分所有者および議決権の各過半数による集会の決議によらなければ、提起することができない
専有部分の使用禁止の請求 区分所有権の競売請求 占有者に対する契約の解除および専有部分の引渡請求	区分所有者および議決権の各3/4以上の多数による決議に基づいて、訴えをもってのみすることができる

ここではコレを覚える　過去問 18-13

□規約および集会の決議は、区分所有者の**特定承継人**に対してもその効力を生ずる。
□占有者は、建物またはその敷地もしくは附属施設の使用方法につき、区分所有者が規約または集会の決議に基づいて負う義務と同一の**義務**を負う。

5-1 契約等による物権変動＜物権変動

物権の変動は意思により、第三者に主張するには登記が必要　学習時間 15分

発生…建物の新築、売買や相続、時効などによって取得することなど
変更…物権の内容を変更することをいいます。たとえば、地上権の存続期間を延長するとか、一番抵当権を二番抵当権に変更するなど
消滅…目的物の消滅、放棄、消滅時効、契約の取消・解除など

物権変動とは、所有権などの物権が、契約その他の原因によって発生、変更、消滅することをいいます。

(1)所有権の移転時期～購入した不動産はいつ自分のものに？

売買契約

売主A　所有権　買主B

所有権は、契約の時に移転します。
これは裏を返すと、当事者の意思表示のみで所有権が移転することを意味するので、当事者同士で、「契約書にサインしたときに所有権を移転しましょう」とか「移転登記したときに所有権を移転しましょう」とか「代金を完済したときに所有権を移転しましょう」というように、別に所有権の移転時期について当事者の意思表示があった場合は、そちらが優先することになります。

(2)公示の原則～自分が所有者になったことを対抗するには？

それはなぜ？

これは、登記を怠る者に不利益を与えることで、登記を促進し、取引の迅速化・安全化をはかることを目的として作られた制度です。

①売買契約
第一買主B

売主A　②売買契約
第二買主C

Aが所有する不動産をBに売った後、Aは同じ不動産をCにも売ったという状況があったとします（二重売買）。ここで、Cが先に登記を移転した場合、この不動産は誰のものになるでしょうか。
民法は、権利者の側から見て、**権利者であっても登記がないと当事者以外の者に対しては自分が権利者であることを主張できない（公示の原則）**というルールを定めて、このような問題の解決を図っています。
上の例で、Bは契約相手である当事者のAに対しては、登記がなくても自分が所有権者であるということを主張できますが、当事者以外のCに対しては、登記がなければ自分が所有者であると主張できません。結果的には、先に登記を備えた者が所有者になるということになります。

ここではコレを覚える　過去問　12-6　14-4　16-3　17-2,4　19-1　22-1

□所有権は、原則として売買契約時に移転する。別の意思表示があった場合はそれが優先する。
□不動産の物権変動を第三者に主張するには登記が必要である。
□不動産が二重に売買された場合、原則として先に登記した者に所有権も帰属する。

▶ 258 ◀

5-2 取消し・解除と登記＜物権変動

取消しや解除後の第三者とは対抗関係になります

学習時間 15分

(1)取消後の第三者〜契約を取り消した後に取引関係に入った人とは？

AとBが不動産の売買契約を結び、B名義の移転登記も完了しています。しかし、その契約はBの詐欺による契約でした。Aは詐欺に気付きすぐにBとの売買契約を取り消しましたが登記名義はまだBのままでした。Bは自分が名義人であることをいいことに、その不動産をCに売ってしまいました。さて、この場合、この不動産はAの物になるのでしょうか、それともCの物になるのでしょうか。

売主A　買主B

第三者C

取消後の第三者が保護されるためには登記を備えなければなりません。

上記の例でCが所有権をAに対抗するには、登記を備える必要があります（悪意でもかまいません）。

(2)解除後の第三者〜契約を解除した後に取引関係に入った人とは？

AとBが不動産の売買契約を結び、Bに移転登記もしましたが、Bに契約違反があり、Aが契約を解除しました。その後、BがCにその不動産を売却した場合、この不動産は誰の物になるでしょうか。

この場合、前記(1)と同じ理屈で解決します。つまり、AとCの関係は対抗関係になり、先に自分名義の登記を取得した方が、完全な所有者になります。

売主A　買主B

第三者C

それはなぜ？

いったんBのところに移転した所有権が、取消を機に、Aのところに戻った（復帰した）と考えるのです。そうすると、BがAとCに二重売買したような形ができあがるわけです。似ているならば、二重売買の解決方法である早い者勝ちの理論を使ってしまえというわけです。

参考資料

取消前の第三者の場合は、意思表示のところで勉強した方法で解決します。詐欺の場合は善意・無過失の第三者が救われ、強迫・制限行為能力者の場合は善意・無過失でも救われませんでした。

ここではコレを覚える 過去問 11-1 19-2

□取消しによる権利の回復をその後に出現した第三者に主張するには、登記などの対抗要件が必要である。

□解除後の第三者との関係は対抗要件によって決まり、先に対抗要件を備えた方が勝つ。

5-3 時効取得と登記＜物権変動

時効完成後の第三者とは対抗関係になります

学習時間 15分

(1)対抗関係①～時効完成後に取引関係に入った人とは？

Bが所有の意思をもってAの不動産を占有していた場合、AがBの時効完成前にその不動産を売った場合と、時効完成後に売った場合、不動産の所有にどのような違いが生じるでしょうか。

時効完成後にAから不動産を買った者とBとの関係は、二重譲渡と同じ理屈で、登記の有無で勝敗を決

①時効取得

占有者B

②売買契約

所有者・売主A

買主C

めます。つまり、取得時効したBと、Aから購入したCのどちらか先に登記をした方が不動産の所有権を取得します。

(2)対抗関係②～時効完成前に取引関係に入った人とは？

それはなぜ？

時効が完成する前ではBは登記したくてもできないからです。先に登記した方が勝つという以上、お互いが登記できる状況でなければならないわけです。

時効が完成する前にAから不動産を買ったCと、取得時効の要件を満たした占有者Bとの関係は対抗関係に立ちません。つまり、Cが土地を購入して登記した後に、Bの時効が完成した場合、Bは時効取得を理由とする登記をしていなくてもCに対して、時効によって不動産を取得したことを主張できます。

②時効取得

占有者B

①売買契約

所有者・売主A

買主C

ここではコレを覚える 過去問 12-6 19-1 22-10 23-6

□時効期間の進行中に不動産が売却されても、後に時効取得した者はその所有権を取得できる。

□時効完成後に不動産が売却された場合、時効取得者と買主のいずれか先に登記を備えた方がその所有権を取得する。

5-4 相続と登記＜物権変動

遺産分割協議後の第三者とは対抗関係です

学習時間 30分

(1)被相続人からの譲受人と相続人との関係

被相続人 A からの譲受人(買った人など)B と相続人 C との関係は対抗関係に立つのでしょうか。
C は A のできなかった不動産の引渡義務(売主の立場)を B に対して負うことになります。
つまり、B と C は対抗関係には立ちません。

①売買契約
買主B　　　売主A

②死亡
⇒C が単独相続

相続人C

(2)共同相続と登記～相続人が複数いた場合は?

A が不動産と子 B・C を残して死亡(共同相続)し、その後、C は、その不動産を単独で相続したとの虚偽の報告書を作成して、C 単独名義での登記をし、その不動産を D に売却した場合、B は D に対して不動産の所有権を主張できるのでしょうか。

①死亡⇒BC が共同相続
被相続人 A

②売買契約
A から相続した建物を売却する。
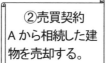
相続人B　　相続人・売主C　　買主D

まず、C が自己の持分(2 分の 1)を D に譲渡するのは自由です。問題となるのは、B の持分です。つまり、B の持分については、C は他人の不動産を D に譲渡したことになります。
法律上、不動産について登記名義を信じた人を救わないのが原則です。たとえ D が不動産の登記情報を確認して C の所有であることを信じたとしても、原則として D は B の持分については所有権を取得しません。したがって、B と D は対抗関係に立ちません。B は D に対して登記なくして自己の持分を D に主張できます。結果的には、この不動産は D と B の共有となります。

5
物権

それはなぜ?

相続とはどのようなものかがわかれば、この問題は簡単です。法律上、相続人は、相続開始の時から、被相続人の財産に属した一切の権利義務を承継することになっています。つまり、図の例で C は被相続人である A の持っている不動産に対する所有権や、B に対する売主としての地位もすべて受け継ぐことになるのです。

用語

共同相続…相続人が複数いる場合をいいます。そして、共同相続の場合は、被相続人の死亡と同時にその相続財産は相続人たちの共有ということになります。左記の例によれば、A の所有していた不動産が、A の死亡によって B と C がそれぞれ 2 分の 1 ずつの持分を相続するということです。

(3)遺産分割協議と登記～遺産分割協議後は対抗関係に？

Ａは不動産と子Ｂ・Ｃを残して死亡し、その後、相続人のＢとＣが遺産分割することを宣言し、相続財産の不動産全部を Ｂ が相続することに決めたが、その登記をする前に、ＣがＤにこの不動産を売ってしまった場合、Ｂはこの不動産が自分の物であることをＤに主張できるでしょうか。

被相続人Ａ
①死亡⇒BC が共同相続

②遺産分割協議書
共同相続した建物はＢが単独で相続する。

相続人Ｂ

相続人・売主Ｃ

③売買契約
Ａから相続した建物を売却する。

買主Ｄ

(2)の例と似ていますが、遺産分割という手続が行われている点で大きな違いがあります。**遺産分割が行われると、その結果は相続が開始されたとき(死亡したとき)にさかのぼる**とされています。つまり、前記の例では、Ｂが不動産の全部を相続するという遺産分割が確定すると、Ａが死亡した瞬間にＢが不動産全部を相続していたという結果になります。

あとは、取消し・解除と登記のところと同じ理屈となります。つまり、いったんＣのところに相続した持分(所有権)が、遺産分割を機に、Ｂのところに移転したと考えるのです。そうすると、Ｃが、自己の持分を、ＢとＤに二重売買したような形になり、先に登記した方が所有権を取得する対抗関係となります。

まとめると、相続人Ｃの(元)持分について、ＢとＤは対抗関係になります。それに対して、相続人Ｂの(元)持分について、ＢとＤは対抗関係にならず、Ｂは登記がなくてもＤに所有権を主張できます。

参考資料

遺産分割の協議中(前)に、Ｃが自己の持分をＤに譲渡し、その後Ｂが協議により不動産全部を単独で取得した場合も、Ｃの(元)持分については、ＢとＤの登記の先後によりその所有権の帰属が決まります。

ここではコレを覚える 過去問 18-10

場　面		結　果
取消	取消**前**の第三者	詐欺：善意無過失の第三者が勝つ
	取消**後**の第三者	先に登記した者が勝つ
解除	解除**前**の第三者	第三者は登記があれば勝つ
	解除**後**の第三者	先に登記した者が勝つ
時効完成	時効完成**前**の第三者	時効取得した者が勝つ
	時効完成**後**の第三者	先に登記した者が勝つ
遺産分割	遺産分割**前**の第三者	第三者は登記があれば勝つ
	遺産分割**後**の第三者	先に登記した者が勝つ

5-5 登記をしなければ対抗できない第三者＜物権変動

背信的な悪意者は保護されません

(1)登記が不要な場合～第三者に主張するには必ず登記が必要？

登記が不要な場合もあります。そもそも、登記がなければ自らが所有権などの権利を取得したと主張できない第三者とは、**当事者およびその包括承継人(相続人・包括受遺者)以外の者**で登記の不備を主張する**正当な利益を有する者**をいいます。善意でも悪意でも構いません。

それはなぜ？

善意・悪意を問題にすると、不動産取引を紛糾させ、取引の安全を害することになるからです。

(2)無権利者等～正当な利益を有しない者ってどんな人？

正当な利益を有する第三者にあたらない例としては、①**無権利者**(たとえば、虚偽表示などで名義だけが自分のものになっている人など)、②**不法行為者や不法行為者**(勝手に家や土地に居座っている者など)、③**背信的悪意者**(たとえば、詐欺または強迫によって登記の申請を妨げた第三者や、他人のために登記を申請する義務を負う第三者など)です。

売主A

売買契約

買主B

・背信的悪意者
・無権利者
・不法行為者

こういった人に対しては、登記を得ていなくても、所有権等を主張することができます。

付け足し 背信的悪意者からの転得者

所有者AからBが不動産を買い受け、その登記が未了の間に、AからCが同じ不動産を二重に買い受け、更にCから転得者Dが買い受けて登記を完了した場合に、Cが背信的悪意者にあたるとしても、Dは、Bに対する関係でD自身が背信的悪意者と評価されるのでない限り、その不動産の所有権取得をもってBに対抗することができます(最判平成8年10月29日 民集第50巻9号2506頁)。

ここではコレを覚える　過去問 12-6 16-3 19-1 22-1

□無権利者や不法行為者、背信的悪意者に対しては、登記がなくても、所有権の取得を対抗することができる。

6 用益物権

所有権以外の物権もあります

頻出度 **C**

学習時間 10分

用益物権とは、目的物の使用・収益を内容とする権利のことをいいます。目的物を自由に処分することが出来ないという点で、所有権と異なります。

(1)地上権とは

地上権とは、他人の土地において工作物又は竹木を所有するため、その土地を使用する権利をいいます。地上権の設定は、無償が原則ですが、地上権者が土地の所有者に定期の地代を支払わなければならない旨を定めることもできます。地代については、その性質に反しない限り、賃貸借に関する規定が準用されます。

地上権者が引き続き2年以上地代の支払を怠ったときは、土地の所有者は、地上権の消滅を請求することができます。

(2)永小作権とは

永小作権とは、小作料を支払って他人の土地において耕作又は牧畜をする権利をいいます。

永小作人の義務については、その性質に反しない限り、賃貸借に関する規定が準用されます。

(3)地役権とは

地役権(ちえきけん)とは、設定行為によって定めた目的にしたがって、他人の土地(承役地といいます)を自己の土地(要役地といいます)の便益に供する権利をいいます。

地役権は、原則として、要役地(地役権者の土地であって、他人の土地から便益を受けるものをいう)の所有権に従たるものとして、その所有権とともに移転し、または要役地について存する他の権利の目的となるものでなければなりません。ただし、別段の定めをすることもできます。

地役権は、要役地から分離して譲り渡し、または他の権利の目的とすることができません。土地の共有者の一人は、その持分につき、その土地のためにまたはその土地について存する地役権を消滅させることができません。土地の分割またはその一部の譲渡をする場合(地役権がその性質により土地の一部のみに関するときを除く)、地役権は、その各部のためにまたはその各部について存します。

地役権は、継続的に行使され、かつ、外形上認識することができるものに限り、時効によって取得することができます。

(4)入会権

入会権(いりあいけん)とは、一定の地域の住民が山林・原野において共同して薪木・秣草等を採取したり牛馬を放牧したりする慣習上の権利をいいます。土地の用益を目的とする権利ですが、契約によって定めることはできません。民法は、入会地の地盤が入会村落以外の他の者の所有に属するときは、地役権の性質を有するものとみて、その地方の慣習に従うほか、地役権の規定を準用しています。

過去問 13-3,4

5

物権

問1 Aの所有する甲土地をBが時効取得した場合、Bが甲土地の所有権を取得するのは、取得時効の完成時である。(2017)

問2 AのDに対する債権について、Dが消滅時効の完成後にAに対して債務を承認した場合には、Dが時効完成の事実を知らなかったとしても、Dは完成した消滅時効を援用することはできない。(2005)

問3 A所有の甲土地をBの父が11年間所有の意思をもって平穏かつ公然に占有した後、Bが相続によりその占有を承継し、引き続き9年間所有の意思をもって平穏かつ公然に占有していても、Bは、時効によって甲土地の所有権を取得することはできない。(2015)

問4 占有回収の訴えは、占有を侵奪した者及びその特定承継人に対して当然に提起することができる。(2015)

問5 Aを売主、Bを買主としてCの所有する乙建物の売買契約が締結された場合、BがAの無権利について善意無過失であれば、AB間で売買契約が成立した時点で、Bは乙建物の所有権を取得する。(2017)

問6 Aが購入した甲土地が他の土地に囲まれて公道に通じない土地であった。Aは公道に至るため甲土地を囲んでいる土地を通行する権利を有するところ、Aが自動車を所有していても、自動車による通行権が認められることはない。(2020)

問7 A、B及びCが、持分を各3分の1とする甲土地を共有している場合、Aがその持分を放棄した場合には、その持分は所有者のない不動産として、国庫に帰属する。(2007)

問8 従来の住所又は居所を去った者(不在者)の財産の管理に関し、家庭裁判所により選任された管理人は、保存行為として不在者の自宅を修理することができるほか、家庭裁判所の許可を得てこれを売却することができる。(2023)

問9 構造上区分所有者全員の共用に供されるべき建物の部分であっても、規約で定めることにより、特定の区分所有者の専有部分とすることができる。(2005)

問 10 共用部分の変更(その形状又は効用の著しい変更を伴わないものを除く。)は、区分所有者及び議決権の各 4 分の 3 以上の多数による集会の決議で決するが、規約でこの区分所有者の定数及び議決権を各過半数まで減ずることができる。(2012)

問 11 敷地利用権が数人で有する所有権その他の権利である場合には、区分所有者は、規約で別段の定めがあるときを除き、その有する専有部分とその専有部分に係る敷地利用権とを分離して処分することができる。(2010)

問 12 他の区分所有者から区分所有権を譲り受け、建物の専有部分の全部を所有することとなった者は、公正証書による規約の設定を行うことができる。(2009)

問 13 区分所有者の 5 分の 1 以上で議決権の 5 分の 1 以上を有するものは、管理者に対し、会議の目的たる事項を示して、集会の招集を請求することができるが、この定数は規約で減ずることはできない。(2017)

問 14 管理者は、集会において、毎年 2 回一定の時期に、その事務に関する報告をしなければならない。(2016)

問 15 規約及び集会の決議は、区分所有者の特定承継人に対しては、その効力を生じない。(2010)

問 16 Aを売主、Bを買主として、丙土地の売買契約が締結され、代金の完済までは丙土地の所有権は移転しないとの特約が付された場合であっても、当該売買契約締結の時点で丙土地の所有権はBに移転する。(2017)

問 17 AからBに移転登記がされている甲土地について、C はBとの間で売買契約を締結したが、BC 間の売買契約の前にAが債務不履行を理由にBとの間の契約を解除していた。A は当然に所有者であることを C に対して主張できる。(2008)

問 18 AはBに対し、自己所有の甲土地を売却し、代金と引き換えにBに甲土地を引き渡したが、その後に C に対しても甲土地を売却し、代金と引換えに C に甲土地の所有権登記を移転した。Bが甲土地の所有権を時効取得した場合、B は登記を備えなければ、その所有権を時効完成時において所有者であった C に対抗することはできない。(2022)

問 19 甲不動産につき兄と弟が各自 2 分の 1 の共有持分で共同相続した後に、兄が弟に断ることなく単独で所有権を相続取得した旨の登記をした場合、弟は、その共同相続の登記をしなければ、共同相続後に甲不動産を兄から取得して所有権移転登記を経た善意の第三者に自己の持分権を対抗できない。(2007)

問 20 所有者 A から B が不動産を買い受け、その登記が未了の間に、C が当該不動産を A から二重に買い受けて登記を完了した場合、C は、自らが背信的悪意者に該当するときであっても、当該不動産の所有権取得をもって B に対抗することができる。(2022)

問 21 A は、自己所有の甲土地の一部につき、通行目的で、隣地乙土地の便益に供する通行地役権設定契約(地役権の付従性について別段の定めはない。)を、乙土地所有者 B と締結した。B は、この通行地役権を、乙土地と分離して、単独で第三者に売却することができる。(2002)

問1:(×)時効完成時ではなく占有開始時です。 問2:(○) 問3:(×)合計20年間の占有を主張することができます。 問 4:(×)善意の特定承継人には提起できません。 問 5:(×)不動産は即時取得できません。 問 6:(×)認められる可能性はあります。 問 7:(×)A の持分は他の共有者である B と C に帰属します。 問8:(○) 問9:(×)規約で定めても、特定の区分所有者の専有部分とすることはできません。 問10:(×)議決権は過半数まで減ずることができません。 問11:(×)分離処分することができないのが原則です。 問12:(×)最初に建物の専有部分の全部を所有する者でないと設定できません。 問13:(×)規約で減ずることができます。 問14:(×)毎年 1 回です。 問15:(×)特定承継人に対しても効力を生じます。 問16:(×)代金完済時に所有権が移転します。 問17:(×)解除した旨の登記をしなければ C に主張できません。 問18:(×) B は登記なくして C に時効による所有権の取得を主張できます。 問19:(×)自己の持分については登記がなくても対抗できます。 問20:(×)C は背信的悪意者であるので当該不動産の所有権を B に対抗できません。 問21:(×)要役地と分離して地役権だけを譲渡することはできません。

登記情報に記載されている事項は表示と権利

学習時間 10分

不動産の登記については、不動産登記法という法律に定められています。不動産登記法には、①表示に関する登記と、②権利に関する登記の 2 つがあります。

なお、物権変動で学んだ対抗要件としての登記は、権利に関する登記になります。

登記記録～登記情報には何が記載されているの？

日本では表示に関する登記も権利に関する登記も、整理してデジタル情報（登記記録）として保存されています。その窓口となっているところは登記所と呼ばれるところで、法務局という役所がその役割を担っています。**表題部**とは表示に関する登記が記録される部分をいいます。また、**権利部**とは権利に関する登記が記録される部分をいいます。

さらに権利部には、甲区と乙区の区別がされています。**甲区には所有権に関する登記の登記事項が記録され、乙区には所有権以外の権利に関する登記の登記事項が記録**されています。

簡単にいえば、表題部は、それを見た人がその不動産がどういうものかをイメージできるような情報を備えたもので、権利部は、甲区が誰のものかを知る情報、乙区が借金の担保にとられているのかどうかなどの情報を備えたものということです。

名称		記録の内容	記録の具体例
表題部		不動産の表示に関する登記が記録される部分	土地の所在・地番・地目・地積、家屋番号・構造・床面積など
権利部	甲区	所有権に関する登記の登記事項が記録される部分	所有権の保存、移転、差押えなど
	乙区	所有権以外の権利に関する登記の登記事項が記録される部分	**地上権**、永小作権、地役権、先取特権、質権、抵当権、**賃借権**、**配偶者居住権**、採石権

用語 5 物権

表示に関する登記…不動産の物理的な状態（所在、地目、地積、構造、床面積など）を公示することで、不動産を特定するためのものです。

権利に関する登記…不動産が売られたり抵当権などが設定されたりして権利に変動が生じた場合に、それを記録して公示するものです。

用語

登記記録…1 筆の土地または 1 個の建物ごとに、表題部および権利部に区分して作成された電磁的記録をいい、登記簿とはこの電磁的記録により作成された多数の登記記録を集合的に記録した媒体をいいます。

出典）法務省ホームページ

ここではコレを覚える 過去問 16-14 20-14

□登記記録の表題部には、不動産の物理的現況が記録される。
□登記記録の権利部には、所有権など不動産の権利関係が記録される。

7-2 登記手続等＜不動産登記法

ネットでも登記申請できます

学習時間 15分

(1)当事者の申請または嘱託による登記

登記は、法令に別段の定めがある場合を除き、**原則として当事者の申請**で行われますが、**官公署の嘱託**によりされる場合と**登記官の職権**によりされる場合もあります。

嘱託による登記には、信託に関する登記や国または地方公共団体が登記権利者となって権利に関する登記をする場合等があります。また、登記官の職権による登記は、表示に関する登記や土地の分筆または合筆の登記、区分建物に関する敷地権について表題部に最初に登記をするときの当該敷地権の目的たる土地の登記記録中の所有権等の権利が敷地権である旨の登記等があります。

(2)代理権の不消滅～登記申請を依頼した方がお亡くなりになったら？

それはなぜ？

もし、これが認められないと、代理人は、登記義務を承継した相続人全員から改めて委任を受けて登記申請しなければならず、仮にその委任が得られないとなると、登記権利者はその者を相手に登記手続きを求める訴訟を提起する必要があり、登記権利者の利益が著しく害されることになるからです。

民法では本人や代理人が死亡すると代理権自体が消滅すると定めています。しかし、**不動産登記法は本人の死亡等では代理権が消滅しない**と定めています。

つまり、代理人が本人から登記申請の代理権を与えられた後(登記申請の委任状に署名押印した後)に本人が死亡したとしても、代理関係(委任関係)が法律上当然に相続人との間で承継され、相続人との間で委任契約を改めて締結するまでもなく(死亡した本人名義の委任状のままで)、代理人は相続人を申請人(代理関係での本人)とする登記の申請をすることができます。

(3)申請方法～登記の申請方法には2つある？

登記の申請は、不動産を識別するために必要な事項、申請人の氏名または名称、登記の目的その他の登記の申請に必要な事項として政令で定める情報(申請情報)を登記所に提供してしなければなりません。申請の方法には次の2つがあります。

①電子情報処理組織(登記所の使用に係る電子計算機(パソコンのこと)と申請人またはその代理人の使用に係る電子計算機とを電気通信回線(インターネット回線のこと)で接続した電子情報処理組織をいう)を使用する方法

②申請情報を記載した書面(申請情報の全部または一部を記録した磁気ディスクを含む)を提出する方法

(4) 登記の順序～登記は早い者勝ち？

権利に関する登記は、物権変動で学んだように、第三者に対抗するために行われるものです。そして**その優劣は、登記された時期の先後によって判断**されます。登記記録上でこの先後を明確にするため、権利の登記にはそれぞれ順位が付きます。その**順位は受付番号の順序**に従います。

(5) 登記識別情報～登記には登記識別情報が必要？

登記官は、登記をすることによって申請人自らが登記名義人となる場合において、その登記を完了したときは、速やかに、その申請人に対し、登記に係る登記識別情報を通知しなければなりません。
ただし、申請人があらかじめ登記識別情報の通知を希望しない旨を申し出ることもできます。
登記権利者と登記義務者が共同して権利に関する登記の申請をする場合、その他登記名義人が政令で定める登記の申請をする場合には、申請人は、その**申請情報**と併せて登記義務者(政令で定める登記の申請にあっては、登記名義人)の**登記識別情報を提供**しなければなりません。
ただし、前記した登記識別情報を希望しなった場合(不通知)や、申請人が登記識別情報を提供することができないことにつき正当な理由がある場合は、提供する必要がありません。なお、司法書士が代理するからといって正当な理由があるとみなされるわけではありません。

(6) 登記事項証明書～登記事項を証明してもらえるの？

誰でも、登記官に対し、**手数料を納付して**、**登記事項証明書**の交付を請求することができます。登記記録に記載されているすべての事項を記載した全部事項証明書を請求することもできるし、現に効力を有する事項だけを記載した現在事項証明書を請求することもできます。申請方法には、①管轄登記所または最寄りの登記所の窓口に請求書を提出する方法、②請求書を管轄登記所または最寄りの登記所に郵送する方法、③オンラインにより交付請求をする方法(全国の登記所に対して手数料を納付して登記事項証明書の交付をオンライン(インターネット)で請求することができます。オンラインで請求された登記事項証明書は、指定された登記所で受け取る方法または指定の送付先へ送付する方法のいずれかを選択することができます。)の3つがあります。
なお、請求に際して、利害関係を明らかにする必要はありません。

用語

登記識別情報…アラビア数字その他の符号の組合せからなる12桁の符号です。不動産および登記名義人となった申請人ごとに定められ、登記名義人となった申請人のみに通知されます。登記識別情報通知書は、目隠しシールをはり付けて交付されます。再発行および番号の変更はできません。

5 物権

参考資料

正当な理由には、①失効している場合、②失念している場合、③登記識別情報を提供すると管理の上で支障が生じる場合、④登記識別情報を提供すると登記申請に係わる不動産登記の取引を円滑に行うことができないおそれがある場合、があります。

参考資料

インターネットから申請すると、パソコンの画面上で即時に登記事項を確認することができます。印刷することもできますが、証明書にはなりません。

ここではコレを覚える 過去問 12-14 15-14 18-14 19-14 20-14 21-14

□登記の申請をする者の委任による代理人の権限は、**本人の死亡により消滅しない**。
□誰でも、登記官に対して、**手数料を納付して**登記事項証明書の交付を請求できる。

7-3 表示に関する登記〈不動産登記法

頻出度 **A**

表示に関する登記は職権でも登記されます

学習時間 **15分**

(1)表示に関する登記～職権で登記できる？

不動産の表示に関する登記とは、土地の面積や地目、建物の構造や床面積など、不動産の物理的な状況を示すための登記をいいます。不動産の現況を迅速かつ正確に公示する必要があるため、一部の手続を除き、原則として物理的状況が変わった日から1か月以内に申請する必要があり、**登記申請人には申請義務が課されています**(なお、分筆の登記等一部の登記については、申請義務が課されていません)。

また、**登記の申請がなくても、登記官は職権で登記することができます**。登記官は、表示に関する登記について申請があった場合や職権で登記しようとする場合において、必要があると認めるときは、対象となる不動産の表示に関する事項を**調査**することができます。

 付け足し ─一般承継人による申請

表題部所有者または所有権の登記名義人が表示に関する登記の申請人となることができる場合において、その表題部所有者または登記名義人について相続その他の一般承継があったときは、相続人その他の一般承継人は、表示に関する登記を申請することができます。

本来ならば、被相続人名義の土地について、相続による移転登記をした上で、分筆などの表示に関する登記の申請を行うべきなのでしょうが、以前から、相続人による分筆や合筆の登記申請を認めていた登記実務があり、不動産登記法においてもこのような登記申請を認めることに至ったようです。

なお、表題部所有者の**氏名・名称または住所**についての変更の登記(登記がなされた後に、登記と実体とにずれが生じた場合に、訂正するための登記のこと)または更正の登記(登記内容が間違っていた場合にその誤りを訂正する登記のこと)は、表題部所有者以外の者は、申請することができません。申請時期については特に定めがありません。

用語

表題部所有者または所有権の登記名義人…
過去に売買や相続などによる権利の登記が一度も行われていない場合は、登記簿には表題部の登記だけが記載されています。その場合、表題部に所有者の氏名と住所が記載されます(表題部所有者)。権利の登記が行われると権利部の甲区欄に所有権の登記がされます(所有権の登記名義人)。これがされた場合は、通常、表題部所有者は下線を引いて抹消されます。

(2)対抗力～表示の登記には対抗力はないの？

表示の登記には第三者対抗力はありません。ただし、借地上の建物の登記については、表示の登記であっても、借地権の対抗力を有するとする判例があります。

(3)埋め立てにより生じた土地や新築の戸建〜申請義務があるの？

<u>新たに生じた土地</u>または表題登記がない土地の所有権を取得した場合、その所有権の**取得の日から1か月以内**に、表題登記を申請しなければなりません。また、**新築した建物**または区分建物以外の表題登記がない**建物の所有権を取得した者**も、その所有権の取得の日から1か月以内に、表題登記を申請しなければなりません。

用語

新たに生じた土地…埋め立てや海底隆起などのことです。

5
物権

付け足し

マンションを新築した場合、その所有者について相続その他の一般承継があったときは、相続人その他の一般承継人も、被承継人を表題部所有者とするその建物についての表題登記を申請することができます。

(4)表題部の記載内容に変更があった場合〜申請義務があるの？

<u>地目</u>または<u>地積</u>について変更があったときは、<u>表題部所有者または所有権の登記名義人</u>は、その**変更があった日から1か月以内**に、その変更の登記を申請しなければなりません。ただし、表題部所有者の**氏名・住所**についての**変更等があった場合**は、1か月以内等の申請時期の制限がありません。

(5)土地や建物が滅失した場合〜申請義務があるの？

建物が滅失したときは、表題部所有者または所有権の登記名義人(共用部分である旨の登記または団地共用部分である旨の登記がある建物の場合にあっては、所有者)は、その**滅失の日から1か月以内**に、その登記を申請しなければなりません。また、**土地が滅失したとき**も、表題部所有者または所有権の登記名義人は、その**滅失の日から1か月以内**に、その登記を申請しなければなりません。

用語

地目…土地の用途による分類をいいます。その主たる用途により、田、畑、宅地等23種類に区分されています。

地積…土地の面積のことをいいます。平方メートルを単位として定めます。

表題部所有者…所有権の登記がない不動産の登記記録の表題部に、所有者として記録されている者をいいます。

所有権の登記名義人…登記記録の権利部に所有者として記録されている者をいいます。

付け足し 建物の合併の登記の制限

建物の現状には何らの変更も加えることなく、登記上の数個の建物を一個の建物にする登記を、合併の登記といいます。ただし、双方の建物の所有者が違う場合や共用部分である旨の登記がある場合等はできません。

ここではコレを覚える 過去問 12-14 13-14 16-14 17-14 18-14

□新たに生じた土地や新築した建物の所有権を取得した者等は、所有権取得の日から1か月以内に、表題登記を申請しなければならない。

□土地の地目・地積について変更があった場合は、表題部所有者または所有権登記名義人は、その変更があった日から1か月以内に変更の登記を申請しなければならない。ただし、氏名・住所の変更にあってはこのような申請期間の制限はない。

7-4 土地の分筆・合筆の登記＜不動産登記法

合筆できない土地もあります

学習時間 **15分**

土地の**分筆**の登記とは、一筆の土地を分割して、新たに数筆の土地を作り出す登記をいいます。それに対して、**合筆**の登記とは、数筆の土地をあわせて新たに一筆の土地を作り出す登記をいいます。これらも表示の登記となります。

(1)土地の分筆・合筆の登記

原則として、土地の分筆・合筆の登記は、**表題部所有者または所有権の登記名義人が申請**します(所有権の登記がされていない場合は表題部所有者が申請)。なお、**土地の分筆・合筆の登記は、登記官が職権**で行うこともあります。それに対して、建物の合併・分割の登記を登記官が職権で行うことはありません。

(2)合筆の登記～所有権の登記名義人が異なっていてもできるの？

合筆の登記をするには、土地の所有者が同じでなければなりません。表題部所有者または所有権の登記名義人が異なる複数の土地について、合筆の登記を行うことはできません。また、所有者が同一であっても、**所有権の登記のある土地と表示の登記しかない土地を合筆することもできません**。なお、複数の土地の所有権の名義人が同じであっても、持分が異なる場合には、合筆の登記を申請することはできません(下図参照)。

所有者	持分	所有者	持分
山田謙一	1/4	山田謙一	1/2
田中嵩二	3/4	田中嵩二	1/2

用語

地番…土地を特定するための土地の番号をいいます。また、地番区域は、市、区、町、村、字またはこれに準ずる地域をもって定めるものです。住所とは異なります。

(3)地目等が異なる土地の場合～合筆することはできるの？

地目または**地番区域が異なる複数の土地**について、合筆の登記を申請することはできません。

(4)一方の土地のみ抵当権の登記があった場合等

一方の土地のみに抵当権の登記があり、他方にそれがない場合も、**合筆の登記を申請することはできません**。両方の土地に抵当権の登記があっても、その内容が異なる場合は合筆できません。

ここではコレを覚える 過去問 11-14 19-14

□地目が異なる複数の土地について、合筆の登記を申請することはできない。
□一方の土地のみに抵当権の登記がある場合も、合筆の登記を申請することはできない。

7-5 権利に関する登記＜不動産登記法

頻出度 A

第三者に対抗するための登記が権利の登記です

学習時間 20分

権利に関する登記は、登記記録のうち権利部に記載されるもので、権利の主体・種類・内容・移転・変更などに関する登記です。権利に関する登記は、対抗要件を備えるためになされる登記なので、その**利益を受ける者が必要に応じて任意に申請する**ことになっています。

(1)権利に関する登記の申請～共同申請が原則？

①共同申請
権利に関する登記の申請は、原則として、**登記権利者(売買契約の買主など)と登記義務者(売買契約の売主など)が共同して申請しなければなりません(共同申請主義)**。

なお、登記権利者・登記義務者について相続その他の一般承継があったときは、相続人その他の一般承継人が、登記を申請することができます。たとえば、AB間で売買契約をした後にAが死亡しCが相続した場合、CBが共同してAからBへの所有権移転登記を申請できます。この場合、登記原因は売買となり、相続を証する情報は添付情報となります。

②申請に必要な情報
登記手続きに必要な情報としては、①申請情報(不動産を識別するために必要な事項や申請人の氏名・名称、登記の目的等)、②**登記識別情報**(滅失・亡失した場合でも、登記識別情報の再通知は認められていません。)、③**登記原因証明情報**等が必要です。

なお、所有権の移転の登記の申請をする場合において、その登記が完了した際に交付される登記完了証を送付の方法により交付することを求めるときは、その旨および送付先の住所を申請情報の内容としなければなりません。

③単独申請等が認められる登記
共同申請主義には多くの例外があります。

1) 判決による登記等
共同申請をすべき当事者の一部が登記申請に協力してくれない場合は、訴訟を提起して判決を得れば単独で登記申請ができます。
- ▶ 単独申請可能な判決は登記義務者に対して登記手続を命じる判決(給付判決)です。確認判決や形成判決の場合は対象外です。
- ▶ 共有物分割禁止特約の登記は、その権利の共有者であるすべての登記名義人が共同して申請する必要があるので、そのうちの誰かが登記申請に協力しない場合には、その他の者全員が、その者

それはなぜ？

共同申請主義を採用する理由は、登記官に登記の申請について実体的な権利関係の有無を審査する審査権がないからです。登記を必要とする当事者に申請させることで登記の真正を担保しています。

用語

登記原因証明情報…登記の原因となった事実または法律行為とこれに基づき現に権利変動が生じたことを証する情報のことをいいます。共同申請の場合には、(電子)契約書等のほか、登記原因について記載または記録された内容を、その登記によって不利益を受ける者(登記義務者)が確認し、署名もしくは押印した書面または電子署名を行った情報が含まれます。

5 物権

に登記手続をすべきことを命ずる確定判決を得て、それに基づいてその他の者のみで登記の申請をする必要があります。

2）相続・合併による移転登記

相続や法人合併による権利移転の場合は、登記義務者にあたる者が現存しないので、相続人等の一般承継人が単独で申請することができます。

- ▶ 相続（相続させる旨の遺言を含む）および相続人に対する**遺贈**により所有権を取得した者は、公法上の**登記申請義務**を負います。この義務に違反した場合は過料に処せられます。

- ▶ 遺産分割により共同相続人の 1 人が単独で所有することになった場合は、権利移転登記（遺産分割登記）がなされます。具体的には、①共同相続登記がされていない場合は、被相続人名義からの移転登記、または、②共同相続登記がされている場合は、相続人全員の共有名義からの権利の取得の登記になります。両者ともに**単独登記**となります。

3）遺贈による所有権の移転登記

遺贈による所有権の移転の登記は**登記権利者が単独で申請**することができます。ただし、**遺贈の相手が相続人である場合に限定**されます。

- ▶ 令和 3 年の改正前は、遺贈の登記は登記権利者（受遺者）と登記義務者の共同申請が原則でした。しかし、所有者不明土地の発生予防の観点から、遺贈により所有権を取得した相続人には、相続の開始および所有権を取得したことを知った日から 3 年以内に所有権移転登記を申請する義務が課せられたことにより、遺贈による所有権移転登記の手続の簡略化を認める必要があること等から、単独申請が認められました。

4）登記名義人の氏名等の変更の登記または更正の登記等

登記名義人の氏名・名称または住所についての変更や更正の登記は、**登記名義人が単独で申請**することができます（任意）。性質上、これらの登記によって何ら不利益を受けるものはあり得ないからです。

- ▶ 申請期間に制限はありません。なお、令和 8 年 4 月 1 日施行の改正では、変更日から 2 年以内にその変更登記の申請が義務付けられます。

5）死亡・解散による登記の抹消

権利が人の死亡または法人の解散によって消滅する旨が**登記されている場合**において、その権利がその死亡または解散によって消滅したときは、**登記権利者が単独**でその権利に係る権利に関する登記の**抹消を申請**することができます。

参考資料

不動産の共同相続が開始されると、法定相続分に応じた持分で共同相続人の共有名義の登記（共同相続登記）がなされることがあります。遺産分割までの権利関係の暫定的なもので対抗要件はありません（最判昭和 38 年 2 月 22 日民集 17 巻 1 号 235 頁）。この共同相続登記の申請は相続人が単独で行います。相続人が複数いた場合はその全員を意味しますが、共同相続の登記は共有物の保存行為となるので単独で申請することもできます。ただし、相続人全員を権利者とする相続登記をする必要があり、自己の相続分についてのみ相続登記をすることは認められていません。

6) 買戻権の抹消登記

買戻しの特約に関する登記がされている場合において、契約の日から10年を経過したときは、登記権利者は単独でその登記の抹消を申請することができます。

付け足し その他権利に関する登記

① 権利の変更・更正の登記は、登記上の利害関係を有する第三者の承諾がある場合およびその第三者がない場合に限り、付記登記によってすることができます。

② 登記官は、権利に関する登記に錯誤または遺漏があることを発見したときは、それが登記官の過誤によるものであるときは、遅滞なく、法務局の長等の許可を得て、登記の更正をしなければなりません。ただし、登記上の利害関係を有する第三者がある場合にあっては、その第三者の承諾があるときに限ります。

③ 権利に関する登記の抹消は、登記上の利害関係を有する第三者がある場合には、その第三者の承諾があるときに限り、申請することができます。

用語

買戻権とは、「売主が代金額および契約の費用を買主に返還することによって売買契約を解除し、目的物を取り戻すことができる」とする特約のことです。通常、転売を防ぐために登記されます。

5
物権

(2)所有権に関する登記〜初めての登記は保存登記？

所有権の保存の登記は、権利部の甲区に初めて所有者(共有者)を記録する登記で、すべての権利に関する登記の起点となるものであることから、真実の所有者が登記されるよう、登記申請できる者が限定されています。そして、この登記は、その性質上、登記義務者となるべき登記名義人が存在しないので、所有権の保存登記の登記名義人となるべき者が単独で申請します。具体的には次の者が申請を行います。

出典)法務省ホームページ

1) 表題部所有者またはその一般承継人

▶ 所有権の保存の登記をしようとする不動産が共有である場合に、共有者の一部が自己の共有持分のみの所有権の保存の登記を申請することはできません。

2) 所有権を有することが確定判決によって確認された者

▶ 表題登記のない不動産についても申請できます。

▶ 確定判決は、所有権が認められているものであれば、給付・確認・形成のいずれの判決でもよく、確定判決と同一の効力を有する裁判上の和解や調停、審判の場合でもよい。

3)　土地収用法等の収用により所有権を取得した者

収用は、土地、物件または物資の所有権その他一定の権利を公共の利益のために強制的に国、公共団体もしくは私人たる起業者等に取得させ、または消滅させ、もしくは制限する行為をいいます。

4)　区分建物の場合で、表題部所有者から所有権を取得した者

区分建物（分譲マンション）については、表題部所有者から所有権を取得した者（転得者）も、所有権の保存の登記を申請することができます。

▶ その分譲マンションが敷地権付きであるときは、その**敷地権の登記名義人の承諾**を得なければなりません。

(3)相続等による所有権の移転の登記の申請～相続登記は義務に？

所有権の登記名義人について相続の開始があったときは、その相続により所有権を取得した者は、自己のために**相続の開始があったことを知り、かつ、その所有権を取得したことを知った日から 3 年以内**に、所有権の**移転の登記を申請**しなければなりません。遺贈（相続人に対する遺贈に限る）により所有権を取得した者も同様です。

この申請義務については、法定相続分での相続登記を申請することによっても履行することができますが、申請義務の履行期間内に登記官に対して相続人申告登記の申出をすれば、これによっても義務を履行したものとみなされます。

上記の制度は令和6年4月1日施行の改正点です。2017 年における調査で、我が国における所有者不明土地の割合が 22.2％にまで膨れ上がり、所有権の登記名義人が死亡しても登記せずに放置しているケースがそのうち約 3 分の 2 であったことが、改正を必要とした大きな要因となっています。

それはなぜ？

区分建物については表題部登記の申請義務を負う者が原始取得者またはその一般承継人に限定されていることから、マンションの分譲のような場合において、原始取得者（マンション分譲業者）による所有権の保存の登記を経たうえで転得者（マンション購入者）への所有権の移転の登記をするというような煩（わずら）わしさを避ける趣旨です。

ここではコレを覚える　　過去問　11-14　12-14　13-14　14-14　16-14
　　　　　　　　　　　　　　　　　　　17-14　18-14　20-14　22-14

□権利に関する登記は、原則として、登記権利者及び登記義務者が共同して申請しなければならない。

□所有権の保存の登記は、表題部所有者またはその一般承継人その他法の規定する者が単独で申請する。

□所有権の登記名義人について相続の開始があったときは、当該相続により所有権を取得した者は、自己のために相続の開始があったことを知り、かつ、当該所有権を取得したことを知った日から 3 年以内に、所有権の移転の登記を申請しなければならない。遺贈（相続人に対する遺贈に限る）により所有権を取得した者も、同様とする。

7-6 仮登記＜不動産登記法

仮登記で本登記前に順位を確保することができます

仮登記とは、民法に定められた本登記に対して、将来行われるべき本登記の順位を保全するためにあらかじめ行う登記のことをいいます。
手続上または実体上の要件を備えていない場合に行われる予備的なものです。したがって、**仮登記自体には対抗要件がありません。**ただ、**後に本登記の手続を行えば、仮登記の時の順位で、本登記がなされたことになります。**

(1)仮登記〜どのような場合に仮登記ができるの？

仮登記は次の2つの場面ですることができます。

仮登記ができる場合	具体例
①登記すべき**権利の変動が生じてはいても**、登記識別情報または第三者の許可、同意もしくは承諾を証する情報を提供することができないような場合	農地法上の許可を受ける前に不動産を売買するような場合等
②**権利の変動は生じていないが**、将来権利変動を生じさせる請求権がすでに存在していて、それを保全しようとする場合	二重譲渡を防ごうとする場合等

(2)仮登記の申請方法〜仮登記はどのように行うの？

仮登記権利者と仮登記義務者が共同申請することもありますが、通常は、仮登記義務者の承諾を得て仮登記権利者が単独で申請するか、**仮登記を命ずる裁判所による処分**を得て仮登記権利者が単独でするかです。

①売買契約

売主A
（仮登記義務者）

買主B
（仮登記権利者）

仮登記 ⎰ Aの承諾
　　　　　または
　　　　仮登記を命ずる処分
　　　　　↓
　　　　②Bは単独で申請できる

(3)仮登記に基づく本登記～仮登記から本登記にするには？

売主A
（仮登記義務者）

①売買契約

買主B
（仮登記権利者）

②売買契約

第三者C

仮登記

本登記

所有権に関する仮登記に基づく本登記は、登記上の利害関係を有する第三者がある場合には、その第三者の承諾があるときに限り、申請することができます。本登記の申請も、仮登記権利者と仮登記義務者が共同してするのが原則です。

ただ、仮登記義務者が本登記の共同申請に協力してくれない場合には、本登記手続を命ずる判決等を得ることで、仮登記権利者が単独で申請することができます。

仮登記に基づいて本登記をした場合は、その本登記の順位は仮登記の順位に従います。

(4)仮登記の抹消～仮登記を抹消するのも単独で？

仮登記の抹消は、仮登記の登記名義人が単独で申請することができます。

また、仮登記の登記名義人の承諾がある場合におけるその仮登記の登記上の利害関係人も、同様に単独で申請できます。

ここではコレを覚える 過去問 11-14 13-14 14-14 20-14

□仮登記は、仮登記の登記義務者の承諾があるとき、および仮登記を命ずる処分があるときは、その仮登記の登記権利者が単独で申請することができる。
□所有権に関する仮登記に基づく本登記は、登記上の利害関係を有する第三者がある場合には、その第三者の承諾があるときに限り、申請することができる。
□仮登記に基づいて本登記をした場合は、その本登記の順位は、仮登記の順位による。

第 6 章
債権の発生から満足して
消滅するまで

過去10年の出題分析

テキスト項目　　　　　出題年	14	15	16	17	18	19	20	21	22	23
第6章全体		●	●	●	●	●	●	●		
1 債権発生原因					●			●		
2 土地建物に関する契約			●							
3 双務契約の特徴		●		●	●	●	●			
1 同時履行の抗弁権		●		●	●	●	●	●		
2 危険負担						●	●			
4 債権消滅原因			●		●	●				
1 弁済										
2 弁済の相手方						●				
3 第三者による弁済										
4 弁済による代位										
5 弁済以外の債権消滅原因			●		●					●

※出題されている年度に●を記入しています。

1 債権発生原因

債権が発生する原因は4つあります

債権は、社会生活において、物権よりもさらにいっそうしばしば成立する財産関係です。債権の成立の原因には、契約、事務管理、不当利得、不法行為の4つがあります。

(1)契約〜契約すると債権が発生する？

①売買契約

②商品渡してね。

買主A　　売主B

契約は、契約内容を示してその締結を申し入れる意思表示(申し込み)に対して相手方が承諾をしたときに成立する法律行為です。契約の成立には、法令に特別の定めがある場合を除き、書面の作成その他の方式を具備することを必要としません。

契約すると代金支払請求権や賃料支払請求権などの債権が生じます。なお、誰でも、法令に特別の定めがある場合を除き、契約をするかどうかを自由に決定することができます(**選択の自由**)。また、契約の当事者は、法令の制限内において、契約の内容を自由に決定することができます(**内容の自由**)。

(2)事務管理〜正直者は馬鹿をみない？

それはなぜ？

民法は、社会生活における相互扶助の理念に基づいて、これを適法な行為とし、一面において、管理者のためにその管理に費やした費用の十分な償還請求権を認めるとともに、他面において、管理者にその管理を適当に遂行するべき義務を課して、本人と管理者との関係を規律しています。

事務管理とは、たとえば隣人の留守中に暴風雨で破損した屋根を修繕する等、義務がないのに他人のためにその事務を処理する行為をいいます。

事務管理からは、費用償還請求権や、管理の継続その他の債務を生じるので、契

お蔭で家が倒壊せずに助かりました。

②かかった費用を請求します。

管理者A　　本人B

①修繕(事務管理)

約等にならぶ債権発生原因の1つとされています。

なお、管理者は、本人の身体、名誉または財産に対する急迫の危害を免れさせるために事務管理をしたときは、悪意または重大な過失があるのでなければ、これによって生じた損害を賠償する責任を負いません。つまり、この場合、重い義務(善管注意義務)を負うわけではありません。

(3) 不当利得〜契約が無効になると何を根拠に元通りに？

不当利得とは、法律上の原因がないのに利得が生じた場合に、利得を得た者(受益者)に対して、その利得によって損失をこうむった者(損失者)に

その利得を返還する義務を負わせ、両者の間に財産上の均衡を図り、公平を回復しようとする制度です。

たとえば、無効な売買契約の代金として交付した代金を不当利得として返還請求するなどが典型例です。

(4) 不法行為〜被害者が加害者に損害賠償する根拠は？

不法行為とは、他人の権利を侵害して損害を加える行為です。

このような場合、被害者は、その行為によって生じた損害の賠償を加害者に請求する

ことができます。つまり、不法行為は損害賠償請求権という債権を発生させるので、契約等と並び債権の発生原因の1つとされています。

過去問　11-8　13-8　18-5　21-8

6

債権の発生から満足して消滅するまで

2 土地建物に関する契約

契約には種類とそれぞれ特徴があります

頻出度 **B**

学習時間 **20分**

契約はその性質により分類できます。

用語	意味
諾成契約	当事者の意思表示の合致すなわち合意のみによって成立する契約
要物契約	当事者の意思表示の合意の他に物の引渡しその他の給付をなすことが契約成立の要件とされる契約
双務契約	契約当事者が、互いに対価的意義を有する債務を負担する契約。売買契約や賃貸借契約が典型です。
片務契約	契約当事者が、互いに対価的意義を有する債務を負担しない契約。贈与契約が典型です。
有償契約	契約の双方の当事者が、互いに対価的意義を有する財産上の支出をする契約 ⇒売買契約がその典型例で、売主は物を引き渡し、買主はその対価として売買代金を支払います。
無償契約	契約の双方の当事者が、互いに対価的意義を有する財産の支出をしない契約

付け足し

双務契約には、同時履行の抗弁権および危険負担の規定が適用される点で片務契約と異なります。

付け足し

有償契約には、売買の規定が原則として準用される点で無償契約と異なります。

付け足し

無償契約は、たとえば、タダで物をあげたり、貸したりする契約です。つまり、贈与契約や使用貸借契約などです。

(1)売買契約等～土地建物の所有権の得喪を目的とする契約

①売買契約

売買契約とは、当事者の一方(売主)がある財産(目的物)を相手方(買主)に移転することを約し、これに対して、買主がその代金を支払うことを約束する契約をいいます。その性質としては、**有償、双務、諾成契約**です。

②交換契約

交換契約とは、当事者が互いに金銭の所有権以外の財産権を移転する契約をいいます。その性質としては、**有償、双務、諾成契約**となります。

③贈与契約

贈与契約とは、当事者の一方が相手方に無償で財産を与える契約のことをいいます。その性質としては、**無償、片務、諾成契約**です。

(2)賃貸借契約等～土地建物に他人の権利を設定する契約

①賃貸借契約

賃貸借契約とは、賃貸人が賃借人に目的物を使用収益させ、それに対して賃借人が対価を支払う旨を約束する契約をいいます。その性質としては、**有償、双務、諾成契約**となります。

②消費貸借契約

消費貸借契約とは、金銭その他の代替物を借りて、後日、これと同種・同等・同量の物を返還することを約する契約のことをいいます。その性質としては、**無償**(利息付の場合は有償)、**片務**、**要物契約**(書面でする締結する場合は諾成契約)となります。

③使用貸借契約

使用貸借契約とは、貸主が借主に、無償で目的物を貸す契約をいいます(593条)。その性質としては、**無償**、**双務**、**諾成契約**となります。

(3)請負契約等～土地建物の建築・改良・維持・管理等を目的とする契約

①請負契約

請負契約とは、当事者の一方がある仕事を完成させることを約束し、他方がこれに対して報酬を支払うことを約束することによって成立する契約をいいます。その性質としては、**有償**、**双務**、**諾成契約**となります。

②委任契約

委任契約とは、特定の不動産の売却・賃貸の契約締結など、一定の事務を処理するための統一的な仕事を依頼する契約です。仕事を依頼する側を委任者、依頼を受けて仕事をする側を受任者と呼びます。その性質としては、**無償**、**双務**、**諾成契約**となります。ただ、例外として報酬支払の特約をすれば有償契約となります。

(4)その他の契約～民法にはその他多くの契約がある？

雇用契約	当事者の一方が相手方に対して労務に服することを約束し、相手方がこれにその報酬を与えることを約束することを内容とする契約をいいます。
寄託契約	当事者の一方が相手方のために保管をなすことを約して、ある物を受け取ることによって成立する契約をいいます。
組合契約	数人の当事者がそれぞれ出資をして、共同の事業を営むことを約する契約をいいます。
和解契約	当事者が互いに譲歩して、その間に存する争いをやめることを約することによって成立する契約をいいます。

ここではコレを覚える

□諾成契約とは、当事者の意思表示の合致すなわち合意のみによって成立する契約をいう。売買契約、賃貸借契約、委任契約などが典型である。

□要物契約とは、当事者の意思表示の合意の他に物の引渡しその他の給付をなすことが契約成立の要件とされる契約をいう。消費貸借契約などが典型である。

3-1 同時履行の抗弁権＜双務契約の特徴

相手方が履行に着手するまではこちらも履行しない権利

双務契約は、契約の双方の当事者が対価的意義を有する債務を負担する契約です。この双方の当事者の負担する債務は、互いに一方がその債務を負担すればこそ、他方もまたその債務を負担するという関係(牽連関係)に立ちます。

(1)債務の成立〜一方の債務が成立しなければ他方も成立しない？

制限行為能力や詐欺・強迫・錯誤などにより一方の債務が取り消されて無効となった場合は、原則として他方の債務もその効力を失います。

(2)同時履行の関係〜同時履行の抗弁権って何？

それはなぜ？

公平の理念に基づくものです。

一方の債務が履行されない以上は、原則として、他方の債務もまた履行される必要がありません。同時履行の抗弁権といいます。双務契約から生じる対価関係にある両債務について認められるものです。

建物の売買契約

買主A　建物渡せ｜代金払え　売主B

同時履行の関係

(3)成立要件〜同時履行の抗弁権が成立する要件は？

原則として、次の3つが備わっていることが必要です。

①同一の双務契約から生じる両債務が存在すること

②相手方の債務が弁済期にあること

③相手方がその債務の履行(債務の履行に代わる損害賠償の債務の履行を含む)の提供をしないこと

付け足し 特殊な同時履行の抗弁権

厳密にいうと、双務契約から生じた両債務とはいえないけれども、同時履行の関係が認められた判例が多数存在します。

①双務契約が無効であったり、取り消されたりした場合、双方がすでに受領した物などを返還しあう関係は、双務契約から生じた両債務とはいえませんが、実質的には同じものとして、これに同時履行の関係を認めています(未成年者の取消しについて最判昭和28年6月16日、詐欺による取消しについて最判昭和47年9月7日)。

②賃貸借契約における修繕義務と賃料支払義務との間には同時履行関係があるとする判例があります(大判大正4年12月11日、大判大正10

年9月26日)。つまり、賃貸人が必要な修繕を怠るときは、賃借人は賃料の支払いを拒絶できます。ただし、その程度によっては、賃料の一部の支払のみを拒絶できるとしています(大判大正5年5月22日)。

③弁済と受取証書(領収証)の交付との間には、厳密な意味での対価性が存しませんが、将来の二重払を防ぐ意味において、同時履行の関係が認められています(大判昭和16年3月1日)。

④賃貸借の終了による立退料の支払義務と建物の明渡し義務との間にも、厳密な意味での対価性が存しませんが、同時履行の関係があると認められています(最判昭和38年3月1日)。

(4)同時履行の抗弁権～その効果は?

たとえば、AとBとの間で、建物の引渡しと代金の支払を9月12日に同時に行うと約束し売買契約したとします。Aがその日に建物を引き渡さなかった場合は契約違反の責任(履行遅滞責任)が生じます。また、Bもその日に代金を支払わなければ、同様の責任が生じます。しかし、AにもBにも同時履行の抗弁権があるとすることで、**お互い、約束通りに建物を引き渡さない、代金を支払わなくても、履行遅滞による責任を負わない**という利点が生じます。この利点が同時履行の抗弁権の効果です。

ここではコレを覚える　過去問　15-8　17-5　18-1　19-7　20-4

□同時履行の抗弁権が認められれば、相手方が履行の提供をするまで履行を拒むことができる。

同時履行となる場合	同時履行とはならない場合
①契約解除による原状回復義務の履行 ②弁済と受取証書の交付 ③詐欺によって契約が取り消された場合の相互の返還義務 ④未成年であることを理由として取り消された場合の相互の返還義務 ⑤請負契約の目的物の引渡しと報酬の支払い ⑥借地借家法における建物買取請求権と土地の明渡し	①被担保債権の弁済と抵当権の登記抹消手続 ②弁済と債権証書の交付 ③敷金返還請求と建物の明渡し ④借地借家法における造作買取請求権と建物の明渡し

3-2 危険負担＜双務契約の特徴

売買契約後引渡し前に地震で建物が倒壊したら代金は？ 学習時間 15分

危険負担とは、**契約締結後**、目的物が不可抗力によって消滅してしまった場合の決着をどうつけるかという理屈をいいます。

たとえば、下の図の例（建物の売買契約を結んだ後、まだ建物を買主に引き渡す前に、大地震でその建物が壊れてしまった場合）で、AのBに対する建物の引渡し債務が、不可抗力で行使できなくなった（不能）場合でも、Bは代金を支払う義務を負うのかという問題です。

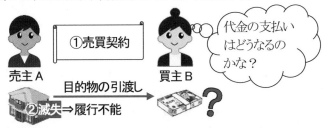

(1)履行の拒絶～当事者双方に落ち度がない場合は？

前記の例で、AB **双方の責めに帰すべき事由がなく**（落ち度がなく）、建物が滅失した場合は、建物引渡し債務における債権者のB（買主）は、**反対給付の履行**（代金支払い）を拒むことができます。これは、売買契約以外の契約（たとえば賃貸借契約など）でも同じです。

なお、あくまでも「拒むことができる」だけで、債務自体が消滅するわけではありません。

(2)帰責事由～債権者に落ち度があった場合は？

前記の例で、引渡し債務における債権者のB（買主）の責めに帰すべき事由があり（落ち度があり）、建物が滅失した場合は、Bは、反対給付の履行（代金支払い）を**拒むことができません**。この場合、Aは、建物引渡し債務をしなくてよくなったことで利益を得たときは、これをBに償還しなければなりません。

 付け足し

請負契約の目的たる工事が注文者の責めに帰すべき事由で完成不能となったときは、請負人は残債務を免れるとともに、注文者に請負代金**全額**を請求できますが、**自己の残債務を免れたことによる利益**を注文者に**償還**しなければなりません（最判昭和52年2月22日）。

(3)目的物の滅失等〜引渡後に当事者双方に落ち度なく滅失したら？

前記の例で、AがBに建物（不特定物の場合は売買の目的として特定したものに限ります）を**引き渡した後に**、AB **双方の責めに帰すべき事由がなく**（落ち度がなく）、滅失や損傷した場合、買主のBは、その滅失や損傷を理由として、履行の追完の請求、代金の減額の請求、損害賠償の請求および契約の解除をすることができません。もちろん、**代金の支払いも拒めません**。

これは、売買契約以外の有償契約（たとえば賃貸借契約など）にも準用されます。

付け足し

売主が契約の内容に適合する目的物をもって、その引渡しの債務の履行を提供したにもかかわらず、買主がその履行を受けることを拒み、または受けることができない場合において、その履行の提供があった時以後に、当事者双方の責めに帰することができない事由によってその目的物が滅失し、または損傷した場合も、同様に、履行の追完の請求、代金の減額の請求、損害賠償の請求および契約の解除をすることができません。もちろん、代金の支払いも拒めません。

ここではコレを覚える 過去問 19-8 20-5

□当事者双方の責めに帰することができない事由によって債務を履行することができなくなったときは、債権者は、反対給付の履行を拒むことができる。

□債権者の責めに帰すべき事由によって債務を履行することができなくなったときは、債権者は、反対給付の履行を拒むことができない。この場合において、債務者は、自己の債務を免れたことによって利益を得たときは、これを債権者に償還しなければならない。

□売主が買主に目的物（売買の目的として特定したものに限る）を引き渡した後に、その目的物が当事者双方の責めに帰することができない事由によって滅失し、または損傷した場合でも、買主は、**代金の支払い**を拒むことができない。

6 債権の発生から満足して消滅するまで

4-1 弁済＜債権消滅原因

代わりの物で弁済する契約は諾成契約です

学習時間 **15分**

民法では、債権が消滅する原因として、弁済、相殺、更改、免除、混同が規定されています。弁済の中には代物弁済、供託についても規定されています。

(1)弁済～弁済とは？

契約をすると債権が発生します。この債権がいつまでも残っていては契約をした意味がありません。債権は発生した以上いつかは消滅しなければなりません。弁済は債権が消滅する原因の1つです。**弁済とは債務の本旨にしたがった給付をなすこと**で、履行とほぼ同じ意味です。これによって、債権はその目的を達成して消滅します。たとえば、建物の売買契約において、建物を引き渡すこと、代金を支払うことが弁済にあたります。

(2)代物弁済～代わりの物で弁済することもできる？

代物弁済とは、**本来の債務の代わりに他の給付を行うことで弁済の効果を認める**契約をいいます。お金を貸す契約でよく使われます。お金を返せないときは代わりに土地を明け渡すというような契約です。この代物弁済契約は、弁済者と債権者の合意により成立する諾成契約です。具体的には、代物弁済契約を締結した時点で目的物の所有権は移転し、合意された給付行為（引渡しや移転登記など）がなされると債権が消滅します。なお、弁済に代えて不動産所有権の移転や債権譲渡を他の給付とした場合は、原則として、対抗要件を備えなければ、債権は消滅しません。

①お金が返せないときは、代わりに不動産を引渡します。

②承知しました。

債権者A

代物弁済契約

弁済者B

ここではコレを覚える

□債務者が債権者に対して債務の弁済をしたときは、その債権は消滅する。

□弁済者が、債権者との間で、債務者の負担した給付に代えて他の給付をすることにより債務を消滅させる旨の契約をした場合において、その弁済者が当該他の給付をしたときは、その給付は、弁済と同一の効力を有する。

□所有権の移転や債権の譲渡に代える場合は、原則として、対抗要件を備えなければ代物弁済の効果は生じない。

4-2 弁済の相手方<債権消滅原因

債権者以外に弁済しても善意・無過失ならば免責されます

(1)債務の弁済①～誰に対して弁済するの？

債務の弁済は、債権者に対してするのが原則です。**債権者以外の第三者に対して弁済しても弁済は無効なのが原則**です。たとえば、見ず知らずの人に建物賃貸借の賃料を払っても無効であることは当然です。

(2)債務の弁済②～債権者らしい外観を信頼して弁済した場合は？

実際には受領権限がないが、取引上の社会通念に照らして受領権者としての外観を有する者に対して、弁済者が善意かつ無過失で弁済した場合は、有効となります。誰が見ても債権者らしい者に過失なく弁済した者を保護するための制度です。

なお、弁済が有効となるということは、二重に弁済する必要がなくなるということです。免責ともいいます。

 用語

受領権者…債権者および法令の規定または当事者の意思表示によって弁済を受領する権限を付与された第三者をいう。

 具体例

債権譲渡行為が無効な場合の事実上の譲受人、表見相続人、他人の預金証書と印鑑を所持する者、受取証書の持参人などが典型例です。

善意
無過失

弁済者A

債権証書
AはBに○○円支払う。

債権者B

CをBと勘違いした。

私はBです。私に弁済してね。

弁済は有効に

受領権者の外観を有する者C

ここではコレを覚える 過去問 19-7

□受領権者以外の者であって取引上の社会通念に照らして受領権者としての外観を有する者に対してした弁済は、その弁済をした者が善意であり、かつ、過失がなかったときに限り、有効である。

4-3 第三者による弁済＜債権消滅原因

正当な利益があれば債務者が反対しても第三者が弁済できます　学習時間　40分

それはなぜ？

債権の目的は、第三者が行うことでも達成することができるのが普通だからです。たとえば、窮状を見かねて親戚が代わりに家賃を支払った場合でも、家賃を請求するという債権の目的は達成できます。

参考資料

「第三者」はあくまでも債務者以外の者なので、自ら債務を負う保証人や連帯債務者は含まれません。

(1)弁済～弁済は債務者以外でもできるの？

本来、弁済は債務者がしなければなりませんが、債務者以外の第三者も、原則として、弁済することができます。

なお、**第三者が他人の債務を自己の名において弁済**することが必要です。

(2)第三者による弁済①～誰でも第三者弁済ができるの？

弁済をするについて正当な利益を有する者でない第三者は、債務者の意思に反して弁済をすることができません。

この「**正当な利益**」を有するかどうかの判断は、弁済をすることにつき法律上の直接の利害関係の有無で行います。

正当な利益を有する具体例	・物上保証人 ・担保不動産の第三取得者 ・後順位抵当権者 ・地代の弁済について、借地上の建物賃借人※
正当な利益を有しない具体例	・親戚関係 ・友人関係

※ 借地上の建物の賃借人（C）はその敷地の地代の弁済について法律上の利害関係を有するので、敷地の賃借人（B）の意思に反して、地代を弁済することができます。

地代請求（借地）　　　賃料請求（借家）

借地権設定者 A　　　借地権者 B　　　建物賃借人 C
　　　　　　　　　　建物賃貸人

(3)第三者による弁済②〜債権者にも配慮が必要？

第三者の弁済が債務者の意思に反することを債権者が知らなかった場合、その弁済は有効となります。債権者が債務者側の事情を知らずに弁済を受領することもあり、その債権者を保護する必要があるからです。なお、債権者は善意であればよく無過失までは要求されません。

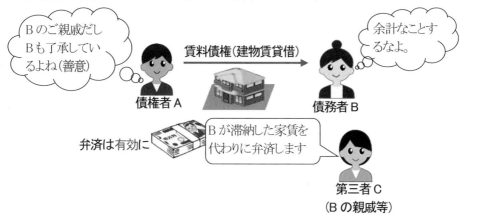

逆に、債権者は、正当な利益を有しない第三者からの**弁済を拒否することもできます**。前述のとおり、正当な利益を有しない第三者の弁済が債務者の意思に反する場合であっても、債権者が善意であれば弁済は有効になりますが、このような場合に受領するかどうかの選択権を債権者に認めたわけです。

ただし、正当な利益を有しない第三者からの弁済であっても、その弁済が**債務者の委託**による場合で、そのことを債権者が**知っていたとき**は、**弁済を拒否できません**。

(4)特約による禁止〜第三者弁済が不可能な場合もあるの？

債権者と債務者との間で、第三者が弁済することを禁止する特約をしたような場合は、第三者弁済はできません。

また、その債務の性質が第三者の弁済を許さない場合も、第三者弁済はできません。たとえば、名優の演技、著名な学者の講演のように、債務者自身が行わなければ意味がない場合（絶対的な一身専属的給付）や、労働者の労働、受寄者の保管のように、債権者の同意がなければ第三者に行わせることのできない場合（相対的な一身専属的給付）です。

付け足し 預金または貯金の口座に対する払込みによる弁済

債権者の預金または貯金の口座に対する払込みによってする弁済は、債権者がその預金または貯金に係る債権の債務者に対してその払込みに係る金額の**払戻しを請求する権利を取得した時**に、その効力を生じます。たとえば、賃借人が、金曜日の夜に銀行の ATM で家賃を賃貸人の口座に入金する手続を行い、月曜日の午前中に同口座から出金できるようになった場合、弁済の効力が生じるのは金曜日でなく月曜日となります。

(5)求償権〜第三者が弁済した後は？

第三者の弁済が要件を満たして有効な場合は、債務者の債務は消滅し第三者は**債務者に対し求償権を取得**します。しかし、第三者の弁済が要件を満たさない場合は、弁済は無効となり第三者は債権者に対して返還請求できます。

ここではコレを覚える

□弁済をするについて正当な利益を有する者でない第三者は、債務者の意思に反して弁済をすることができない。ただし、①債務者の意思に反することを債権者が知らなかったときや、②債務者の委託を受けて弁済をする場合においてそのことを債権者が知っていたときは、弁済をすることができる。

□債務の性質上許されないとき、または当事者が第三者の弁済を禁止し、もしくは制限する旨の意思表示をしたときは、第三者弁済はできない。

4-4 弁済による代位＜債権消滅原因

第三者が弁済した後の手続です

学習時間 30分

(1)弁済による代位①～第三者が弁済をするとどうなるの？

第三者の弁済が許される場合には、その弁済は有効なので、債務者の債務は消滅します。そして、弁済した第三者は債務者に対して**求償権**を行使することができるようになります。

この求償権を確実なものにするため、本来、弁済によって消滅するはずの債権(原債権)とそれに付随する担保権が弁済した第三者に移り、その第三者は、**債権の効力及び担保として債権者が有していた一切の権利を行使**することができます。

ただし、その第三者が自己の権利に基づいて債務者に対して**求償をすることができる範囲内**に限ります。

(2)弁済による代位②～代位に債権者の承諾は必要？

弁済により債権者に代位するにあたって、**債権者の承諾は必要ありません**。債権者は正当な利益を有しない第三者からの弁済を拒否できるので、たとえ第三者が弁済して債権者に代位できるとしても、債権者が不測の損害を被ることはないからです。

ただし、**正当な利益を有しない第三者が弁済**したとしても、債務者にとっては、誰が債権者に代位することになるのかがわからない場合があり得ます。

そこで、このような場合には(任意代位といいます。)、債権譲渡の対抗要件(債務者への通知または債務者の承諾)を備えなければ、代位を対抗できません。

(3)調整規定～債務者以外にも権利を行使できる？

正当な利益を有する者が複数人いる場合には、それらの相互間の関係が問題となります。たとえば、債権者Aに対して、債務者のB、保証人のCと物上保証人Dがいて、CがAに弁済した場合、もしCが代位によってDに対して抵当権の実行を行い全額回収すると、今度は、Dの回収が問題となります。これに関し、Dに対しても先に消滅したはずのCに対する保証債権を代位取得したと考えてしまうと、CとDとの間で循環が生じる一方で、Dの代位を否定するのならば、CとDとの間に不公平が生じます。そこで、民法は、保証人・物上保証人・第三取得者相互において、代位の可否・順位・範囲などの調整規定を置いています。

それはなぜ？

たとえば、AがBに対して有する賃料債権をCがBに代わって弁済した場合、Cが保証人など正当な利益を有する第三者であれば当然にAに代位します。しかし、Cが全く無関係の第三者の場合、当然に代位することとなれば、Bの知らぬ間にCがAに代位することになってしまいます。そこで、任意代位に限って、第三者が弁済したことを債権者に知らせる必要があるわけです。

用語

正当な利益を有する者…物上保証人や抵当不動産の第三取得者や後順位抵当権者などは正当な利益を有する者に含まれます。また、保証人や連帯債務者(自分の負担部分を超えた部分)についても正当な利益を有すると解釈されています。

①複数の保証人間の関係

保証人Dが他の保証人Cに対して、債権者Aに代位する場合には、Dの権利に基づいて保証人Cに対して**求償をすることができる範囲内に限り**することができます。実際には、保証人間の負担部分についての特約があればそ

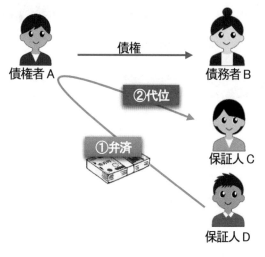

れに従い、なければ保証人の人数に応じて平等に割り付けられます。

②保証人・物上保証人・第三取得者との関係

用語

第三取得者…債務者から担保の目的となっている財産を譲り受けた者をいいます。したがって、物上保証人から財産を譲り受けた第三取得者は含まれません。

保証人Cが弁済した場合は、Cは**第三取得者**Dに対して債権者Aに代位することができます（付記登記などは不要）。その逆に、**第三取得者D が弁済した場合は、D は、保証人Cに対して債権者Aに代位できません（Cが物上保証人であった場合も同様に代位できません）**。第三取得者は、保証人と異なり、抵当権などの担保権が付いていることを覚悟のうえで不動産を取得しており、代価弁済や抵当権消滅請求などの制度によっても保護されているからです。

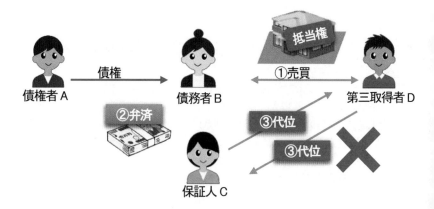

③第三取得者相互の関係

第三取得者の一人は、**各財産の価格に応じて**、他の第三取得者に対して債権者に代位します。たとえば、AのBに対する3,000万円の債権につき、AはB所有の価格2,000万円の甲不動産、1,000万円の乙不動産に共同抵当権の設定を受けたが、甲・乙それぞれ、BからC、BからDに譲渡され、CがAに弁済した場合、3,000万円の債務を甲:乙=2:1で割り付けることになるので、Cは、乙不動産の上に1,000万円の限度で代位できます。その逆に、Dが3,000万円を弁済した場合は、甲不動産の上に2,000万円の限度で代位できます。

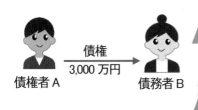

④物上保証人相互の関係

物上保証人が数人いる場合も、③の第三取得者相互間と同様に、**各財産の価格に応じて**、他の物上保証人に対して債権者に代位できます。

⑤保証人と物上保証人の関係

保証人と物上保証人がいる場合は、まず、**その数に応じて**債権者に代位します。ただし、物上保証人が数人いる場合には、保証人の負担部分を除いた残額について、**各財産の価格に応じて**債権者に代位します。

たとえば、Aに対するBの9,000万円の債務につき、Cが保証（連帯保証）し、DとEがそれぞれ、自己所有の4,000万円の甲不動産と2,000万円の乙不動産にAのために抵当権を設定した場合、保証人Cは9,000万円を頭数（保証人1人と物上保証人2人を加えた数）で割った3,000万円を負担し、物上保証人DとEは、9,000万円から保証人Cの負担部分3,000万円をのぞいた6,000万円を各不動産の価格に応じて割り付けた額4,000万円、2,000万円をそれぞれ負担します。

付け足し

第三取得者から担保の目的となっている財産を譲り受けた者は、第三取得者とみなされます。また、物上保証人から担保の目的となっている財産を譲り受けた者は、物上保証人とみなされます。

ここではコレを覚える 過去問 11-8 13-6

□債務者のために弁済をした者は、**債権者の承諾を得なくても**、債権者に代位することができる。

□弁済をするについて正当の利益を有する者とは、保証人、連帯債務者、物上保証人、抵当不動産の第三取得者などをいう。

□債権者に代位した者は、債権の効力及び担保としてその**債権者が有していた一切の権利**を行使することができる。

4-5 弁済以外の債権消滅原因＜債権消滅原因

お互い類似の債権をもっていると相殺できます

学習時間 20分

債権者と債務者とが互いに同種の債権・債務をもっている場合に、一方的な意思表示でその債権と債務を対等額において消滅させることを相殺(そうさい)といいます。

手続の簡易化、当事者間の公平、担保的機能といわれています。担保的機能は実務ではよく使われている方法です。

相殺する側が有する債権を自働債権**と呼び、相殺される側が有する債権を**受働債権**と呼びます。**

売掛金まだ払ってないし、貸金債権で相殺します。

自働債権（貸金債権）

受働債権（売掛債権）

A B

(1)相殺の要件

相殺の要件は、両債務について積極的に必要とされる一定の事情(**相殺適状**)と、相殺が認められない一定の場合(**相殺禁止事由**)とに分類するのが通常です。

相殺適状	・「二人互いに」債務を負担すること ・両債務が「同種の目的」を有すること ・両債務が弁済期にあること ・両債務が性質上相殺を許す債務であること
相殺禁止でないこと	・当事者が相殺禁止の特約をしていないこと ・**受働債権が不法行為から生じていないこと** ・受働債権が差押禁止でないこと ・受働債権が支払の差押えを受けていないこと ・自働債権が支払の差押えを受けていないこと

(2)相殺適状後に自働債権が時効により消滅した場合

いったん相殺適状になった後に、自働債権が時効消滅しても、その債権で相殺をすることができます。

いったん相殺適状になると、債務者は安心し、相殺の意思表示をしないまま所定の期間を過ぎてしまうことも多く、相殺済みという債務者の

期待を保護する必要があるからです。

(3)悪意による不法行為による場合等〜加害者も相殺できるの？

悪意による不法行為に基づく損害賠償の債務や、人の生命または身体の侵害による損害賠償の債務(不法行為に限定されていません)の債務者(加害者等)は、被害者等に対して債権(たとえば、貸金債権や賃料債権など)を有していた場合でも、損害賠償債務を受働債権として相殺をすることができません。

ただし、加害者等であっても、損害賠償請求権を被害者から譲り受けて債権者となった者に対しては、相殺することができます。この場合の被害者は、第三者に損害賠償請求権を譲渡して損害の回復を図ることができるからです。

逆に、被害者から相殺を主張することは禁止されていません。

 付け足し

交通事故による死傷のように自働債権も受働債権も不法行為から生じた場合にも相殺の主張は許されません。

(4)更改等〜弁済や相殺以外にも債権が消滅する原因があるの？

①更改

更改は、同一性を有しない新たな債務を成立させることによって旧債務を消滅させる契約です。具体的には、①従前の給付の内容について重要な変更をするもの、②従前の債務者が第三者と交替するもの、③従前の債権者が第三者と交替するものの3パターンがあります。

しかし、民法には、債権譲渡、債務引受、代物弁済、準消費貸借の規定があるので、更改が認められる場面は少ないのが現状です。

②免除

免除とは、弁済・相殺・更改のように対価または代償を得ることなく、債権者が意思表示によって債務を消滅させる行為をいいます。民法上では契約ではなく単独行為とされているので、相手方の同意は不要です。

③混同

債権と債務が同一人に帰すれば、債権は原則として消滅します。これを混同といいます。債権者が債務者を相続した場合や、債権者の債務者に対する債権をその債務者が譲り受けた場合等が典型例です。消滅するのは、存続させる意味がないからです。ただし、その債権が第三者の権利の目的であるときは消滅しません。

 用語

悪意による不法行為…この悪意とは、損害を与える意図を意味します。したがって、過失による交通事故などの場合には悪意があるとはいえません。

 それはなぜ？

犯罪行為等の被害者には、相殺によって借金が減るという数字上の利益よりも、現実に賠償金が支払われるべきだという趣旨とともに、借金を返さない債務者を負傷させたりその所有物を壊したりしたうえで相殺を主張するようなことを防ぐためです。

 用語

準消費貸借…不動産売買において代金が未払いの場合に、支払いを猶予するため、または新たな担保を設定するために、支払代金額について新たに消費貸借を成立させる旨を、売主と買主で合意する等。原則として同一性が維持されるとするのが判例なので、更改にはなりません。

家屋の転貸借関係で、家屋の所有権者たる賃貸人の地位と転借人たる地位とが同一人に帰した場合は、転借人の賃貸人に対する直接の義務が混同により消滅することはあっても、当事者間に転貸借関係を消滅させる特別の合意が成立しない限り、転貸借関係は当然には消滅しません。

ここではコレを覚える 過去問 11-6,10 16-9 18-9

□相殺適状になった後に自働債権が時効消滅しても、その債権で相殺できる。
□受働債権が差し押さえられても、その前に自働債権を取得していれば相殺できる。
□悪意による不法行為に基づく損害賠償の債務や人の生命または身体の侵害による損害賠償の債務により生じた損害賠償請求権を受働債権とする相殺は許されない。

ここを押さえる過去問 1・2・3

問1　登記することができる権利には、抵当権及び賃借権が含まれる。(2016)

問2　委任による登記申請の代理権は、本人の死亡によって消滅する。(2002)

問3　何人も、理由の有無にかかわらず、登記官に対し、手数料を納付して、登記簿の附属書類である申請書を閲覧することができる。(2023)

問4　土地の分筆の登記の申請人は、登記記録の権利部に記録された所有権の登記名義人でなければならない。(2000)

問5　新築した建物又は区分建物以外の表題登記がない建物の所有権を取得した者は、その所有権の取得の日から1月以内に、所有権の保存の登記を申請しなければならない。(2016)

問6　仮登記の登記義務者の承諾がある場合であっても、仮登記権利者は単独で当該仮登記の申請をすることができない。(2008)

問7　Aは、隣人Bの留守中に台風が接近して、屋根の一部が壊れていたB宅に甚大な被害が生じる差し迫ったおそれがあったため、Bからの依頼なくB宅の屋根を修理した。Aは、B宅の屋根を善良な管理者の注意をもって修理しなければならない。(2018)

問8　Aが、A所有の不動産の売買をBに対して委任する場合において、不動産のような高価な財産の売買を委任する場合には、AはBに対して委任状を交付しないと、委任契約は成立しない。(2002)

問9　マンションの売買契約がマンション引渡し後に債務不履行を理由に解除された場合、契約は遡及的に消滅するため、売主の代金返還債務と、買主の目的物返還債務は、同時履行の関係に立たない。(2015)

問10　令和5年9月1日にA所有の甲建物につきAB間で売買契約が成立し、当該売買契約において同年9月30日をもってBの代金支払と引換えにAは甲建物をBに引き渡す旨合意されていた。甲建物が同年9月15日時点でBの責に帰すべき火災により滅失した場合、Aの甲建物引渡し債務も、Bの代金支払債務も共に消滅する。(2007)

6

債権の発生から満足して消滅するまで

問 11　借地人が地代の支払を怠っている場合、借地上の建物の賃借人は、土地賃貸人の意思に反しても、地代について金銭以外のもので代物弁済契約をすることができる。(2008)

問 12　Aは、土地所有者Bから土地を賃借し、その土地上に建物を所有してCに賃貸している。Aが、Bの代理人と称して借賃の請求をしてきた無権限者に対し債務を弁済した場合、その者に弁済受領権限があるかのような外観があり、Aがその権限があることについて善意、かつ、無過失であるときは、その弁済は有効である。(2005)

問 13　Aは、土地所有者Bから土地を賃借し、その土地上に建物を所有してCに賃貸している。Cは、借賃の支払債務に関して法律上の利害関係を有しないので、Aの意思に反して、債務を弁済することはできない。(2005)

問 14　A銀行のBに対する貸付債権1,500万円につき、CがBの委託を受けて全額について連帯保証をし、D及びEは物上保証人として自己の所有する不動産にそれぞれ抵当権を設定していた。Eの担保不動産を買い受けた第三者がA銀行に対して債権全額を弁済した場合、当該第三者は、Cに対して、弁済した額の一部を求償することができる。(2013)

問 15　AがBに対して貸金債権である甲債権を、BがAに対して貸金債権である乙債権をそれぞれ有している場合において、弁済期が到来していない甲債権と、弁済期が到来している乙債権を、Aは一方的な意思表示により対当額にて相殺できない。なお、いずれの債権も相殺を禁止し又は制限する旨の意思表示はされていないものとする。(2023)

問1:(○)　問2:(×)本人の死亡で消滅しません。　問3:(×)登記申請人以外の第三者が請求を行うには正当な理由が必要です。　問4:(×)所有権の登記がされていない場合は表題部所有者が申請します。　問5:(×)申請義務はありません。　問6:(×)仮登記の登記義務者の承諾があるときは単独で申請することができます。　問7:(×)善管注意義務は負いません。　問8:(×)委任契約は諾成契約なので委任状の交付がなくても成立します。　問9:(×)契約解除に伴う各当事者の原状回復義務は同時履行の関係となります。　問10:(×)代金支払い債務は消滅しません。なお、Bは代金支払いを拒めません。　問11:(×)債権者との合意が必要です。　問12:(○)　問13:(×)CはAB間で第三者の弁済を許さない旨の特約をしていない限りAの意思に反しても債務を弁済することができます。　問14:(○)　問15:(○)

第 7 章

債権の効力に問題が
生じたときの措置

過去10年の出題分析

出題年 / テキスト項目	14	15	16	17	18	19	20	21	22	23
第7章全体	●	●	●	●		●	●	●	●	
1 特定物債権と種類債権										
2 弁済の提供と受領遅滞										
3 債務不履行	●	●	●				●			
4 贈与契約							●			
5 売買契約	●		●	●		●	●	●		
1 総則			●	●			●			
2 契約不適合責任	●		●	●		●		●		
6 請負契約	●			●		●				●
7 委任契約								●	●	

※出題されている年度に●を記入しています。

1 特定物債権と種類債権

特定物債権と種類債権では法的責任に違いがあります

頻出度 **C**

学習時間 10分

特定物債権とは特定物の引渡しを目的とする債権をいいます。特定物とは当事者が特にその物の個性に着目した物をいいます。そうでない場合を、種類物といいます。

それはなぜ？

売買契約で売主が目的物を引き渡し、買主も代金を支払えば債権は消滅します。しかし、契約したにもかかわらず、代金支払や目的物の引渡しが行なわれない場合もあります。そのような場合、どのように解決すべきでしょうか。債権が特定物債権の場合と種類債権の場合とでは大きく異なります。

(1)特定物債権～特定物債権ならではの特徴は？

特定物を目的とする債権には次の特徴があります。

①債務者は引渡しのときの現状で物を引き渡せばよい

契約その他の債権の発生原因及び取引上の社会通念に照らして、その引渡しをすべき時の品質を定めることができないときは、弁済をする者は、その引渡しをすべき時の現状でその物を引き渡せばよい。

②善管注意義務が発生する

債務者は、その引渡しをするまで、契約その他の債権の発生原因及び取引上の社会通念に照らして定まる善良な管理者の注意をもって、その物を保存しなければならない。これを善管注意義務という。

③売買契約時に所有権が移転するのが原則

物権の設定及び移転は、当事者の意思表示のみによって、その効力を生じる。

付け足し

善管注意義務とは、正確には「善良なる管理者の注意義務」のことであり、民法400条の条文に由来します。

たとえば不動産の売買契約が成立した場合に、契約成立後からその引渡しまでの期間においては、売主は、一般的・客観的に要求される程度の注意義務(善管注意義務)をもって保管しておかなければなりません。

もし、契約成立後から引渡しまでの期間に、何らかの事情で不動産が滅失した場合で、売主が善管注意義務を果たしていたのであれば、売主は債務不履行責任を負いません。

なお、無報酬で物の保管を引き受けた者や子の財産の管理を行う親権者は、その物の保管について「自己の財産におけると同一の注意をなす義務」を負います。注意義務の程度が「善管注意義務」に比べて軽くなります。

(2)種類債権〜種類債権って何のこと?

種類債権とは、その**目的物が種類のみによって指示された債権**をいいます。種類債権には、①特定するまで債務者は調達義務を負うこと、②たとえ滅失したとしても原則として履行不能にはならず危険負担の問題は生じないこと、③善管注意義務の問題は生じないこと、④売買契約時に所有権は移転しないこと等の特徴があります。

ここではコレを覚える

□特定物債権とは特定物の引渡しを目的とする債権をいう。特定物とは当事者が特にその物の個性に着目した物をいう。

2-1 弁済の提供＜弁済の提供と受領遅滞

頻出度 **C**

弁済の提供をすれば債務不履行責任を負いません

学習時間 **20分**

弁済の提供とは、**債務者側において給付を実現するために必要な準備をして、債権者の協力を求めること**をいいます。たとえば、不動産の売買契約などで買主が現金を用意して売主に伝えるような場合です。

(1)弁済の提供のやり方

弁済の提供は、**債務の本旨に従って現実に**しなければなりません。ただし、債権者があらかじめその受領を拒み、または**債務の履行について債権者の行為を要する**ときは、弁済の準備をしたことを通知してその受領の催告をすれば足ります。

付け足し　小切手を提供することは弁済の提供？

金銭債務の弁済のため、**個人振出しの小切手を提供しても**、債務の本旨に従った**弁済の提供とはいえません。**それに対して、取引界において通常現金と同様に取り扱われている**銀行の自己宛振出小切手**を提供したときは、特段の事情のない限り、債務の本旨に従った**弁済の提供があった**ものといえます。

(2)弁済の提供の効果～弁済の提供をするとどうなるの？

弁済の提供をした場合、債務者は、弁済の提供の時から、**債務を履行しないことによって生ずべき責任（遅延損害金の支払い等）を免れます。**

ここではコレを覚える

□金銭債務の弁済のため、個人振出しの小切手を提供しても、債務の本旨に従った弁済の提供とはいえない。

□取引界において通常現金と同様に取り扱われている銀行の自己宛振出小切手を提供したときは、特段の事情のない限り、債務の本旨に従った弁済の提供があったものといえる。

2-2 受領遅滞 < 弁済の提供と受領遅滞

頻出度 C

弁済を提供されたのに受領しないと責任が発生します

学習時間 10分

7
債権の効力に問題が生じたときの措置

(1)受領遅滞責任～債権者には受領する責任があるの？

債務者が履行の提供を行った場合でも、債権者がその履行を受けなければ、いつまでも債務者の履行する債務が残ることになり不合理です。

そこで民法は、債権者にも一定の法的責任を課しています。これを**受領遅滞責任**といいます。

たとえば、建物の売買契約において、移転登記と引渡日に、買主がドタキャンして次の予定日もなかなか決まらず、その間、売主側が建物を管理し、余分に費用もかかった場合等です。具体的には、債権者が債務の履行を受けることを拒み、または受けることができない場合(受領遅滞)において、その債務の目的が**特定物の引渡し**であるときは、債務者の注意義務が「善管注意義務」から「自己の財産に対するのと同一の注意義務」に**軽減**され、履行の費用が増加したときは、その増加額を債権者が負担することになります。

(2)帰責事由～受領遅滞中に履行不能となったら？

債権者が債務の履行を受けることを拒み、または受けることができない場合(受領遅滞)において、履行の提供があった時以後に、当事者双方の**責めに帰することができない事由**によって、その債務の**履行が不能**となったときは、その履行の不能は、**債権者の責めに帰すべき事由によるもの**とみなされ、債権者が責任を負います。

たとえば、建物の売買契約において、移転登記と引渡日に、買主がドタキャンして次の予定日もなかなか決まらず、その間に大地震により建物が倒壊したような場合等です。

▶ 307 ◀

(3)供託～どうしても受領してくれない場合は？

どうしても債権者が弁済を受領しない場合は供託するという方法があります。具体的には、弁済の提供をしたにもかかわらず**債権者がその受領を拒んだとき**や、**債権者が弁済を受領することができないとき**は、弁済者は、債権者のために弁済の目的物を、債務の履行地の供託所(法務局内にあります)に供託することができます。そして、**供託すると債権は消滅**します。

また、弁済者が債権者を確知することができないときも供託することができますが、弁済者に過失があるときは供託できません。

ここではコレを覚える

□特定物の引渡債務に関し、債権者の受領遅滞が生じた場合、債務者の注意義務は自己の財産に対するのと同一の注意に軽減され、その履行の増加額は、債権者の負担となる。

□受領遅滞中、履行の提供があった時以後に当事者双方の責めに帰することができない事由によってその債務の履行が不能となったときは、その履行の不能は、債権者の責めに帰すべき事由によるものとみなす。

3-1 債務不履行とは＜債務不履行

契約に違反をした場合の責任です

学習時間 20分

債務不履行とは、債務者（約束を果たすべき者）が債務の本旨に従った（約束どおりの）履行をしないことをいいます。

(1)債務不履行の種類〜履行遅滞と遅行不能がある？

履行遅滞と履行不能の2種類があります。

履行遅滞	**履行が可能であるのに履行期を過ぎてしまうことです。** たとえば、10月16日に建物を引き渡す約束をしたのに、その日までに引き渡せなかったような場合です。
履行不能	**履行ができなくなった場合**をいいます。 たとえば、建物の売買契約が結ばれたが、売主側（債務者）の不注意で全焼してしまい、引き渡すことができなくなったような場合です。

(2)債務不履行責任〜債権者は何を主張できるの？

債務者に債務不履行があった場合、債権者は、①**強制執行を裁判所に請求**することができます。また、②**契約を解除**することができます。解除というのは契約関係を解消することをいいます。解除したら、支払った売買代金などを戻すように要求できます。ただ、それだけでは受けた損害の穴埋めとしては不十分な場合が多いでしょう。

たとえば、建物の売買契約などでは、引越業者へのキャンセル料、次の物件が見つかるまでの家賃かホテル代、その他契約どおりに建物が引き渡されていれば得たであろう利益など、多くのマイナスが発生します。これらをその原因を作った債務者に補填させなければ公平ではありません。そこで、債務不履行の場合、③**損害賠償請求する**ことも認められています。

付け足し

2020年改正前の民法では、締結された契約が原始的不能（契約時にすでに不能であること）であった場合は、債務が不成立であり、契約当事者間に何ら権利義務関係が生じないが、債務者となるはずだった者に過失がある場合には、その者に対して、信義則上の責任（契約締結上の過失）を追及して、損害賠償請求が認められると解されていました。

7 債権の効力に問題が生じたときの措置

ワンポイントアドバイス

損害賠償請求は生じた損害を金銭で補うことを目的とする制度であるのに対して、契約の解除は契約関係の解消を目的とする制度というように、それぞれ別の制度なので、同じく債務不履行といっても、それぞれ要件が異なります。きちんと分けて整理して覚えましょう。

3-2-1 損害賠償請求の要件＜債務不履行

債務者に帰責事由があると損害賠償責任が生じます

学習時間 30分

債務者が約束どおりに履行しないと、債権者は損害を受けることがあります。そこで、債務不履行によって損害が生じた場合には、債権者は債務者に対して損害の賠償を請求できます。

(1)履行遅滞～いつから履行遅滞になるの？

履行遅滞の場合は履行期に遅れたといえる状況がなければなりません。確定期限がある場合、不確定期限がある場合、期限の定めのない場合でそれぞれ異なります。

	確定期限	不確定期限	期限の定めがない
意味	期限が確定している場合	いつ期限が到来するかが不確定な場合	期限が定められていない場合
具体例	○月○日に引き渡す	父が死亡したら、引き渡す	法律の規定に基づく債務（契約の解除に基づく原状回復義務、不当利得返還債務等）
いつから履行遅滞となるか	期限が到来した時から	期限が到来した後に**履行の請求を受けた時**または期限の到来したことを**知った時**の**いずれか早い時**から	債権者が**履行を請求した時から**※

※ これにはいくつか例外があります。①不法行為に基づく損害賠償請求権は、債権者の催告を要することなく、**不法行為の時から遅滞**に陥るとするのが判例です。②返還時期の定めのない消費貸借においては、貸主は借主に対して相当な期間を定めて返還の催促をすることができ、この相当な期間が経過した後に、はじめて遅滞となります。

(2)原始的不能～契約前に履行が不可能な状況になっても履行不能？

債務の履行が契約その他の債務の発生原因及び取引上の社会通念に照らして不能である場合（履行不能）、債権者は、その債務の履行を請求することができません。また、契約に基づく債務の履行がその契約の成立の時に不能であった場合（**原始的不能**）でも、<u>債務不履行としての責任が生じます</u>。

具体例

売買契約成立日の前日に、売却予定物件の建物が売主側の責任で焼失したような場合、買主は、建物の引渡しを請求できませんが、損害賠償請求ができます。

付け足し 履行遅滞中の履行不能と帰責事由

債務者がその債務について遅滞の責任を負っている間に、当事者双方の責めに帰することができない事由で、履行不能となった場合は、その履行不能は、債務者の責めに帰すべき事由によるものとみなされます。たとえば、売主の責任で建物の引渡しが遅れている間に、大地震で倒壊してしまった場合は、危険負担の問題とはとらえずに、債務不履行として損害賠償責任を負います。

(3)履行遅滞の責任～違法でなければ許される場合も？

債務者に留置権、同時履行の抗弁権、正当防衛・緊急避難など、履行が遅れたことを正当化する根拠があるときは、履行遅滞の責任が生じません。

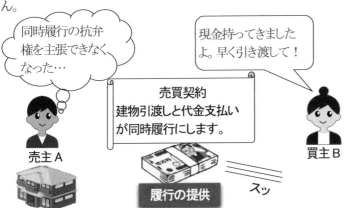

たとえば、10月15日に売買契約に基づいて不動産の引渡し・移転登記と代金の支払いを同時に行う約束があった場合で(同時履行の関係)、その期日に相手方が履行しない場合には、こちら側も履行する義務はなく、履行しないことで履行遅滞責任を負わないということです。

なお、同時履行の関係にある場合に、相手方の債務不履行責任を追及するには、**自己の債務についての履行の提供**を行い、相手方の同時履行の抗弁権をなくす必要があります。

(4)帰責事由～債務者は無過失では責任を負わない？

用語

帰責事由…債務者の
故意または過失および
信義則上これと同視さ
れるような事由をいい
ます。過失とは善良な
管理者の注意を欠く場
合をいい、また信義則
上債務者の過失と同視
されるような事由とは、
履行補助者の故意・過
失などをいいます。な
お、履行補助者とは、
債務者が債務の履行を
するにあたり使用する
者をいいます。

履行遅滞の場合も、履行不能の場合も、債務者は、履行期に遅れたこと、
または、履行が不可能になったことについて、**債務者の責めに帰すべき
事由**(帰責事由)がなければなりません。ただし、金銭債務の場合はこの
帰責事由が要件となっていません。

ここではコレを覚える 過去問 12-8 14-1 16-9

	履行遅滞	履行不能
要件	①履行期に遅れたこと	①履行が不可能になったこと
	②同時履行の場合には相手方に同時履行の抗弁権がないこと	②履行不可能なので同時履行の関係が否定される。
	③債務者は、履行期に遅れたこと、または、履行が不可能になったことについて、**債務者の責めに帰すべき事由**(故意・過失または信義則上これと同視すべき事由)がある場合に、履行遅滞による、あるいは、履行不能による債務不履行責任を負う。	

3-2-2 損害賠償請求の範囲＜債務不履行

頻出度 **B**

特別損害は予見すべき範囲まで責任を負います

学習時間 **30分**

7
債権の効力に問題が生じたときの措置

(1)損害賠償の範囲〜いくら賠償請求できるの？

損害賠償は、別段の意思表示がないときは、金銭をもってその額を定めます。では、その範囲はどのようにして決めるのでしょうか。

たとえば、宅建業者と買主との間で締結された契約で定めた不動産の引渡日を、宅建業者側のミスで 3 日遅れたとしましょう。買主は引渡日に世界各国の財界人や大使を招いて、数百億円の商談も兼ねたホームパーティーを予定していましたが、引渡日が遅れたため商談がうまくいかず、その責任を感じた買主の経営する会社の従業員が退職し、それがため会社が倒産し…。

世の中で生じる出来事は、どこかで因果関係がつながるので、これらすべてについて不動産の引渡しについて債務を負っていた宅建業者に損害賠償責任を負わせたら、大変なことになります。

そこで、民法は、次の 2 つの基準で損害賠償の範囲を限定しています。

通常損害	債務不履行から通常生じる**通常損害**については、特に当事者が予見できたかどうかに関係なく賠償の範囲となります。
特別損害	特別の事情によって生じた**特別損害**といえども、**当事者がその事情を予見すべきであったとき**は賠償の範囲となります。

上記の例にあてはめると、商談が失敗して、従業員が退職して、会社が倒産することまでは、不動産の引渡しが3日遅れたからといって通常生じる損害とはいえません。ただ、このような特別の事情によって生じた損害でも、債務者である宅建業者が、その事情を予測すべきであったような場合は、損害賠償責任を負う可能性が出てきます。

(2) 2種類の損害賠償〜履行不能と履行遅滞とでは損害額も違う？

債務不履行に基づく損害賠償は、「履行に代わる損害賠償」と、「履行とともにする損害賠償」の2つに分類することができます。

	内容	本来の債務との関係
履行に代わる損害賠償 ※	債務が履行されたのに等しい経済的地位の回復を目的とする損害賠償です。これは填補賠償とも呼ばれます。	本来の債務の履行を受けることと両立しません。
履行とともにする損害賠償	債務の履行がされたとしてもなお残る損害の回復を目的とする損害賠償です。	本来の債務の履行を受けることと両立します。

※ 履行に代わる損害賠償の請求をすることができるのは、次の3つの場合です。
①債務の履行が不能であるとき
②債務者がその債務の履行を拒絶する意思を明確に表示したとき
③債務が契約によって生じたものである場合において、その契約が解除され、または債務の不履行による契約の解除権が発生したとき

(3)過失相殺～債権者にも過失があった場合は？

債務の不履行またはこれによる損害の発生もしくは拡大に関して、**債権者にも過失があった場合**には、裁判官は損害賠償の額を低くするなどして**債務者の責任を軽くしなければなりません**。これを**過失相殺**といいます。

過失相殺は、**債務者の主張がなくても**、裁判所が自らの判断ですることができますが、債権者の過失となるべき事実については、債務者において立証責任を負います。

(4)金銭債権の特則～金銭債権の場合は特別扱い？

金銭債権とは、一定額の金銭の支払を目的とする債権のことをいいます。売買代金債権や貸金債権などがその例です。この金銭債権にはいくつかの特則があります。

①債務者は金銭債務の給付義務から免れることができません。つまり、**履行不能はあり得ない**ということです。
②債権者は債務者の履行遅滞について、**法定利率**があるため、**損害を立証しなくても損害賠償請求ができます**。
③債務者は、その履行遅滞が**不可抗力**（たとえば大地震が起きて交通が遮断されたので銀行振り込みできなかったなど）**に基づくもの**であったとしても、**損害賠償義務を免れることができません**。

用語

法定利率…法律で定められた年利をいいます。当初は年3%でスタートします。その後は、3年を1期として、期ごとに利率が見直されます。

ここではコレを覚える 過去問 12-8 14-1 15-1

□債務不履行から通常生じる通常損害については、特に当事者が予見できたかどうかに関係なく賠償の範囲となる。
□特別の事情によって生じた損害であっても、当事者がその事情を予見すべきであったときは、債権者は、その賠償を請求することができる。

3-2-3 損害賠償請求額の予定＜債務不履行

あらかじめ損害賠償額を定めると証明しなくても請求できます　学習時間 15分

それはなぜ？

債務不履行に基づいて損害賠償を請求する場合、**債権者は、損害があったこと、および、損害の額を自ら証拠によって証明する義務を負います**。ただ、実際上その証明は容易ではありません。

(1)損害賠償額を予定する利点

当事者の一方が債務を履行しない場合に備えて、あらかじめ損害賠償の金額を取り決めておくことがあります。これを損害賠償額の予定といいます。これを取り決めておくことで、**将来、債務不履行が発生した場合には、実際の損害額を立証しなくても、所定の金額の損害賠償を請求できます**。

(2)損害賠償額の予定～予定額は、変更できるの？

あらかじめ定めておいた予定額よりも実際の損害額が少ない場合もあります。このような場合には、裁判所が介入して減額がなされることがあります。

なお、公序良俗に反するような過大な賠償額の予定がなされた場合には、約定全体が無効となることがあります。

売主A

> 今回の違反行為による損害は200万円程度かと。したがって、200万円を賠償しなさい。

> 売買契約書
> 【特約】契約違反があれば損害賠償金は500万円とする。

裁判所

買主B

(3)違約金～損害賠償額の予定とは違うの？

違約金とは、債務者が債務不履行の場合に支払うことを約束した金銭をいいます。この違約金は懲罰としての性格を持つだけでなく、相手方の損害に対する損害賠償としての性格を持つ場合もあるので、違約金と損害賠償額の予定との区別は実際には困難です。そこで、**違約金は損害賠償額の予定と推定されます**。推定されると、その違約金が賠償額の予定と異なる内容のものであると主張する当事者が、これを立証する責任を負わされます。

ここではコレを覚える　過去問 14-1

□当事者は、債務の不履行について損害賠償の額を予定することができる。ただし、公序良俗違反や消費者契約法等に違反する場合には変更することができる。
□賠償額の予定をしていたとしても、履行の請求または解除権の行使ができる。
□違約金は、賠償額の予定と推定される。

7 債権の効力に問題が生じたときの措置

3-3-1 契約の解除の要件＜債務不履行

債務者に帰責事由がなくても解除はできます

不動産の売買契約において売主の方はいつでも不動産を明け渡せる準備が完了しているにもかかわらず買主の方が代金を支払ってくれない場合で、もし解除という制度がなかったらどうなるでしょうか。もう待っていられないと考えた売主が別の人にその不動産を売却してしまったら、債務不履行に基づいて損害賠償請求されてしまいます。

契約の解除とは、契約が成立したのち、当事者の一方の意思表示によって契約関係を解消し、契約から生じた本来の債務を消滅させ、すでに履行されているものがあれば、その返還によって原状回復を行わせることを目的とした法律行為（単独行為）です。

解除という制度は、契約から生ずる債務の履行義務から債務者を解放する役割をもっています。

(1)契約解除①～履行遅滞の場合はいきなり解除できないの？

履行遅滞に基づいて契約解除する場合、**原則として、**催告を行い、相手方に解除を免れる最後の機会を与えなければなりません。

履行の催告には、相当の期間を定める必要があります。

ただし、その期間を

賃料払えない。 履行遅滞

賃貸借契約書
賃貸人A　賃借人B

①10日以内に全額支払え（催告）。
②期間経過後も支払なし
③賃貸借契約を解除します。出て行って。

具体的状況の下で、客観的にみて履行に必要と判断される期間を定めて、履行を催告しなければならないのです。ただし、催告に猶予期間が全く定められていない場合でも、相当の期間が経過すると解除権が発生します。

経過した時における債務の不履行がその契約および取引上の社会通念に照らして**軽微**であるときは、解除することができません。たとえば、不履行の部分が数量的にわずかな場合や、付随的な債務の不履行に過ぎない場合です。

付け足し

解除の意思表示は、**相当の期間を定める催告と同時にしてもよく、**その場合、相当の期間内に債務者が履行をしなければ、解除の効果が発生します。また、不相当の期間を定めた催告がなされた場合でも、催告の時から起算して**客観的に相当な期間内**に債務者が履行をしなければ、債権者は契約を解除することができます。

(2)契約解除②〜催告することなく解除できる場合も？

債務不履行を理由に契約を解除する場合には、原則として、催告をしなければなりません。しかし、催告をしても意味がないような場合には、無催告で解除できます。

次の場合には、債権者は、催告をすることなく、直ちに契約の解除をすることができます。

①債務の全部の履行が不能であるとき
②債務者がその債務の全部の履行を拒絶する意思を明確に表示したとき
③債務の一部の履行が不能である場合または債務者がその債務の一部の履行を拒絶する意思を明確に表示した場合において、残存する部分のみでは契約をした目的を達することができないとき
④契約の性質または当事者の意思表示により、特定の日時または一定の期間内に履行をしなければ契約をした目的を達することができない場合において、債務者が履行をしないでその時期を経過したとき
⑤債務者がその債務の履行をせず、債権者が前記(1)の催告をしても契約をした目的を達するのに足りる履行がされる見込みがないことが明らかであるとき

次の場合には、債権者は、催告をすることなく、直ちに契約の一部の解除をすることができます。

①債務の一部の履行が不能であるとき
②債務者がその債務の一部の履行を拒絶する意思を明確に表示したとき

(3)契約解除③〜債務者の帰責事由がなくても解除ができる？

契約を解除するにあたって債務者の帰責事由は必要ありません。しかし、帰責事由が債権者にあるような場合には、**債権者から契約を解除することができません。**

 ここではコレを覚える 過去問 14-1 20-3

□履行遅滞を理由に、契約を解除するには、相当の期間を定めた催告を行う必要がある。
□履行不能に基づく場合や債務者が履行を拒絶する意思を明確に表示した場合等は催告なく直ちに契約を解除することができる。
□契約を解除するにあたって債務者の帰責事由は不要である。

7
債権の効力に問題が生じたときの措置

3-3-2 契約の解除の効果＜債務不履行

解除には遡るものと将来にのみ影響するものがあります

(1)契約解除の効果

当事者の一方がその解除権を行使したときは、各当事者は、その相手方を原状に復させる義務を負います（原状回復義務）。

この場合において、金銭を返還するときは、その受領の時からの利息を付さなければなりません。金銭以外の物を返還するときは、その受領の時以後に生じた果実をも返還しなければなりません。

また、債務不履行により損害が発生しているはずなので損害賠償請求もできます。

(2)第三者との関係～解除前に第三者が取引関係に入っていたら？

契約を解除した場合でも、解除の前に利害関係を持つようになった第三者の権利を侵害してはなりません。

解除前に取引関係に入った第三者は、善意・悪意を問わず保護されます。ただし、第三者が保護されるためには、目的物が不動産なら登記を備え、動産なら引渡しを受け、自分の権利を他の人にも主張できるようにしておく必要があります。

①売買契約
②売買契約
売主A　買主B　第三者C
③諸事情で代金払えません。履行遅滞
④Bとの契約を解除します。Cさん建物返して！

C名義の登記
⇒返却義務なし

ここではコレを覚える

□当事者の一方がその解除権を行使したときは、各当事者は原状回復義務を負う。
□原状回復義務を履行するにあたって、返還すべき金銭にはその受領の時からの利息を付けることが必要である。金銭以外の物を返還するときは、その受領の時以後に生じた果実をも返還しなければならない。
□（債務不履行に基づいて）解除権の行使をしても、損害賠償の請求をすることができる。

4 贈与契約

贈与でも契約不適合責任があります

頻出度 **B**

学習時間 **60分**

贈与契約は、一方当事者(贈与者)が他方当事者(受贈者)に対して、無償つまり対価なしに財産を与える旨の意思を表示し、他方当事者がこれを受諾する意思を表示することによって成立する**諾成契約**です。書面で契約しなくても有効です。

(1)書面によらない贈与の解除～口約束で贈与した場合は解除できる?

書面によらない贈与は、**各当事者が解除をすることができます**。

「書面」といえるためには、贈与があったこと、および贈与者が確固たる贈与の意思を持っていたことが明確に見てとれるものであればよいとされています。

ただし、書面によらない贈与であっても、履行の終わった部分については解除できません。

「履行が終わった」といえるためには、履行が完全に終了していなくても、主要な内容が実行されていればよいとされています。たとえば、**目的物が不動産の場合、引渡しがあれば登記は未了**でも、逆に、引渡しがなくても登記がなされれば**履行終了**と解されています。

(2)贈与者の責任～贈与者も契約不適合責任を負うの?

贈与者には、種類、品質および数量につき契約の内容に適合した目的物を引き渡す債務が発生します。しかし、売主のように代金を頂くわけではないので(無償性)、その契約不適合責任は、売主に比べると軽減されています。

具体的には、贈与者は、贈与の目的である物または権利を、贈与の目的として特定した時の状態で引き渡し、または移転することを約したものと**推定**されます。つまり、贈与者は現状のままで引き渡せばよいということです。

引き渡された物等が契約不適合であった場合、受贈者は、**債務不履行の一般的な救済である損害賠償請求、契約解除、または追完請求をすることができます**。なお、贈与者の善意・悪意は、適合性の判断には影響しません。

それはなぜ?

贈与の意思の明確を期すること、および軽率な贈与を予防することがその趣旨です。

それはなぜ?

書面によらない贈与でも、履行がなされれば贈与者の意思は明確になり、軽率ではなかったことも明らかになるからです。

参考資料

ただし、これは推定規定に過ぎないので、たとえば一定の品質の物の引渡しを贈与すると約したものであることを受贈者が立証した場合には、贈与者はその合意を前提とした義務を負うことになります。その立証がない限りは推定がはたらき、その意味において契約不適合責任は軽減されているといえます。

7

債権の効力に問題が生じたときの措置

▶ 319 ◀

(3)負担付贈与〜法的な見返りのある贈与はもらう側にも責任が？

受贈者に一定の給付をすべき債務を課する贈与契約を負担付贈与といいます。たとえば、A が B に不動産を贈与することを約し、B がこの贈与の負担として、この不動産を収益として得た価額の一定割合を、毎月 A に支払うことを約するような場合です。

受贈者に義務が課される点で双務契約に類似する側面があるので、契約の内容に応じて、双務契約に関する規定(同時履行の抗弁・危険負担・解除等)が準用されます。

ここではコレを覚える 過去問 13-1 16-1 20-9

□書面によらない贈与は、各当事者が解除をすることができる。ただし、履行の終わった部分については、この限りでない。

□贈与者は、贈与の目的である物又は権利を、贈与の目的として特定した時の状態で引き渡し、または移転することを約したものと推定する。

□目的物が不動産の場合、引渡しがあれば登記は未了でも、逆に、引渡しがなくても登記がなされれば履行終了と解されている。

5-1 総則く売買契約

解約手付があれば放棄や倍返しで解放されます

学習時間 60分

7 債権の効力に問題が生じたときの措置

売買契約とは、当事者の一方(売主)がある財産権を相手方(買主)に移転することを約し、相手方がこれに対してその代金を支払うことを約することによって、成立する契約をいいます。

売買契約は、当事者の合意がありさえすれば成立する諾成契約であり、なんらの方式も必要としない不要式の契約です。また、当事者双方が対価的価値のある債務を負担する双務契約であり、有償契約です。

(1)解約手付による解除

売買契約の締結の際に買主から売主に対して支払われる一定額の金銭を手付と呼びます。手付にはその用途によっていくつかの種類がありますが、宅建士試験でよく出題されるのは、解約手付です。

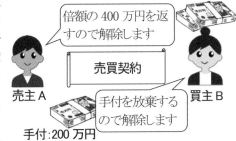

倍額の400万円を返すので解除します

売買契約

売主A　買主B

手付を放棄するので解除します

手付：200万円

解約手付とは、手付の金額だけの損失を覚悟し、相手方の債務不履行がなくても契約を解除できるという趣旨で交付される手付をいいます。

たとえば、AB間で1,000万円の不動産の売買契約を締結したとしましょう。引渡しと代金支払は1か月後だとします。契約の後、売主Aのところに同じ不動産を1,500万円で購入したいというような人が現れたり、また、契約後に買主Bが、もっとよい不動産が500万円で売りに出されている情報を入手した場合、契約をやめたいと思うのが人情です。ただ、契約した以上、無断でそれを破棄するなどしたら、債務不履行となり損害賠償責任を負ってしまうことになります。

そこで、考え出されたのが、解約手付というものです。

買主から一定額(たとえば200万円くらい)の手付なるお金を事前に売主に渡しておきます。そして、この手付に、「買主側が契約をなかったことにしたい場合は、売主に手渡した手付を放棄(あげること)して、売主側が契約をなかったことにしたい場合は、買主から預かった手付と同額の金銭を上乗せして買主に返還する」という約束事を付けておきます。この解約手付によって、債務不履行とならずに契約を解除することができるわけです。

参考資料

売主による倍額の提供は、単なる口頭の提供では足りず、現実の提供を必要とします。

付け足し

2020年改正前の民法では、売主の担保責任として、他人物売買に関する規定がありました（旧民法561条）。しかし、他人物売買（たとえば、他人の土地を売るというように、他人の権利を目的とした売買）の売主が買主に権利を移転できない場合は、債務不履行として扱えば十分だからです。したがって、債務不履行責任一般のルールに従います。

付け足し

売買契約における売主の債務不履行責任については、2020年の民法改正により大幅に変わりました。旧法を学んだことがある学習者は、過去の制度を忘れて、全く新しい法的責任を学ぶつもりで学習して下さい。

① 手付による解除はいつでも可能？

いくら解約ができるといっても、**相手方に多大な迷惑をかけることまでは許されていません。相手方が履行に着手した後ではこの手付による解約はできないことになっています。**たとえば、相手方がすでに購入資金を金融機関から借り入れてしまった場合などは、解約できません。

② 手付により解除した場合は損害賠償できない？

手付による解除の場合は、債務不履行と異なり、損害賠償請求ができません。なお、手付を交付した場合でも、当事者は、相手方の債務不履行を理由として契約を解除することはできます。その際は、手付を返還し、損害賠償請求することも可能です。

(2)権利移転の対抗要件に係る売主の義務～売主には登記義務が？

売主は、買主に対し、登記、登録その他の売買の目的である権利の移転についての対抗要件を備えさせる義務を負います。

たとえば、土地の売買であれば売主は買主に対抗要件である登記を移転する義務を負います。また、他人の権利（権利の一部が他人に属する場合におけるその権利の一部を含む）であっても、売買契約を有効に結ぶことはできます。この場合、売主は、その権利を取得して買主に移転する義務を負うだけです。

ここではコレを覚える 過去問 16-6 17-5 20-9

【手付解除と債務不履行解除の比較】

	手付解除	債務不履行解除
解除権の発生	手付金の交付	相手方の債務不履行
解除の時期	相手方が履行に着手するまで	債務不履行の後に可
損害賠償	請求できない	請求できる
手付金の行方	買主が解除した場合→手付流し 売主が解除した場合→手付倍返し	買主に返還される（原状回復義務）

□売主は、買主に対し、登記、登録その他の売買の目的である権利の移転についての対抗要件を備えさせる義務を負う。

□他人の権利（権利の一部が他人に属する場合におけるその権利の一部を含む）を売買の目的としたときは、売主は、その権利を取得して買主に移転する義務を負う。

5-2 契約不適合責任＜売買契約

売主は債務不履行責任に加え契約不適合責任を負います

学習時間 120分

民法には、債権発生原因を問わず、債務一般に適用される<u>債務不履行責任</u>とは別に、売買契約を中心とする有償契約に適用される売主の<u>契約不適合責任</u>が定められています。

そして、買主の救済手段としては、追完請求権、代金減額請求権、損害賠償請求権および解除権の4つがあります。

(1)追完請求～購入した建物に欠陥がある場合に修理を請求できる？

引き渡された目的物や権利が**種類、品質**または**数量**に関して、契約の内容に適合しないもの(以下、「**契約不適合**」といいます)であるときは、買主は、売主に対し、目的物の**修補、代替物の引渡し**または**不足分の引渡し**による履行の追完を請求することができます(**追完請求**)。

・修補せよ
・代替物をよこせ
・不足分をよこせ

欠陥住宅
契約不適合

売買契約

売主A　　　　買主B

たとえば、売主Aから建物を購入したBが、後に欠陥住宅であることに気付いた場合、Bは、修補請求や代わりの物件の引渡請求をすることができます。

ただし、Aに履行追完の義務があるとしても、Bに不相当な負担を課するものでなければ、Bが求める方法とは別の方法で追完できます。代わりの物件の引渡しではなく、修補を選択するなどです。

なお、不適合が買主の責めに帰すべき事由によるものであるときは、買主は、履行の追完の請求をすることができません。このような場合にまで売主が履行追完義務を負うとすると不公平になるからです。

参考資料

2020年改正前の民法のように、債務不履行とは全く異なる制度としての担保責任ではなく、物・権利に関する契約不適合を理由とする債務不履行責任についての規律として、一元的に整理・統合されています。

7 債権の効力に問題が生じたときの措置

(2)代金減額請求～購入した建物に欠陥がある場合に請求できる？

契約不適合

売買契約

売主A

①2週間以内に追完して(催告)。

②期日過ぎたから代金減額して。

買主B

契約不適合である場合、買主は、相当の期間を定めて履行の追完の催告をし、その期間内に履行の追完がないとき、その不適合の程度に応じて代金の減額を請求することができます。

代金減額請求は、**契約解除(一部)**と理屈は同じです。したがって、契約解除と同じく、買主による**催告**が必要とされています。ただし、(契約解除と同じく)買主は、次の場合には、催告をすることなく、直ちに代金の減額を請求することができます。

①履行の追完が不能であるとき
②売主が履行の追完を拒絶する意思を明確に表示したとき
③契約の性質または当事者の意思表示により、特定の日時または一定の期間内に履行をしなければ契約をした目的を達することができない場合において、売主が履行の追完をしないでその時期を経過したとき
④買主が催告をしても履行の追完を受ける見込みがないことが明らかであるとき

なお、不適合が買主の責めに帰すべき事由によるものであるときは、買主は、代金の減額の請求をすることができません。

(3)損害賠償請求・解除権の行使～債務不履行と同じ？

契約不適合である場合に、買主の追完請求権や代金減額請求権を行使できる場合であっても、債務不履行責任としての損害賠償請求や解除ができます。

①損害賠償について

債務不履行の一般規定に従うので、売主に帰責事由がない場合には損害賠償請求は認められず、また損害賠償の範囲については履行利益にも及びます。

用語

履行利益…契約が履行されていれば、その利用や転売などにより発生したであろう利益のことです。この対概念として、信頼利益というものがあります。契約が有効であると信じたために発生した損害のことをいいます。不動産の売買の契約が成立するのを見越して、建築用の資材を購入した場合等です。

帰責事由

売主A

売買契約

損害が発生したので損害賠償して。

契約不適合

買主B

②解除について

こちらも**債務不履行の一般規定に従う**ので、売主に帰責事由は不要ですが、解除する前に追完について催告が必要です（履行不能等の場合は不要）。また、債務不履行がその契約および取引上の社会通念に照らして**軽微**であるときは解除できません。

なお、「契約をした目的を達することができない」という要件はありません。

軽微とはいえないし、解除するよ。

契約不適合

売買契約

売主A　　　　　買主B

(4)通知〜住宅の欠陥を発見してから1年で追及ができなくなる？

種類または品質に関して契約の内容に適合しない目的物の引渡しを受けた買主は、その不適合を知った時から1年以内にその旨を売主に通知しないと、不適合を理由とする履行の追完の請求、代金の減額の請求、損害賠償の請求及び契約の解除ができなくなります。

ただし、売主が引渡しの時にその不適合を知り、または**重大な過失によって知らなかったとき**は、上記の期間制限はありません。

したがって、**権利に関する不適合については、短期間でその不履行の判断が困難となるとは考えにくく、また、物の数量における不適合についても、数量不足は外形上明白であり、履行が終了したとの期待が売主に生じることは考えにくいので、上記の期間制限の適用がありません。**

付け足し

契約不適合に関する短期期間制限のルールは、消滅時効の一般原則の適用を排除しません。したがって、期間内の通知によって保存された買主の権利は、債権に関する消滅時効の一般原則に従います。つまり、物の種類・品質における不適合を理由とする買主の権利は、引渡時から10年または不適合を知った時から5年という二重の時効期間の下で、消滅時効にかかることになります。

それはなぜ？

目的物の引渡しによって履行は完了したという売主の期待を保護する必要があることと、物に関する不適合の有無は使用や時間経過による劣化などによって比較的短期間で判断が困難となるため、早期に法律関係を安定させる必要があるからです。

(5)特約～担保責任を負わない旨の特約は有効？

参考資料

免責特約(572条)、競売における責任(568条)、債権の売買(569条)等の民法の規定は「担保責任」としています。「契約に適合しない責任」について契約で排除すると表記すると混乱するからかと思われます。内容的には引渡後の売主の契約責任についての特約ということです。

売買契約の当事者間で、売主が負うべき担保責任について**特約を行うことは有効**です（私的自治の原則）。

契約当事者は、担保責任を重くする特約も、軽くする特約も、あるいはそれを負わないとする特約もすることができます。

ただし、担保責任を負わない旨の特約がなされた場合でも、①**売主がそれを知りながら買主に告げなかった事実**、及び②売主自らが第三者のために設定または第三者に譲り渡した権利については、売主は責任を免れません。信義則に反すると評価されるからです。

①については、売主が建物に欠陥があることを隠す等が典型例です。②については、売主が引き渡すべき不動産を他人に売却していた場合や、他人のために設定した地上権や抵当権が存した場合等が典型例です。

付け足し

売買の目的について権利を主張する者があることその他の事由により、買主がその買い受けた権利の全部もしくは一部を取得することができず、または失うおそれがあるときは、買主は、その危険の程度に応じて、代金の全部または一部の支払を拒むことができます。ただし、売主が相当の担保を供したときは拒むことができません。

ここではコレを覚える

過去問 11-9 12-3 13-1 14-6 16-6 17-5 19-3 21-7

□引き渡された目的物や権利が種類、品質または数量に関して契約の内容に適合しない場合、買主は、売主に対し、追完請求権、代金減額請求権、損害賠償請求権および解除権を行使できる。

□売主は、買主に不相当な負担を課するものでないときは、買主が請求した方法と異なる方法による履行の追完をすることができる。

□買主は、相当の期間を定めて履行の追完の催告をしなければならない（原則）。

□売主に帰責事由がない場合には損害賠償請求は認められない。

□売主に帰責事由がなくても解除できるが、債務不履行がその契約および取引上の社会通念に照らして軽微であるときは解除できない。

□買主は、その不適合を知った時から1年以内にその旨を売主に通知しないと、不適合を理由とする履行の追完の請求、代金の減額の請求、損害賠償の請求および契約の解除ができないが、数量と権利に関する不適合についてはこの期間制限が適用されない。

6 請負契約

請負契約の報酬と仕事の目的物は同時履行の関係です

学習時間 30分

請負契約とは、当事者の一方がある仕事を完成させることを約束し、他方がこれに対して報酬を支払うことを約束することによって成立する契約をいいます。

たとえば、設計業者が依頼を受けて設計図面を作成したり、建築業者が依頼を受けて建築したり、IT企業が依頼を受けて顔認証施錠アプリを開発したりする等が典型です。**仕事を依頼する側を注文者、仕事を請ける側を請負人**と呼びます。

(1)報酬の支払い～報酬はいつ支払うの？

報酬は、仕事の目的物の引渡しと同時に(物の引渡しを必要としない場合はその仕事終了後)、支払わなければなりません。つまり、**請負の目的物の引渡しと報酬の支払いは同時履行の関係**に立ちます。

①注文者の責めに帰することができない事由によって仕事を完成することができなくなった場合や、②請負契約が仕事の完成前に解除された場合においては、請負人が既にした仕事の結果のうち可分な部分の給付によって注文者が利益を受けるときは、その部分を仕事の完成とみなし、請負人はその利益の割合に応じて報酬を請求できます。

 それはなぜ？

請負人が仕事を完成することができなくなったために契約が解除された場合に、請負人が報酬を全く請求できないとすると、あまりにも請負人に酷な結果となってしまうからです。

付け足し

請負契約の目的物に契約不適合がある場合には、注文者は、原則として、請負人からその修補に代わる損害の賠償を受けるまでは、報酬全額の支払いを拒むことができます。

(2)請負の目的物の所有権～いつ注文者のものに？

注文者が、材料の全部または主要部分を提供した場合には、特約がない限り、目的物は初めから注文者のものとなります。

また、請負人が材料の全部または主要部分を提供した場合には、特約のない限り、完成された目的物はいったん請負人のものとなり、引渡しによって注文者のものとなります。

しかし、目的物の完成前に請負代金の全額が支払われた場合には、特別の事情がない限り、目的物は完成と同時に注文者のものとなります。

なお、不動産の所有者は、その不動産に従として付合した物(付合物)の所有権を取得します。たとえば、建物の増改築を依頼する契約において、**増築部分が既存建物と別個独立の存在を有せず**、その構成部分となっている場合には、**増築部分は、既存建物の所有者の所有に帰属すると**

判断されています（最判昭和38年5月31日）。

(3) 契約不適合責任～注文した目的物に欠陥があったら？

請負人は、売買契約の売主と同じく、仕事の目的物の契約不適合（引き渡された目的物が種類、品質等に関して契約の内容に適合しない場合）について、注文者に対して、**履行の追完、報酬の減額、損害賠償及び契約解除**の責任を負います。

なお、請負人が仕事を完成しない間は、注文者は、いつでも損害を賠償して契約の解除をすることができます。また、**仕事の目的物が建物など土地の工作物であっても解除できます**。

(4) 注文者にも落ち度があった場合

請負人が契約不適合の目的物を注文者に引き渡したとき（その引渡しを要しない場合にあっては、仕事が終了した時に仕事の目的物が契約不適合であるとき）は、注文者は、注文者の供した材料の性質または注文者の与えた指図によって生じた不適合を理由として、履行の追完の請求、報酬の減額の請求、損害賠償の請求及び契約の解除をすることができません。

ただし、請負人がその材料または指図が不適当であることを知りながら告げなかったときは、これらの責任を免れません。

(5) 通知～欠陥に気付いてから1年以上経つと？

注文者が契約不適合であることを知った時から1年以内に、その旨を請負人に通知しないときは、注文者は、その不適合を理由として、履行の追完の請求、報酬の減額の請求、損害賠償の請求および契約の解除をすることができません。

ただし、仕事の目的物を注文者に引き渡した時（その引渡しを要しない場合にあっては、仕事が終了した時）において、請負人がその不適合を知り、または重大な過失によって知らなかったときは、これらの責任を免れません。

参考資料

2020年改正前の民法では、債務一般の債務不履行責任、売主の担保責任とは別に、請負人の担保責任として特別の規定を置いていました。専門的な言い方をすれば、特別規定として優先適用されるという位置づけでした。しかし、改正民法では、請負人の担保責任の規定が削除され、債務不履行の規定が適用され、かつ売主の担保責任の規定が性質上可能な範囲で準用されることになりました。売主の担保責任自体が債務不履行一般の規定に従うことになったので、そういった意味では、売買も請負も統一のルールで解決することになりました。

ここではコレを覚える 過去問 12-5 14-6 17-7 19-8 23-3

□請負の目的物の引渡しと報酬の支払いは同時履行の関係に立つ。

□請負人は、売買契約の売主と同じく、仕事の目的物の契約不適合について、注文者に対して、履行の追完、報酬の減額、損害賠償および契約解除の責任を負う。

□請負の目的物が建物その他の土地の工作物の場合であっても契約を解除できる。

7 委任契約

委任契約は無償が原則です

委任契約とは、特定の不動産の売却・賃貸の契約締結など、一定の事務を処理するための法律行為を依頼する契約です。しかし、法律行為でない事務の委託(財産目録の作成、賃貸管理など)を目的とする場合には準委任と呼ばれ、委任の規定が準用されます。
仕事を依頼する側を委任者、依頼を受けて仕事をする側を受任者と呼びます。

それはなぜ？

委任は当事者間の個人的な信頼関係を基礎とする点に特徴があるからです。

7 債権の効力に問題が生じたときの措置

(1)自ら執行する義務～受任者は受けた仕事を他人に任せて良いの？

受任者は委任事務を自ら執行する義務を負うのが原則です。
しかし、状況や内容によっては、更に専門業者に依頼した方が良い結果を生むことがあります。そこで、受任者は、委任者の許諾を得たとき、またはやむを得ない事由があるときは、復受任者を選任することができます。
なお、代理権を付与する委任において、受任者が代理権を有する復受任者を選任したときは、復受任者は、委任者に対して、その権限の範囲内において、受任者と同一の権利を有し、義務を負います。

付け足し 復代理と復委任の関係は？

復代理の規定は、復代理人が第三者との間でした法律行為の効果が本人に帰属するかという外部関係を規律しています。それに対して、復委任の規定は、受任者が託された事務を第三者に委ねることが委任者との関係で債務不履行になるか否かといった内部関係を規律します。

(2)善管注意義務等～受任者の義務や権利は？

受任者は、任された仕事を、善良な管理者の注意をもって行わなければなりません(善管注意義務)。そこで、受任者にはいろいろな義務があります。

7　委任契約

《受任者の義務》

報告義務	委任者の請求があるときは、いつでも委任事務の処理の状況を報告し、委任が終了した後は、遅滞なくその経過と結果を報告しなければなりません。
受取物の引渡し義務	受任者は、委任事務を処理するに当たって受け取った金銭（家賃等）や権利（所有権等）を委任者に引き渡さなければなりません。
利息支払い義務	委任者に引き渡すべき金額またはその利益のために用いるべき金額を自己のために消費したときは、その消費した日以後の利息を支払わなければなりません。損害があるときは賠償の責任もあります。

また、受任者は委任者に対して次の権利を有します。

《受任者の権利》

費用の前払請求権	委任事務を処理するについて費用を要するときは、その前払いを委任者に請求できます。
費用・利息の請求権	委任事務を処理するのに必要と認められる費用を支出したときは、委任者に対し、その費用と支出の日以後の利息の償還を請求することができます。
弁済・担保提供の請求権	委任事務を処理するのに必要と認められる債務を負担したときは、委任者に対し、自己に代わってその弁済をすることを請求することができます。その債務が弁済期にないときは、委任者に対し、相当の担保を供させることができます。
損害賠償請求権	委任事務を処理するため自己に過失なく損害を受けたときは、委任者に対し、その賠償を請求することができます。

(3)報酬について～報酬はもらえるの？

それはなぜ？
弁護士などの高級な労務の提供は対価を取得するのになじまないとする古代ローマ法に由来するといわれています。

受任者は、特約がなければ、委任者に対して報酬を請求することができません。

報酬を支払う旨の特約があったとして、その支払方法には「履行割合型」と「成果完成型」の2パターンがあります。いずれも基本は後払いです。

履行割合型	委任事務の履行に対して報酬が支払われるもの
成果完成型	委任事務の履行の結果として達成された成果に対して報酬が支払われるもの

成果完成型は、不動産売買の媒介契約における報酬などが典型です。この場合、受任者は仕事の完成義務を負いませんが、労務を提供しただけでなく結果として成果が生じてはじめて報酬を請求できる点で請負に似ています。

付け足し 委任事務処理が中途で終了した場合

受任した仕事が途中で終わってしまった場合でも、以下の表に従って、報酬を請求することができます。ただし、成果完成型の委任の場合は、既履行部分の給付が過分であって、それにより委任者が利益を受けている場合でなければ請求できません。

委任者の帰責事由	受任者の帰責事由	報酬請求
なし	なし	既にした履行の割合に応じて請求できる
なし	あり	
あり	なし	全額の請求ができる
あり	あり	委任者の帰責事由の割合に相当する範囲で請求できる

また、委任が履行の途中で解除されたり、当事者の死亡などの終了原因によって終了したりした場合でも、既に履行された部分の報酬請求ができきます。

(4)委任の解除～契約後に信用できなくなったら解除できる?

前記のとおり、委任は当事者間の個人的な信頼関係を基礎とします。したがって、**委任は、各当事者がいつでも解除することができます**。ただし、当事者の一方が相手方に不利な時期に委任の解除をした場合や、委任者が受任者の利益をも目的とする委任を解除した場合には、その当事者の一方は、やむを得ない事由がない限り、相手方の損害を賠償しなければなりません。

なお、委任事務処理に対する報酬を支払う旨の特約があるだけでは、「受任者の利益をも目的とする」とはいえません。

また、委任の解除をした場合には、売買契約を解除したときのように最初からなかったことになるのではなく、将来に向かってのみ効力を生じます。

(5)委任の終了～破産や死亡で委任は終了する?

委任者または受任者が**破産手続開始の決定**を受けた場合や**死亡**した場合には、委任契約は当然に**終了**します。

委任契約の終了事由は、これを相手方に通知したとき、または相手方がこれを知っていたときでなければ、相手方に対抗することができません。そのときまで当事者は委任契約上の義務を負います。

委任が終了した場合において、**急迫の事情があるとき**は、受任者またはその相続人もしくは法定代理人は、委任者またはその相続人もしくは法定代理人が委任事務を処理することができるに至るまで、必要な処分をしなければなりません。

具体例

マンションの所有者(委任者)が家賃の回収業務を賃貸管理業者(受任者)に委託し、その賃貸管理業者が、入居者から家賃を回収して、その一部を賃貸管理業務の報酬に充てているような場合等です。

付け足し 準委任とは？

法律行為でない事務の委託(事実行為といいます)を委託する契約を準委任契約といいます。不動産の賃貸管理を委託することなどが典型例です。準委任であっても、委任のルールが適用されます。

ここではコレを覚える 過去問 11-8 22-9

□委任契約は、原則として無償契約である。
□受任者は、委任の本旨に従い、善良な管理者の注意をもって事務を処理しなければならない(善管注意義務)。
□委任契約の各当事者はいつでも任意に契約を解除できる。

ここを押さえる過去問 1・2・3

問1 Aは、土地所有者Bから土地を賃借し、その土地上に建物を所有してCに賃貸している。Aが、当該借賃を額面とするA振出しに係る小切手（銀行振出しではないもの）をBに提供した場合、債務の本旨に従った適法な弁済の提供となる。(2005)

問2 Aは、C所有の土地を自ら取得するとしてBに売却したが、Aの責に帰すべき事由によってCから所有権を取得できず、Bに所有権を移転できない場合、他人物売買であることを知っていたBはAに対して損害賠償を請求できない。なお、ABともに宅建業者ではない。(2004)

問3 債権者は、特別の事情によって生じた損害のうち、契約締結当時、両当事者がその事情を予見していたものに限り、賠償請求できる。(2010)

問4 AB間の土地売買契約中の履行遅滞の賠償額の予定の条項によって、買主Aが売主Bに対して、損害賠償請求をする場合、裁判所は、賠償額の予定の合意が、暴利行為として公序良俗違反となる場合でも、賠償額の減額をすることができない。(2002)

問5 Aは、B所有の甲建物につき、居住を目的として、期間2年、賃料月額10万円と定めた賃貸借契約をBと締結して建物の引渡しを受けた。AがBとの間の信頼関係を破壊し、本件契約の継続を著しく困難にした場合であっても、Bが本件契約を解除するためには、民法第541条所定の催告が必要である。(2010)

問6 Aは、所有する土地を、Bに対し、1億円で売却する契約を締結し、決済日において、自己の債務の履行を提供したが、Bが土地の値下がりを理由に残代金を支払わなかったので、登記及び引渡しはしなかった。Bが、AB間の売買契約締結後、この土地をCに転売する契約を締結していた場合、Aは、AB間の売買契約を解除しても、Cのこの土地を取得する権利を害することはできない。(2002)

問7 買主Aと売主Bとの間で建物の売買契約を締結し、AはBに手付を交付したが、その手付は解約手付である旨約定した。Aが、売買代金の一部を支払う等売買契約の履行に着手した場合は、Bが履行に着手していないときでも、Aは、本件約定に基づき手付を放棄して売買契約を解除することができない。(2000)

7
債権の効力に問題が生じたときの措置

問 8 A が、B から B 所有の土地付中古建物を買い受けて引渡しを受けたが、建物の主要な構造部分に欠陥があった。AB 間の売買契約が、宅建業者 C の媒介により契約締結に至ったものである場合、B に対して追完請求ができるのであれば、A は C に対しても同様の請求ができる。(2003)

問 9 請負契約の目的物に契約不適合がある場合、注文者は、請負人からその不適合の修補に代わる損害の賠償を受けていなくとも、特別の事情がない限り、報酬全額を支払わなければならない。(2017)

問 10 A を注文者、B を請負人として、A 所有の建物に対して独立性を有さずその構成部分となる増築部分の工事請負契約を締結し、B は 3 か月間で増築工事を終了させた。B が材料を提供して増築した部分に契約不適合がある場合、A は工事が終了した日から 1 年以内にその旨を B に通知しなければ、契約不適合を理由とした修補を B に対して請求することはできない。なお、この問において「契約不適合」とは品質に関して契約の内容に適合しないことをいい、当該請負契約には契約不適合責任に関する特約は定められていなかったものとする。(2023)

問 11 A と B との間で令和 5 年 7 月 1 日に締結された委任契約において、委任者 A が受任者 B に対して報酬を支払うこととされていた。A の責めに帰すべき事由によって履行の途中で委任が終了した場合、B は報酬全額を A に対して請求することができるが、自己の債務を免れたことによって得た利益を A に償還しなければならない。(2020)

問 12 委任によって代理権を授与された者は、報酬を受ける約束をしている場合であっても、いつでも委任契約を解除して代理権を消滅させて、代理人を辞することができる。(2022)

問 1:(×)債務の本旨に従った適法な弁済の提供とはなりません。 問 2:(×)買主(債権者)が善意でなければならないとする要件はありません。 問 3:(×)予見していたものに限りません。 問 4:(×)公序良俗に反する場合はその限度で賠償額の予定は無効になります。 問 5:(×)催告不要です。 問 6:(×)A のもとに登記があるので C は保護されません。 問 7:(×)相手方が履行に着手するまでは解除できます。 問 8:(×)媒介業者には追完請求できません。 問 9:(×)報酬全額の支払いを拒むことができます。 問 10:(×)注文者はその事を知った時から 1 年以内にその旨を請負人に通知します。 問 11:(○) 問 12:(○)

索引

これで合格 通学＆Zoom 講座
宅建士 2024 年度

基本講座	短期集中マスター	予想模試・ヤマ当て
重要論点や頻出分野を徹底網羅した、宅建本試験合格を見据えたハイクオリティな講座！基本知識から応用論点まで学べる講義で合格レベルへ！	カリスマ講師の講義によるインプットと、演習問題によるアウトプットを、2日間の集中講座で徹底的に実施することで、一気に本試験合格ラインを突破する！！	5回の全範囲を網羅する予想模試と、試験前日に行うヤマ当て模試は過去4年間の的中率 80～90％を誇る！2024 年度の宅建本試験の出題予想問題も出題！

合格倍増人
新田拓巳

100％合格率
田中嵩二

合格請負人
鳥海耕二

カリスマ講師陣！

Ken ビジネススクールの講師陣は企業研修等で高い合格実績を誇る実力派のみを取り揃えております。不動産法務に特化した Ken ならではのクオリティーです。

詳細は Ken ビジネススクール公式ホームページを参照下さい。

 株式会社Ｋｅｎビジネススクール

東京都新宿区新宿 2-5-12-4F　TEL. 03-6685-8532

Web サイト　https://www.ken-bs.co.jp/

2024年度　宅建士講座ラインナップ

宅建士基本講座（Zoom 講義＆Web）

本書を使用して出題頻度の高い分野を中心に講義します。各講義のはじめに確認テスト（○×式 20 問）を実施し、前回の講義で学習した知識の定着を図ります。

講義形式は、双方向のネットシステムである Zoom を活用した生講義、事前に収録した動画を Web 上で視聴する講義等、受講スタイルに合った受講形式をご選択いただけます。

講義は 4 月下旬のガイダンスからスタートし、8 月中旬には全範囲を終えます。

権利関係マスター短期集中講座（8 月実施）

宅建本試験で 14 問程度出題される民法を中心とした権利関係科目をマスターし、14 問中 10 問以上得点できる実力を身につけることを目標とした講座です。頻出分野を中心に、講義と問題演習を 2 日間で完結します。宅建試験の頻出分野をまとめた要点整理テキストと、当講座専用に書き下ろした「厳選 500 問の一問一答問題集」を活用して、出題パターンに慣れつつ、頻出分野を正確に理解・暗記することで合格を確実にします。

法令上の制限・税・価格評定マスター短期集中講座（9 月実施）

宅建本試験で約 8 問出題される法令上の制限と、約 1 問出題される土地等評価、そして約 2 問出題される税法をマスターし、11 問中 8 問以上得点できる実力を身に付けることを目標とした講座です。宅建試験の頻出分野をまとめた要点整理テキストと、当講座専用に書き下ろした「厳選 500 問の一問一答問題集」を活用して、どこをどのように暗記すれば合格できるのかピンポイントで講義します。

宅建業法マスター短期集中講座（9 月実施）

宅建本試験で約 19 問出題される宅地建物取引業法、約 1 問出題される住宅瑕疵担保履行法をマスターし、20 問中 18 問以上得点できる実力を身に付けることを目標とした講座です。試験対策として暗記すべき事項を、趣旨も含め効率よく暗記するため、宅建試験の頻出分野をまとめた要点整理テキストと、当講座専用に書き下ろした「厳選 500 問の一問一答問題集」を活用して講義と問題演習に取り組みます。

予想模試（8 月～10 月実施）

本試験と同様に 50 問四肢択一式の予想模試の受験と講師による解説講義です。全 5 回で出題範囲を網羅します。直前期において弱点を発見し復習の方向性を自覚することと、法改正・新判例を含めた出題予想を知ることが目的です。過去 4 年間の的中率は、82～90%、そして本試験では 50 問中 40～43 問の条文的中率を誇る予想模試です。

宅建士ヤマ当て模試+前日やるべき講座（本試験前日実施）

本試験前日に実施するヤマ当て模試の受験と講師による解説&全範囲の総復習講座です。試験を明日に控えた前日に、明日の試験に出題が予想される問題を解き、その解説を受講し、さらにヤマ当て模試問題をベースとした全範囲の総復習と試験前日に覚えるべきことを正確に暗記することを目的とした講座です。この講座を受講することで、本試験であと 4～6 点アップさせることを目指します。

著者紹介
田中 嵩二

中央大学法学部 卒業
中央大学大学院 法学研究科 博士前期課程 修了(法学修士)
明海大学大学院 不動産学研究科 博士後期課程 在籍

・株式会社Kenビジネススクール代表取締役社長
・株式会社オールアバウト宅建試験専門ガイド
・全国賃貸住宅新聞 宅建試験連載記事執筆者
・楽待不動産投資新聞 連載者

2004年に設立し経営する株式会社Kenビジネススクールは、国土交通大臣より登録講習(5点免除講習)、登録実務講習の実施機関として認められています。また、会社経営・執筆だけでなく、積極的に社内研修講師を行い、講義だけでないトータルな人事サポートの提案により高い合格実績(最高合格率は社員の100%・4年連続)を実現しています。
2020年1月に「Ken不動産研究」を設立し、出版事業にも本格的に参入しています。
2022年以降は、新しい都市環境を考える会において「投資不動産販売員」資格制度の創設に向けて試験問題作成や公式テキストの執筆を行い、不動産投資会社の人材育成にも力を入れています。
2023年以降は、明海大学大学院 不動産学研究科において不動産投資理論やESG不動産投資について研究し、同大学不動産学部論集にて「ESG不動産投資と融資制度」について論文を寄稿しています。

《執筆書籍》
・「これで合格宅建士シリーズ」(Ken不動産研究)
・「これで合格賃貸不動産経営管理士シリーズ」(Ken不動産研究)
・「サクッとうかる宅建士テキスト」(ネットスクール出版)
・「うかるぞ宅建士シリーズ」(週刊住宅新聞社)
・「パーフェクト賃貸不動産経営管理士」(住宅新報社)
・「楽学賃貸不動産経営管理士」(住宅新報社)
・「宅建士登録実務講習公式テキスト」(Ken不動産研究)
・「投資不動産販売員公式テキスト」(Ken不動産研究)
上記以外にも多数出版しています。

（本書の内容のお問合せにつきまして）
本書の記述内容に関しましてのご質問事項は、文書にて、下記の住所または下記のメール
アドレス宛にお願い申し上げます。著者に確認の上、回答をさせていただきます。
お時間を要する場合がございますので、あらかじめご了承くださいますようお願い申し上げ
ます。また、お電話でのお問合せはお受けできかねますので、何卒ご了承くださいますよう
お願い申し上げます。

本書の正誤表の確認方法
Ken ビジネススクール HP 内の以下の公開ページでご確認下さい。
https://www.ken-bs.co.jp/book/

本書の内容についてのお問合わせは、下記までお願いいたします。
Ken 不動産研究
（ご郵送先）〒160-0022 東京都新宿区新宿 2-5-12-4F 株式会社Ken ビジネススクール内 （メールアドレス）question@ken-bs.co.jp

これで合格宅建士 基本テキスト（上巻） 2024 年版

令和 3 年 3 月 31 日 初版発行
令和 6 年 3 月 25 日 2024 年版発行

著　　　　　者　　田中 嵩二
発　行　者　　田中 嵩二
発　行　所　　Ken 不動産研究
〒160-0022 東京都新宿区新宿 2-5-12-4F 株式会社Ken ビジネススクール内
電話 03-6685-8532 https://www.ken-bs.co.jp
印　刷　所　　亜細亜印刷株式会社

※ 本書は、「著作権法」によって、著作権等の権利が保護されている著作物です。本書の
全部または一部につき、無断で転載、複写されると、著作権等の権利侵害となります。その
ような使い方をされる場合には、あらかじめ小社宛に承諾を求めてください。
乱丁・落丁の場合は、お取替えをいたします。

ISBN 978-4-910484-11-2